"Você já quis que a teologia fosse apresentada de forma simples? R. C. Sproul tem o dom de simplificar coisas sem trivializá-las. Como um pai que ensina seu filho a nadar, ele pode nos levar a águas profundas sem permitir que nos afoguemos. Por isso, eu o convido a mergulhar nesta piscina do conhecimento de Deus. Se você quer saber a respeito do que faz a Bíblia ser diferente, quem Deus é, por que Cristo morreu, como o Espírito Santo age na alma de uma pessoa ou o que acontecerá no dia de juízo, nestas páginas você achará respostas claras de um mestre sábio."

— JOEL R. BEEKE
Presidente e professor de Teologia Sistemática e Homilética,
Puritan Reformed Theological Seminary, Grand Rapids, Michigan

"Certa vez, um rapaz me disse que, numa noite, sonhou que viu um exército de teólogos, vindo do horizonte, em direção a ele. Bem na frente, liderando o destacamento, estava R. C. Sproul. Leia este livro e você entenderá o sonho. Aqui há teologia arraigada na Escritura, oferecida pelo melhor dos teólogos da igreja e exposta com a clareza e simplicidade que são as marcas características de um excelente comunicador e teólogo."

"Você precisa ser um teólogo para ler este livro? É claro que sim. Mas, este é o argumento do título do livro: você é um teólogo. A questão real é se você é um bom teólogo ou não! Então, leia, marque e absorva *Somos Todos Teólogos*. Quando você terminar, será quase certamente um teólogo mais saudável e mais feliz."

— SINCLAIR B. FERGUSON
Professor de Teologia Sistemática, *Redeemer Seminary*, Dallas

"R. C. Sproul é um mestre talentoso e hábil especialmente em explicar conceitos teológicos em termos descomplicados. Neste livro, ele aborda de forma sucinta e clara as principais categorias da teologia sistemática. Este é um material tremendamente valioso para todos, desde o crente mais novo até ao pastor mais experimentado. É realmente verdade que somos todos teólogos. O Dr. Sproul nos ajuda a sermos *melhores* teólogos."

— JOHN MACARTHUR
Pastor, *Grace Community Church*
Presidente, *The Master's College and Seminary* Sun Valley, Califórnia

"R. C. Sproul escreveu um breve e abrangente resumo de teologia sistemática que tenciono recomendar às minhas classes nos anos vindouros. É biblicamente fiel, solidamente reformado, alicerçado em tradição cristã de dois mil anos e atual em assuntos cruciais para a mente de pessoas de nossa cultura secularizada. Ele escreve com sua clareza típica e economia de palavras. Como sempre, Sproul prende a atenção do leitor. Por muito tempo, tenho recomendado a meus alunos *Summary of Christian Doctrine* (Resumo de Doutrina Cristã), de Louis Berkhof, como uma fonte sucinta e confiável de teologia sistemática reformada. É ainda bastante útil, mas suspeito que agora terei de recomendar *Somos Todos Teólogos*, de Sproul, mais do que qualquer outra obra nesta categoria. Trindade, predestinação, criação, a extensão da expiação, justificação, falar em línguas, anjos e demônios, céu e inferno – todos estes assuntos, e muitos outros, são apresentados correta e responsavelmente, de uma maneira que honra a Palavra de Deus escrita e edifica aqueles que estão abertos às suas verdades."

— Douglas F. Kelly
Professor de Teologia Sistemática,
Reformed Theological Seminary, Charlotte, Carolina do Norte

FIEL Editora

R.C. Sproul

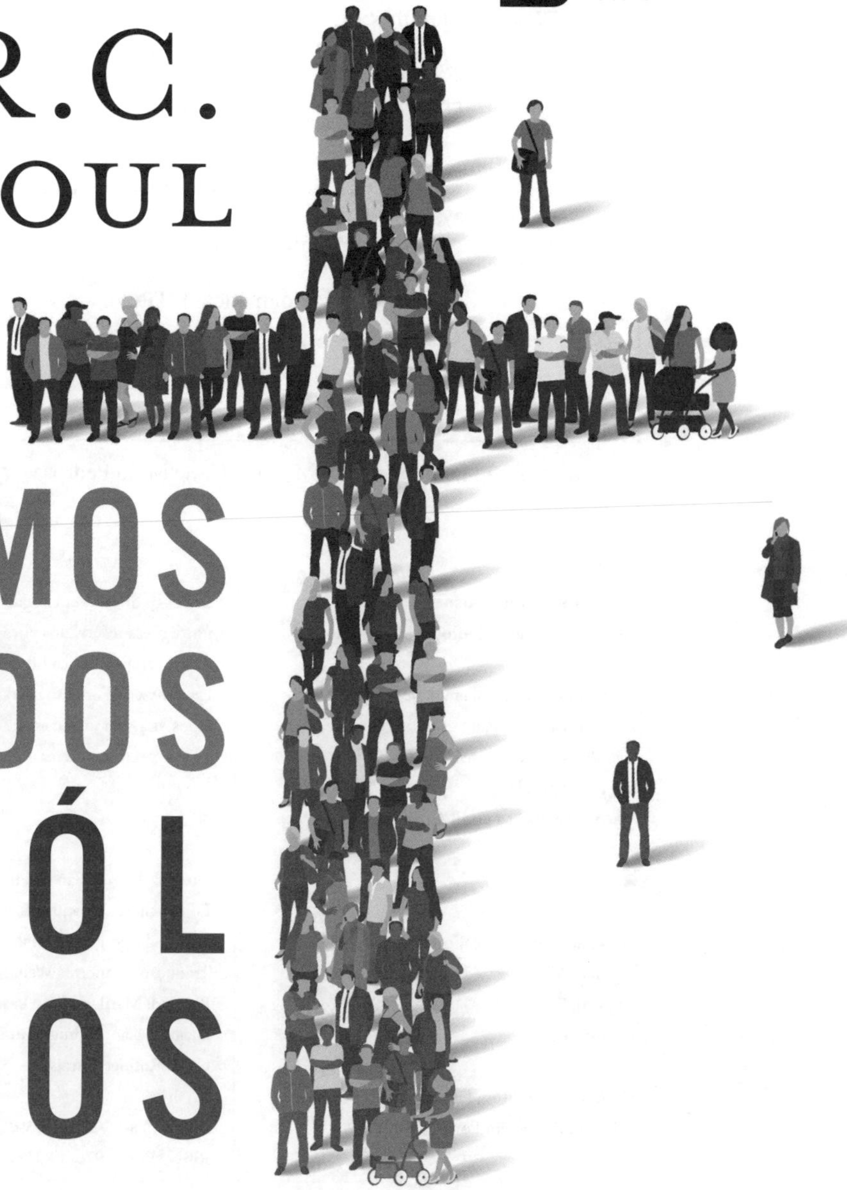

SOMOS TODOS TEÓLOGOS

UMA INTRODUÇÃO À TEOLOGIA SISTEMÁTICA

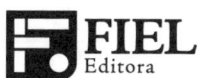

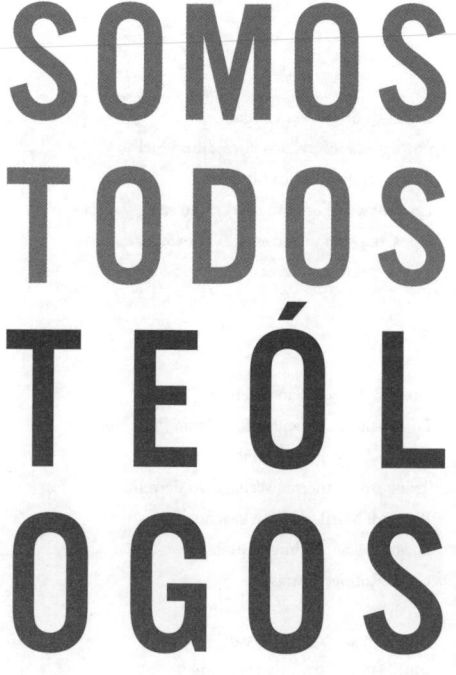

R771s   Sproul, R. C. (Robert Charles), 1939-
         Somos todos teólogos : uma introdução à teologia sistemática / R. C. Sproul ; [tradução: Francisco Wellington Ferreira]. – São José dos Campos, SP: Fiel, 2017.

         481 p.
         Tradução de: Everyone's a theologian: an introduction to systematic theology.
         ISBN 9788581324050

         1. Teologia dogmática. I. Título.

                                                        CDD: 230

Catalogação na publicação: Mariana C. de Melo Pedrosa – CRB07/6477

Somos todos Teólogos:
Uma introdução à Teologia Sistemática

Traduzido do original em inglês
Everyone's a Theologian:
An Introduction to Systematic Theology
Por R.C. Sproul
© Copyright 2014 por R.C. Sproul

∎

Originalmente publicado em inglês por
Ligonier Ministries, 421 Ligonier Court,
Sanford, FL 32771
Ligonier.org

Copyright © Editora Fiel 2015
Primeira Edição em Português: 2017

Todos os direitos em língua portuguesa reservados por Editora Fiel da Missão Evangélica Literária

PROIBIDA A REPRODUÇÃO DESTE LIVRO POR QUAISQUER MEIOS, SEM A PERMISSÃO ESCRITA DOS EDITORES, SALVO EM BREVES CITAÇÕES, COM INDICAÇÃO DA FONTE.

∎

Diretor: Tiago J. Santos Filho
Editor-chefe: Vinicius Musselman Pimentel
Editor: Tiago J. Santos Filho
Tradução: Francisco Wellington Ferreira
Revisão: Marilene Lino Paschoal
Diagramação: Rubner Durais
Capa: Rubner Durais

ISBN: 978-85-8132-405-0
ISBN eBook: 978-85-8132-406-7

Caixa Postal 1601 | CEP 12230-971
São José dos Campos-SP
PABX.: (12) 3919-9999
www.editorafiel.com.br

*À minha família,
que tem sido tão amável e apoiadora
no decorrer dos anos de meu ministério*

SUMÁRIO

PARTE UM: INTRODUÇÃO

Capítulo 1   O que é teologia?..15
Capítulo 2   O escopo e o propósito da teologia.........................23
Capítulo 3   Revelação geral e teologia natural..........................31
Capítulo 4   Revelação especial..39
Capítulo 5   A inspiração e a autoridade da Escritura 45
Capítulo 6   Infalibilidade e inerrância....................................53
Capítulo 7   Canonicidade..61
Capítulo 8   A Escritura e a autoridade 69

PARTE DOIS: TEOLOGIA PROPRIAMENTE DITA

Capítulo 9   O conhecimento de Deus.....................................77
Capítulo 10   Um em essência...85
Capítulo 11   Três em Pessoa..93
Capítulo 12   Atributos incomunicáveis.....................................99
Capítulo 13   Atributos comunicáveis..................................... 105
Capítulo 14   A vontade de Deus... 113
Capítulo 15   Providência... 121

PARTE TRÊS: ANTROPOLOGIA E CRIAÇÃO

Capítulo 16   *Creatio ex nihilo* 133
Capítulo 17   Anjos e demônios... 141
Capítulo 18   A criação do homem... 149
Capítulo 19   A natureza do pecado.. 157
Capítulo 20   O pecado original... 163
Capítulo 21   A transmissão do pecado................................... 171
Capítulo 22   As alianças 181

PARTE QUATRO: CRISTOLOGIA

Capítulo 23   O Cristo da Bíblia 191
Capítulo 24   Uma Pessoa, duas naturezas............................. 199
Capítulo 25   Os nomes de Cristo 207
Capítulo 26   Os estados de Cristo 215
Capítulo 27   Os ofícios de Cristo 223
Capítulo 28   Por que Cristo morreu? 231
Capítulo 29   Expiação vicária 239
Capítulo 30   A extensão da expiação 247

PARTE CINCO: PNEUMATOLOGIA

Capítulo 31   O Espírito Santo no Antigo Testamento 255
Capítulo 32   O Espírito Santo no Novo Testamento 261
Capítulo 33   O Paracleto 267
Capítulo 34   O batismo do Espírito Santo 275
Capítulo 35   Os dons do Espírito 283
Capítulo 36   O fruto do Espírito 293
Capítulo 37   Os milagres são para hoje? 301

PARTE SEIS: SOTERIOLOGIA

Capítulo 38   Graça comum 311
Capítulo 39   Eleição e reprovação 319
Capítulo 40   Chamada eficaz 327
Capítulo 41   Justificação somente pela fé 335
Capítulo 42   Fé salvadora 343
Capítulo 43   Adoção e união com Cristo 349
Capítulo 44   Santificação 355
Capítulo 45   Perseverança dos santos 361

PARTE SETE: ECLESIOLOGIA

Capítulo 46   Figuras bíblicas da igreja 371
Capítulo 47   A igreja: una e santa 377
Capítulo 48   A igreja: católica e apostólica 383
Capítulo 49   Adoração na igreja 391
Capítulo 50   Os sacramentos da igreja 399
Capítulo 51   O Batismo 405
Capítulo 52   A Ceia do Senhor 411

PARTE OITO: ESCATOLOGIA

Capítulo 53   A morte e estado intermediário 419
Capítulo 54   A ressurreição 425
Capítulo 55   O reino de Deus 433
Capítulo 56   O milênio 439
Capítulo 57   O retorno de Cristo 447
Capítulo 58   O julgamento final 455
Capítulo 59   Punição eterna 463
Capítulo 60   Novos céus e nova terra 471

Apêndice   Os credos 479

PARTE UM

INTRODUÇÃO

INTRODUÇÃO

CAPÍTULO 1

O QUE É TEOLOGIA?

Há alguns anos, uma escola cristã bem conhecida me convidou para falar ao corpo docente e à administração sobre esta pergunta: "O que é uma faculdade ou universidade cristã?" Em minha chegada, o deão me conduziu em um *tour* pelo *campus*. Durante o percurso, observei esta inscrição na porta de um escritório: "Departamento de Religião". Quando chegou a hora de falar ao corpo docente naquela noite, mencionei a inscrição que eu tinha visto e perguntei se o departamento sempre tivera aquele nome. Um idoso membro do corpo docente respondeu que anos antes o departamento se chamava "Departamento de Teologia". Ninguém pôde me dizer por que o nome do departamento fora mudado.

"Religião" ou "teologia" – que diferença faz? No mundo acadêmico, o estudo de religião tem sido tradicionalmente incluído no contexto mais amplo de sociologia ou de antro-

INTRODUÇÃO

pologia, porque religião tem a ver com as práticas de adoração de seres humanos em ambientes específicos. A teologia, por contraste, é o estudo de Deus. Há uma grande diferença entre estudar apreensões humanas da religião e estudar a natureza e o caráter de Deus. O primeiro estudo é puramente natural em sua orientação. O segundo é sobrenatural, lidando com o que está acima e além das coisas deste mundo.

Depois de explicar isto em minha palestra ao corpo docente, acrescentei que uma verdadeira faculdade ou universidade cristã é comprometida com a premissa de que a verdade suprema é a verdade de Deus e de que ele é o fundamento e a fonte de todas as outras verdades. Tudo que aprendemos – economia, filosofia, biologia, matemática – tem de ser entendido à luz da realidade abrangente do caráter de Deus. Essa é a razão por que, na Idade Média, a teologia foi chamada "a rainha das ciências", e a filosofia, "sua criada". Hoje, a rainha foi deposta de seu trono e, em muitos casos, mandada ao exílio, e um suplantador reina. Substituímos a teologia pela religião.

TEOLOGIA DEFINIDA

Neste livro, estamos interessados na teologia, especificamente a teologia sistemática, que é um estudo coerente e ordeiro das principais doutrinas da fé cristã. Neste capítulo, oferecerei uma breve introdução à ciência da teologia sistemática e algumas definições básicas.

A palavra teologia compartilha de um sufixo *-logia*, como ocorre na designação de muitas disciplinas e ciências, tais como *biologia, fisiologia* e *antropologia*. O sufixo vem da palavra grega *logos*, que achamos no começo do evangelho de João: "No princípio era a Palavra, e a Palavra estava com Deus, e a Palavra era Deus" (Jo 1.1). O vocábulo grego *logos* significa "palavra", ou "ideia", ou, como um filósofo a traduziu, "lógica" (é também desta palavra que obtemos a nossa palavra *lógica*). Portanto, quando estudamos biologia, estamos considerando a palavra ou a lógica da vida. Antropologia é a palavra ou a lógica sobre os humanos, sendo *antrōpos* a palavra grega que significa homem. A primeira parte da palavra *teologia* vem do vocábulo grego *theos*, que significa "deus". Portanto, a teologia é a palavra ou a lógica sobre Deus mesmo.

Teologia é uma palavra muito abrangente. Refere-se não somente a Deus, mas a tudo que Deus nos revelou na Escritura Sagrada. Como parte da disciplina de teologia, há o estudo de Cristo, que chamamos "cristologia". Teologia inclui também o estudo do Espírito Santo, que chamamos "pneumatologia", o estudo do pecado, que é chamado "hamartiologia", e o estudo das coisas futuras, que chamamos "escatologia". Estas são subdivisões da teologia. Os teólogos também falam da "teologia propriamente dita", que tem referência específica ao estudo de Deus mesmo.

Muitos se sentem à vontade com a palavra *teologia*, mas se retraem quando ouvem o termo qualificador *sistemática*. Isto acontece porque vivemos num tempo de aversão disseminada para com certos tipos de sistemas. Respeitamos sistemas inanimados – sistema de computadores, sistemas de alarmes de incêndio e sistemas de circuitos elétricos – porque entendemos sua importância para a sociedade. Mas, no que diz respeito a sistemas de pensamento ou entendimento da vida e do mundo de uma maneira coerente, as pessoas não se sentem

INTRODUÇÃO

à vontade. Parte da razão para isso tem a ver com uma das filosofias mais influentes que surgiram na história do Ocidente – o existencialismo.

A INFLUÊNCIA DA FILOSOFIA

O existencialismo é uma filosofia de existência. Pressupõe que não há tal coisa como uma verdade essencial, mas que, em vez disso, há uma existência distintiva – não essência, mas existência. Por definição, o existencialismo tem aversão por um sistema genérico de realidade. É um antissistema que se apega a verdades, mas não à *verdade*, e a propósitos, mas não ao *propósito*. O existencialismo não acredita que a verdade possa ser entendida de uma forma ordeira, porque eles veem o mundo, em última análise, como caótico, sem significado ou propósito. A pessoa enfrenta a vida simplesmente como ela acontece; não há qualquer ponto de vista abrangente que dê sentido a tudo da vida, porque, em última análise, a vida não faz sentido.

O existencialismo tem causado um impacto tremendo na cultura ocidental, juntamente com seus filhos, o relativismo e o pluralismo. O relativista diz: "Não há verdade absoluta, exceto a absoluta verdade de que não há absolutamente nenhuma verdade. Toda verdade é relativa. O que é verdadeiro para uma pessoa pode ser falso para outra". Não há nenhum esforço para colocar em harmonia pontos de vista opostos (algo que um sistema procuraria fazer), porque, de acordo com os relativistas, não há qualquer possibilidade de um entendimento sistemático da verdade.

Essa filosofia tem causado também um grande impacto na teologia, até nos seminários. A teologia sistemática está se tornando rapidamente uma disciplina esquecida, não somente por causa do impacto do pensamento existencialista, do relativismo e do pluralismo, mas também porque algumas pessoas entendem erroneamente a teologia sistemática como uma tentativa de enquadrar a Bíblia em um sistema filosófico. Alguns *têm* tentado enquadrar a Bíblia em um sistema filosófico, como nos casos de René Descartes e seu racionalismo e de John Locke e seu empirismo. Aqueles que fazem essas tentativas não ouvem a Palavra de Deus ou não procuram entendê-la em seus próprios termos; em vez disso, procuram fazer com que um sistema pré-concebido se imponha sobre as Escrituras.

Na mitologia grega, um bandido chamado Procusto atacava as pessoas e lhes cortava as pernas para ajustá-las ao comprimento de uma cama de ferro, em vez de simplesmente alongar a cama. Tentativas de encaixar a Escritura num sistema de pensamento pré-concebido são igualmente desorientadas, e o resultado tem sido uma aversão à teologia sistemática. No entanto, a teologia sistemática não tenta enquadrar a Escritura numa filosofia ou num sistema, mas, em vez disso, procura extrair os ensinos da Escritura e entendê-los de forma ordeira e temática.

PREMISSAS DA TEOLOGIA SISTEMÁTICA

A teologia sistemática está baseada em algumas premissas. A primeira é a de que Deus revelou-se a si mesmo não somente na natureza, mas também por meio dos escritos dos profetas e dos apóstolos e que a Bíblia é a Palavra de Deus. É teologia *par excellence*. É o completo *logos* de *theos*.

A segunda premissa é que, ao revelar-se a si mesmo, Deus o faz de acordo com seu próprio caráter e natureza. A Escritura nos

INTRODUÇÃO

diz que Deus criou um cosmos ordeiro. Ele não é autor de confusão, porque nunca se confunde. Deus pensa claramente e fala de uma maneira inteligível, com o propósito de ser entendido.

Uma terceira premissa é que a revelação de Deus na Escritura manifesta as qualidades de seu caráter. Há uma unidade na Palavra de Deus, apesar da diversidade de seus autores. A Palavra de Deus foi escrita durante muitos séculos, por muitos autores e aborda uma variedade de temas, mas dentro dessa diversidade há unidade. Toda a informação que achamos na Escritura – coisas futuras, a expiação, a encarnação, o julgamento de Deus, a misericórdia de Deus, a ira de Deus – têm sua unidade em Deus mesmo. Por isso, quando Deus fala e se revela, há uma unidade nesse conteúdo, uma coerência.

A revelação de Deus é também consistente. Alguém já disse que consistência é o embaraço de mentes inferiores, mas, se isso fosse verdade, teríamos de dizer que Deus tem uma mente inferior, porque em seu ser e caráter ele é totalmente consistente. Ele é o mesmo ontem, hoje e para sempre (Hb 13.8).

Estas premissas guiam o teólogo sistemático à medida que ele realiza sua obra de considerar todo o espectro da Escritura e inquire sobre como ela se harmoniza no todo. Em muitos seminários, o departamento de teologia sistemática é separado do departamento de Novo Testamento e do departamento de Antigo Testamento. Isto acontece porque o teólogo sistemático tem um foco diferente do professor de Antigo Testamento e do professor de Novo Testamento. Eruditos bíblicos se focalizam em como Deus se revelou a si mesmo em vários momentos no decorrer do tempo, enquanto o teólogo sistemático toma essa informação, reúne-a toda e mostra como essa informação se ajusta em um todo significativo. Isto é, certamente, uma tarefa intimidante, e estou convencido de que ninguém já a fez perfeitamente.

Visto que estou engajado em teologia sistemática, sempre fico admirado com a coerência específica e intrincada do escopo da revelação divina. Teólogos sistemáticos entendem que cada ponto na teologia aborda cada outro ponto. Quando Deus fala, cada detalhe que ele profere tem um impacto em cada outro detalhe. Essa é a razão por que nossa tarefa constante é ver como todas as peças se ajustam no todo orgânico, significativo e consistente. Isso é o que faremos neste livro.

CAPÍTULO 2

O ESCOPO E O PROPÓSITO DA TEOLOGIA

Teologia é uma ciência. Muitos discordam veementemente e afirmam que há um grande abismo entre ciência e teologia. A ciência, eles dizem, é aquilo que aprendemos por meio de inquirição e investigação empírica, enquanto a teologia brota de pessoas inflamadas por emoções religiosas. Historicamente, porém, a teologia sistemática tem sido entendida como uma ciência.

TEOLOGIA E CIÊNCIA

A palavra *ciência* vem da palavra latina que significa "conhecimento". Os cristãos acreditam que, por meio da revelação divina, temos conhecimento real de Deus. Teologia não poderia ser chamada corretamente de ciência se o conhecimento de Deus fosse impossível. A busca por conhecimento é a essência da ciência. A ciência de biologia é uma busca para obter um

INTRODUÇÃO

conhecimento das coisas vivas; a ciência de física é uma tentativa de obter conhecimento sobre coisas físicas; e a ciência de teologia é uma tentativa para obter um conhecimento coerente e consistente de Deus.

Todas as ciências usam paradigmas ou modelos que mudam ou alteram com o passar do tempo. Uma *mudança de paradigma* é uma mudança significativa na teoria científica de uma determinada disciplina. Se você se deparasse com um livro de física do ensino médio dos anos 1950, veria que algumas das teorias apresentadas naquele tempo foram demolidas. Ninguém pensa nelas seriamente porque houve mudanças significativas nas teorias da física nos anos posteriores àquele tempo. A mesma coisa aconteceu quando os físicos newtonianos substituíram teorias anteriores da física. Então, apareceu Albert Einstein e criou uma nova revolução, e tivemos de ajustar outra vez nosso entendimento de física. Uma mudança de paradigma acontece quando uma nova teoria substitui uma teoria antiga.

O que provoca geralmente mudanças de paradigma nas ciências naturais é a presença de anomalias. Uma anomalia é um detalhe ou um ponto menor que não se encaixa numa teoria específica; é algo que a teoria não pode explicar. Se alguém tenta encaixar 10.000 detalhes num quadro coerente, como se estivesse trabalhando num quebra-cabeça de 10.000 peças, e pudesse fazer todas as peças se encaixarem, exceto uma, a maioria dos cientistas consideraria isso um bom paradigma. A estrutura reunida que se ajusta em 9.999 maneiras dará sentido a e explicará quase todo pedaço de informação explorada. No entanto, se há muitas anomalias – se uma quantidade significativa de informações não pode ser encaixada na estrutura – a teoria cai por terra.

Quando anomalias se tornam muito numerosas ou muito importantes, o cientista é forçado a retornar à prancheta de desenhos, confrontar as suposições de gerações anteriores e construir um novo modelo que dará sentido às novas descobertas ou às novas peças de informação. Essa é uma das razões por que vemos mudança constante e progresso significativo nas ciências.

No que diz respeito ao entendimento da Bíblia, a abordagem é diferente. Teólogos eruditos têm trabalhado com a mesma informação por 2.000 anos, sendo isso o motivo por que uma mudança gritante de paradigma é improvável. É claro que ganhamos novas pepitas de entendimento exato, como as nuanças de uma palavra grega ou hebraica que gerações de eruditos anteriores não tinham à sua disposição. No entanto, em sua maior parte as mudanças na teologia contemporânea não são compelidas por novas descobertas da arqueologia ou pelo estudo de línguas antigas; na maioria, elas são muito frequentemente compelidas por novas filosofias que aparecem no mundo secular e por tentativas de fazer síntese e integração entre essas filosofias modernas e a religião antiga revelada na Escritura.

É por isso que tendo a ser um teólogo conservador. Duvido que jamais aparecerei com um discernimento que ainda não foi considerado em grande detalhe por mentes maiores do que a minha. De fato, no que diz respeito à teologia, não estou interessado em novidade. Se eu fosse um físico, apareceria constantemente com novas teorias que explicariam anomalias inquietantes, mas refreio-me conscientemente de fazer isso no que diz respeito à ciência de teologia.

INTRODUÇÃO

Infelizmente, muitos estão dispostos a achar novidades. Na academia, há sempre a pressão para aparecer com algo novo e criativo. Lembro-me de um homem que procurava provar que Jesus de Nazaré nunca existira e que fora uma criação mitológica de membros de um culto de fertilidade, enquanto estiveram sob a influência de cogumelos psicoativos.

É claro que essa fascinação por novidades não é exclusiva à nossa época. O apóstolo Paulo a encontrou entre os filósofos no areópago em Atenas (At 17.16-34). Queremos progresso em nosso conhecimento e crescimento em nosso entendimento, mas temos de ser cuidadosos para não sermos seduzidos à tentação de aparecer com algo novo apenas para sermos originais.

AS FONTES DA TEOLOGIA SISTEMÁTICA

A principal fonte para a teologia sistemática é a Bíblia. De fato, a Bíblia é a fonte primária para todas as três disciplinas teológicas: teologia bíblica, teologia histórica e teologia sistemática. O trabalho da teologia bíblica é considerar as informações da Escritura à medida que se manifestam no passar do tempo; e este trabalho serve como uma fonte para o teólogo sistemático. Um erudito bíblico examina as Escrituras e estuda o desenvolvimento progressivo de termos, conceitos e temas no Antigo e no Novo Testamento, para verificar como eles são usados no decurso da história da revelação.

Um problema existente nos seminários contemporâneos é um método de fazer teologia bíblica, chamado "atomismo", em que cada "átomo" da Escritura permanece isolado. Um erudito pode decidir limitar-se a estudar apenas a doutrina paulina de salvação em Gálatas, enquanto outro se focaliza exclusivamente nos ensinos de Paulo sobre a salvação em Efésios. O resultado é que cada um aparece com um ponto de vista diferente a respeito da salvação – um com base em Gálatas, e outro com base em Efésios – mas há uma falha em examinar como os dois pontos de vista se harmonizam. A pressuposição é que Paulo não foi inspirado por Deus ao escrever Gálatas e Efésios, portanto não há unidade abrangente e nenhuma coerência na Palavra de Deus. Em anos recentes, tem sido comum ouvirmos teólogos afirmarem que achamos não somente diferenças na teologia entre o Paulo "anterior" e o Paulo "posterior", mas também tantas teologias na Bíblia quanto existem seus autores. Há a teologia de Pedro, a teologia de João, a teologia de Paulo e a teologia de Lucas, e elas não se harmonizam. Esse é um ponto de vista negativo sobre a coerência da Escritura e se torna perigoso quando alguém se focaliza apenas numa parte restrita da Bíblia sem, ao mesmo tempo, considerar toda a estrutura da revelação bíblica.

A segunda disciplina, outra fonte para a teologia sistemática, é a teologia histórica. Teólogos históricos investigam como a doutrina se desenvolveu na vida da igreja no decorrer da historia, principalmente em tempos de crise – quando heresias surgiram e a igreja reagiu. Teólogos contemporâneos ficam frustrados quando as supostas novas controvérsias surgem em igrejas e seminários, porque a igreja já experimentou cada uma destas aparentemente novas disputas, repetidas vezes, no passado. De acordo com a história, a igreja se reuniu em concílios para resolver questões disputadas, como no Concílio de Niceia (325 AD) e no Concílio de Calcedônia (451 AD). Estudar estes acontecimentos é a função de teólogos históricos.

INTRODUÇÃO

A terceira disciplina é a teologia sistemática. O trabalho dos teólogos sistemáticos consiste em examinar a fonte de informações bíblicas, as fontes dos desenvolvimentos históricos que surgiram por meio de controvérsias e concílios eclesiásticos, seus credos e confissões subsequentes, bem como os discernimentos dos grandes pensadores com os quais a igreja foi abençoada no passar dos séculos. O Novo Testamento nos diz que, em sua graça, Deus concedeu mestres à igreja (Ef 4.11-12). Nem todos são mestres tão perspicazes como Agostinho, Martinho Lutero, João Calvino ou Jonathan Edwards. Esses homens não têm autoridade apostólica, mas a pura magnitude de sua pesquisa e a profundidade de seu entendimento beneficia a igreja em toda época. Tomás de Aquino foi chamado "o doutor angelical" pela Igreja Católica Romana. Os católicos romanos não acreditam que Tomás de Aquino era infalível, mas nenhum historiador ou teólogo católico romano ignora suas contribuições.

Os teólogos sistemáticos estudam não somente a Bíblia, os credos e as confissões da igreja, mas também os discernimentos dos principais mestres que Deus outorgou no decorrer da história. Eles examinam todas as informações – bíblicas, históricas e sistemáticas – e as apresentam juntas.

O VALOR DA TEOLOGIA

A questão real diz respeito ao valor de todo este estudo. Muitas pessoas acreditam que o estudo teológico tem pouco valor. Elas dizem: "Não preciso de teologia; preciso apenas conhecer a Jesus". Mas a teologia é inevitável para todo cristão. É nossa tentativa para entendermos a verdade que Deus nos revelou – algo que todo cristão faz. Portanto, a questão não é se vamos nos engajar em teologia, mas se a nossa teologia é correta ou incorreta. É importante estudarmos e aprendermos porque Deus fez grande esforço para se revelar ao seu povo. Ele nos deu um Livro, que não deve ficar quieto numa prateleira exercendo pressão sobre flores secas, mas deve ser lido, examinado, meditado, estudado e, principalmente, entendido.

Um texto importante, nos escritos do apóstolo Paulo, se acha em sua segunda carta a Timóteo: "Toda a Escritura é inspirada por Deus e útil para o ensino, para a repreensão, para a correção, para a educação na justiça, a fim de que o homem de Deus seja perfeito e perfeitamente habilitado para toda boa obra" (2 Tm 3.16-17). Esse texto deveria pôr um fim em todas as afirmações de que não precisamos de ensino ou de que o ensino não tem valor algum. Há um benefício que resulta de um estudo cuidadoso da Bíblia. Por ser inspirada pelo Deus todo-poderoso, a Bíblia nos dá um recurso valioso e proveitoso, e esse recurso é o ensino.

A Bíblia também é proveitosa para a repreensão. O mundo acadêmico dedica muita energia à crítica bíblica, às vezes chamada alta crítica, que é uma análise crítica da Escritura. Entretanto, a crítica bíblica em que devemos estar engajados nos torna o objeto e não o sujeito da crítica. Em outras palavras, a Bíblia *nos* critica. Quando vamos à Palavra de Deus, ela expõe o nosso pecado. A doutrina bíblica do homem nos inclui, como o faz a doutrina do pecado; e somos repreendidos por nossa pecaminosidade, quando vamos ao texto da Escritura. Podemos não ouvir as críticas de nossos irmãos, mas somos sábios se atentamos à crítica da parte de Deus quando ela nos alcança na Escritura Sagrada.

INTRODUÇÃO

A Escritura é também proveitosa para a correção tanto do falso viver quanto do falso crer. Algum tempo atrás, atendendo ao pedido de um amigo, li um best-seller do *New York Times* a respeito de como se tornar um médium e se comunicar com os mortos. Fui até metade do livro e tive de parar a leitura. Havia tanta imundície espiritual naquele livro, tanta falsidade, que até aqueles que têm um entendimento simples da lei de Deus no Antigo Testamento teriam sido capazes de detectar as mentiras. Esse é o benefício de correção do falso ensino e do falso viver que podemos ganhar da Escritura.

Por último, a Escritura é proveitosa "para a educação na justiça, a fim de que o homem de Deus seja perfeito e perfeitamente habilitado para toda boa obra". O propósito da teologia não é satisfazer nosso intelecto e sim nos instruir nos caminhos de Deus, para que cresçamos até à maturidade e à plenitude de obediência a ele. Essa é a razão por que nos engajamos em teologia.

CAPÍTULO 3

REVELAÇÃO GERAL E TEOLOGIA NATURAL

Já vimos que o cristianismo não está baseado em filosofia especulativa; antes, ele subsiste como fé revelada. A declaração fundamental da fé cristã é esta: a verdade que abraçamos como cristãos veio a nós da parte de Deus. Não podemos vê-lo com nossos olhos, mas podemos conhecê-lo por meio de revelação; ele removeu o véu que o ocultava de nós. Uma *revelação* é um tornar claro ou um desvendar algo que está oculto.

Na teologia, fazemos distinção entre tipos de revelação. Uma distinção importante é a que fazemos entre *revelação geral* e *revelação especial*. Neste capítulo, quero concentrar-me na revelação geral. As Escrituras nos dizem que Deus é a fonte de toda verdade. Tudo procede dele, assim como uma nascente, por menor que seja, pode ser a fonte de um rio caudaloso. Em outras palavras, não somente a verdade religiosa, mas *toda* verdade é dependente da obra de revelação de Deus.

INTRODUÇÃO

O princípio ensinado por Agostinho e, depois, por Tomás de Aquino é que, como criaturas, não poderíamos saber coisa alguma se não fosse pelo fato de que Deus tornou o conhecimento possível para nós. Agostinho ilustrou a ideia por meio da luz física. Ele disse que até aqueles que têm visão perfeita, se fossem colocados numa sala cheia de objetos bonitos, não poderiam ver nada da beleza se a sala estivesse mergulhada em escuridão. Embora tivessem a capacidade necessária para ver a beleza dos objetos na sala, se tais coisas não fossem colocadas sob a luz, até a visão mais acurada das pessoas seria inadequada para percebê-las. De maneira semelhante, disse Agostinho, a luz da revelação divina é necessária para que saibamos qualquer verdade. Tomás de Aquino citou Agostinho ao pé da letra, dizendo que toda verdade e todo conhecimento, em última análise, está em Deus como a fonte da verdade e como aquele que torna possível o sabermos qualquer coisa. Portanto, quando cientistas discernem a verdade em seus laboratórios, ao mesmo tempo em que nos menosprezam por nossa reivindicação de confiarmos na revelação como base de conteúdo para nossa fé religiosa, podemos apenas ressaltar que eles não poderiam aprender nada a partir de um tubo de ensaio, se não fosse a revelação do Criador e a sua dádiva da capacidade de aprendermos por meio de um estudo da natureza.

A REVELAÇÃO DE DEUS

A revelação pessoal de Deus em toda verdade é chamada "geral" por duas razões. Primeira, esta revelação é geral porque é o conhecimento dado a todas as pessoas. A re-

REVELAÇÃO GERAL E TEOLOGIA NATURAL

velação divina geral está disponível a todas as pessoas no mundo. Deus não somente se revela a indivíduos específicos; sua autorrevelação é manifestada a todo ser humano. O mundo inteiro é a audiência de Deus. A Bíblia diz, por exemplo: "Os céus proclamam a glória de Deus, e o firmamento anuncia as obras das suas mãos" (Sl 19.1). Qualquer pessoa que tenha visão física pode andar pelo teatro da natureza e ver a glória de Deus por meio das estrelas, da luz e do sol. É um grande teatro.

Os que são cegos fisicamente não estão excluídos, porque a Bíblia também fala sobre o conhecimento de Deus plantado na alma dos homens. Ele dá ao homem uma consciência, por meio da qual se revela interiormente às pessoas. Deus concedeu a todos os seres humanos um senso de certo e errado; por isso, até os que nascem cegos têm um conhecimento interior de Deus (Rm 1.19-20).

Portanto, em resumo, o termo *geral* significa que toda pessoa está na audiência; todo ser humano está exposto à revelação de Deus. Milhões de pessoas nunca viram uma Bíblia ou ouviram uma pregação da Escritura, mas têm vivido no teatro da natureza, onde Deus manifesta-se a si mesmo.

A segunda razão para o termo *geral* ser aplicado a este tipo de revelação é que o seu conteúdo é de um tipo geral; ou seja, não nos dá os detalhes sobre a obra de Deus na história de redenção, como a expiação ou a ressurreição de Cristo. Uma pessoa não pode estudar um pôr do sol e ver os céus declarando o plano de salvação de Deus; para ter esse conhecimento, ela precisa ir à Bíblia. A Escritura tem a informação específica que ninguém pode obter de um estudo da natureza.

INTRODUÇÃO

Devemos entender a diferença entre a revelação geral e a especial. A revelação geral é dada a todos e nos proporciona um conhecimento geral de Deus. É diferente da revelação da Escritura. A Bíblia é a revelação especial, e somente aqueles que têm acesso à Bíblia ou ao seu conteúdo recebem essa revelação. A revelação especial dá muito mais informação detalhada sobre a obra e os planos de Deus.

REVELAÇÃO NATURAL

Às vezes, a revelação geral é chamada "revelação natural", uma expressão que pode causar confusão. No linguajar teológico, a expressão *revelação natural* é sinônimo de *revelação geral* porque a revelação geral vem até nós por meio da natureza.

Na revelação geral, Deus não nos dá simplesmente um planeta Terra e, depois, espera que usemos somente o poder de nossa razão para descobrirmos quem ele é com base apenas no que ele colocou aqui. Podemos estudar cuidadosamente um quadro e descobrir quem é o artista por meio do estilo de pinceladas e dos pigmentos de tinta, mas não é assim que funciona a revelação geral. A criação é um meio pelo qual Deus revela-se a si mesmo ativamente. A natureza não é independente de Deus; pelo contrário, Deus transmite conhecimento de si mesmo por meio do mundo. Ele comunica a si mesmo por meio da glória e da majestade dos céus, do mundo e de tudo o que ele fez.

A revelação de Deus que vem por meio da natureza é o que chamamos revelação natural. A expressão *revelação natural*, em termos simples, refere-se à obra ou às ações pelas quais Deus revela-se a si mesmo em e por meio da natureza.

APRENDENDO POR MEIO DA NATUREZA

Há outra categoria de estudo chamada "teologia natural". A revelação natural (ou geral) e a teologia natural não são a mesma coisa. A revelação natural é algo que Deus faz, enquanto a teologia natural é o que os homens fazem com a revelação natural.

Por um longo período de tempo, tem havido controvérsia entre os teólogos a respeito de podermos ou não obter conhecimento de Deus por meio da natureza, ou seja, se a *teologia natural* é um empreendimento frutífero. Alguns se opõem vigorosamente à ideia de que o homem tem a capacidade de saber qualquer coisa sobre Deus sem ser salvo. Paulo diz, em 1 Coríntios 2.14, que o homem natural não conhece e não pode conhecer a Deus; então, parece que o apóstolo exclui a possibilidade de que podemos obter qualquer conhecimento de Deus por meio da natureza, sem o Espírito Santo nos iluminar. Todavia, em Romanos 1, que é o texto bíblico clássico referente à teologia natural, o apóstolo diz que obtemos *realmente* conhecimento por meio da natureza.

Os atomistas afirmam que Paulo acreditava numa coisa quando escreveu Romanos, e acreditava em algo diferente quando escreveu 1 Coríntios. Em outras palavras, eles dizem que Deus, falando por meio de Paulo, mudou sua maneira de pensar. Outros dizem que as diferenças indicadas por 1 Coríntios 2 e Romanos 1 são um exemplo claro de contradição na Bíblia. Contudo, o verbo "conhecer", tanto no grego quanto no hebraico, é usado em mais de uma maneira. Há um conhecimento que chamamos "conhecimento cognitivo", que indica uma conscientização intelectual de algo; há também o conhecimento pessoal e íntimo. Como ilustração, considere isto: quando a Bíblia fala

INTRODUÇÃO

de um homem "conhecer" sua esposa, o verbo "conhecer" é usado para indicar o relacionamento humano mais íntimo entre um homem e uma mulher. De modo semelhante, Paulo escreve aos coríntios sobre o discernimento espiritual das coisas de Deus, afirmando que, em nosso estado caído, não temos esse discernimento espiritual. Ele está escrevendo sobre um conhecimento que vai além de mera cognição intelectual.

Em Romanos 1, Paulo escreve: "A ira de Deus se revela do céu contra toda impiedade e perversão dos homens que detêm a verdade pela injustiça" (v. 18). Com estas palavras, Paulo está interessado em mostrar por que é necessário sermos salvos. Ele traz o mundo inteiro perante o tribunal de Deus para demonstrar que cada pessoa necessita do evangelho, porque foi julgada culpada – não por rejeitar a Jesus, do qual muitos nunca ouviram, mas por rejeitar a Deus, o Pai, que se revelou a si mesmo claramente a todo ser humano. Faz parte de nossa natureza, como seres humanos, deter a verdade pela injustiça (outras traduções dizem "suprimir", "ocultar" ou "reprimir"). Paulo diz que Deus se ira a respeito do que os seres humanos fazem com sua revelação.

Paulo continua: "Porquanto o que de Deus se pode conhecer é manifesto entre eles, porque Deus lhes manifestou" (v. 19). A palavra grega traduzida por "manifesto" é *phaneros*; em latim, *manifestum*, da qual obtemos nossa palavra manifesto, significando aquilo que é claro. A ideia é que Deus não plantou indicativos esotéricos ao redor do mundo para que o homem precise de um guru para explicar que Deus existe; em vez disso, a revelação que Deus nos dá a respeito de si mesmo é *manifestum* – é clara. Paulo acrescenta: "Porque os atributos invisíveis de Deus... claramente se reconhecem desde o princípio do mundo" (v. 20). Isso parece ser uma afirmação contraditória – como alguém pode ver o que é invisível? Mas não há qualquer contradição. Vemos claramente, mas não diretamente. Não vemos o Deus invisível, mas vemos realmente o mundo visível, e isso traz para nós a revelação de Deus. O caráter invisível de Deus é revelado por meio das coisas que podem ser vistas.

O homem não tem desculpa para ignorar a revelação de Deus: "Porque os atributos invisíveis de Deus, assim o seu eterno poder, como também a sua própria divindade, claramente se reconhecem, desde o princípio do mundo, sendo percebidos por meio das coisas que foram criadas. Tais homens são, por isso, indesculpáveis" (v. 20). Aqueles que recusam chegar-se a Deus tentam justificar sua recusa por afirmar que Deus falhou em oferecer provas suficientes de sua existência, mas Paulo anula essa desculpa nesta passagem de Romanos com uma realidade severa: "Porquanto, tendo conhecimento de Deus, não o glorificaram como Deus, nem lhe deram graças; antes, se tornaram nulos em seus próprios raciocínios, obscurecendo-se-lhes o coração insensato" (v. 21). A Bíblia é clara em dizer que a revelação que Deus faz de si mesmo na natureza nos proporciona um verdadeiro conhecimento de seu caráter.

REVELAÇÃO MEDIATA E IMEDIATA

Devemos também notar a distinção entre revelação geral *mediata* e *imediata*. Estes termos – *mediata* e *imediata* – têm a ver com a função ou uso de algo que está entre dois pontos. Deus é transcendente, e nós estamos na Terra. Aquilo que media a revelação de Deus é a natureza; em outras palavras, a natureza é

INTRODUÇÃO

o meio de revelação, assim como um jornal ou uma transmissão televisiva é um meio de comunicação; e isso é a razão por que esses métodos de comunicação são chamados coletivamente de "mídia". De maneira semelhante, o principal meio de revelação geral é a natureza.

Revelação geral imediata é a expressão usada para descrever outra maneira pela qual Deus revela-se a si mesmo para nós. Em Romanos 2.15, Paulo diz que a lei de Deus foi escrita em nosso coração, algo que João Calvino chamou de *sensus divinitatis* ou o *senso do divino*. É um discernimento de Deus que ele plantou na alma do homem, e este discernimento é manifesto em nossa consciência e em nosso conhecimento da lei de Deus. Não obtemos esse discernimento pela agência de um meio; ele vem diretamente de Deus para nós. Por isso, essa revelação é chamada "imediata".

O eterno poder e a deidade de Deus são manifestos claramente ao mundo todo por meio da revelação geral. Nossa supressão pecaminosa dessa revelação não apaga o conhecimento que ele nos dá por meio da natureza e em nosso coração.

CAPÍTULO 4

REVELAÇÃO ESPECIAL

Embora Deus se revele de algumas maneiras a todas as pessoas, em todos os lugares, por meio do que chamamos revelação geral, há outro tipo de revelação, a revelação especial, que nem todos no mundo têm a oportunidade de receber. A revelação especial mostra o plano de Deus para a redenção. Ela nos fala da encarnação, da cruz e da ressurreição – coisas que não podem ser aprendidas por meio de um estudo da natureza. Acha-se primariamente (ainda que não exclusivamente) na Escritura Sagrada. A Bíblia dá testemunho de como Deus se revelou a si mesmo de uma maneira especial:

> Havendo Deus, outrora, falado, muitas vezes e de muitas maneiras, aos pais, pelos profetas, nestes últimos dias, nos falou pelo Filho, a quem constituiu herdeiro de todas as coisas, pelo qual fez também o universo. Ele, que é o

INTRODUÇÃO

resplendor da glória e a expressão exata do seu Ser, sustentando todas as coisas pela palavra do seu poder, depois de ter feito a purificação dos pecados, assentou-se à direita da Majestade, nas alturas (Hb 1.1-3).

Recebemos informação distinta da parte de Deus mesmo; e esse fato maravilhoso é a base de um entendimento cristão do conhecimento.

A epistemologia, uma subdivisão da filosofia, é a ciência do conhecimento. Ela analisa maneiras pelas quais os seres humanos são capazes de adquirir conhecimento. Grandes debates são travados a respeito de os seres humanos aprenderem inicialmente ou por intermédio da mente – a abordagem *racional* do conhecimento – ou por intermédio dos cinco sentidos: ouvir, ver, saborear, tocar e cheirar – a abordagem *empírica*. Entretanto, mesmo nos círculos cristãos, o debate continua na questão de considerar a razão ou os sentidos como primário. Como cristãos, entretanto, devemos concordar que o cristianismo se baseia, em última análise, no conhecimento que Deus mesmo nos dá. Sustentar essa convicção é vitalmente importante para nossa determinação da verdade, porque o conhecimento que vem de Deus é muito superior a qualquer coisa que podemos deduzir de uma análise de nossa situação ou da observação do mundo ao nosso redor.

Nos tempos do Antigo Testamento, Deus falou diretamente ao povo em várias ocasiões. Houve ocasiões em que ele se revelou por meio de sonhos e sinais específicos, como o fez para Gideão. Houve ocasiões em que Deus se revelou por meio do lançar sortes – como o uso de Urim e Tumim, pelos sacerdotes – e por meio de teofanias. A palavra teofania vem das palavras gregas *theos*, que significa "Deus", e *phaneros*, que significa "manifestação". Portanto, uma teofania era apenas uma manifestação visível do Deus invisível.

Talvez a teofania mais bem conhecida do Antigo Testamento seja a sarça ardente com a qual Moisés se deparou no deserto de Midiã. Quando Moisés viu a sarça em fogo, mas não consumida pelas chamas, ele se aproximou, e Deus lhe falou audivelmente da sarça, dizendo: "Eu Sou o Que Sou" (Êx 3.14). A sarça era uma manifestação visível do Deus invisível. A coluna de nuvem e a coluna de fogo que conduziram o povo de Israel por sua peregrinação no deserto, depois do êxodo, eram também manifestações visíveis do Deus invisível.

PROFETAS E APÓSTOLOS

A maneira primária pela qual Deus se comunicou com o povo de Israel foi por meio dos profetas, que chamamos "agentes de revelação". Os profetas eram seres humanos como nós. Usavam linguagem humana, mas, porque recebiam informação da parte de Deus, suas palavras funcionavam como instrumentos e canais da revelação divina. Essa é a razão por que começavam suas profecias com as palavras "Assim diz o Senhor". As palavras dos profetas foram gravadas em forma escrita e se tornaram a Palavra de Deus inscrita. Assim, o Antigo Testamento foi produzido por pessoas como nós, que, diferentemente de nós, foram designadas por Deus para serem porta-vozes para seu povo.

É claro que nem toda pessoa do antigo Israel que afirmava ser profeta era, de fato, um profeta. Na verdade, uma das grandes lutas de Israel não foi com nações hostis, e sim com

INTRODUÇÃO

falsos profetas no meio do arraial ou nos portões das cidades. Falsos profetas eram conhecidos por ensinarem o que o povo queria ouvir e não a verdadeira revelação de Deus. Durante todo o seu ministério, Jeremias foi perturbado pelos falsos profetas. Quando Jeremias tentava advertir o povo quanto ao iminente julgamento de Deus, os falsos profetas se opunham à profecia de Jeremias e faziam tudo que podiam para abafar a mensagem dele.

Havia também maneiras de distinguir um verdadeiro de um falso profeta. Os israelitas deviam aplicar três testes para determinar quem era um verdadeiro instrumento da revelação divina. O primeiro teste era a chamada divina, que era a razão pela qual os profetas eram zelosos em mostrar que haviam sido chamados diretamente por Deus e comissionados para aquele ofício. No Antigo Testamento, vemos vários profetas, incluindo Amós, Isaías, Jeremias e Ezequiel, narrando para seus ouvintes as circunstâncias pelas quais haviam sido chamados especificamente e ungidos para profetizarem.

No Novo Testamento, os apóstolos eram a contraparte dos profetas. Os profetas e os apóstolos formavam juntos o fundamento da igreja (Ef 2.20). A principal marca de um apóstolo era que ele tinha recebido um chamado direto de Cristo. O vocábulo *apóstolo* se refere a alguém que é enviado ou comissionado com a autoridade daquele que o envia. Jesus disse aos apóstolos: "Quem vos recebe a mim me recebe: e quem me recebe recebe aquele que me enviou" (Mt 10.40). Controversamente, um dos mais importantes apóstolos no Novo Testamento, Paulo, não fazia parte dos Doze originais. Podemos presumir que Paulo não conheceu a Jesus durante seu ministério terreno e que não foi uma testemunha ocular da ressurreição, como o foram os demais apóstolos. Parecia que Paulo não tinha as credenciais necessárias para ser um apóstolo, razão por que o Novo Testamento relata, tanto por meio do próprio testemunho de Paulo quanto do testemunho de Lucas, as circunstâncias do chamado de Paulo na estrada para Damasco. Além disso, os outros apóstolos confirmaram a autenticidade do apostolado de Paulo.

O segundo teste de um verdadeiro profeta no Antigo Testamento era a presença de milagres. Nem todos os profetas do Antigo Testamento realizaram milagres, mas seu ministério foi autenticado desde o início por um desencadeamento de milagres que começou com Moisés e continuou nos dias de Elias, e os outros profetas seguiram essa linha. Distinguir um verdadeiro milagre de um falso milagre era uma questão crucial, porque havia imitação de milagres, como aqueles realizados pelos magos na corte de Faraó. Os supostos milagres deles eram apenas truques enganadores.

O terceiro teste de um verdadeiro profeta era o cumprimento da profecia; em outras palavras, as coisas que os profetas anunciavam aconteciam realmente? Falsos profetas tentavam predizer o que iria acontecer, mas, quando suas predições não aconteciam, comprovava-se que suas mensagens eram falsas.

Por intermédio tanto dos profetas do Antigo Testamento quanto dos apóstolos do Novo Testamento, recebemos um relato escrito de revelação especial. Veio até nós por meio dos agentes de Cristo, seus agentes autorizados de revelação. Jesus não deixou nenhum manuscrito que portava a sua assinatura; ele não foi autor de nenhum livro. Tudo que sabemos a respeito dele está contido no registro do Novo Testamento que veio até nós por meio da obra dos apóstolos. Eles são os emissários de Cristo, que receberam dele autoridade para falar em seu favor.

A PALAVRA ENCARNADA

O autor de Hebreus destaca outra dimensão de revelação especial, a revelação suprema, que é a Palavra encarnada. Temos a Palavra escrita, que nos dá revelação especial, mas também temos a Palavra de Deus encarnada, aquele a respeito de quem a Palavra escrita fala. Aquele que incorpora a própria Palavra de Deus é Jesus mesmo, como declara o autor de Hebreus: "Havendo Deus, outrora, falado, muitas vezes e de muitas maneiras, aos pais, pelos profetas, nestes últimos dias, nos falou pelo Filho, a quem constituiu herdeiro de todas as coisas, pelo qual fez também o universo" (Hb 1.1-2).

Quando os discípulos se reuniram com Jesus no cenáculo, Filipe lhe disse: "Senhor, mostra-nos o Pai, e isso nos basta". Jesus respondeu: "Filipe, há tanto tempo estou convosco, e não me tens conhecido?... Não crês que eu estou no Pai e que o Pai está em mim?" (Jo 14.8-10). O principal de todos os apóstolos, aquele que Deus escolheu como seu instrumento supremo de autorrevelação, é o próprio Cristo. Em Cristo, conhecemos a plenitude da revelação do Pai, e é somente por meio da Escritura que conhecemos a Cristo.

CAPÍTULO 5

A INSPIRAÇÃO E A AUTORIDADE DA ESCRITURA

A causa material da Reforma do século XVI foi a doutrina da justificação somente pela fé, mas, nos bastidores, havia outra questão importante – a autoridade.

Quando Martinho Lutero se envolveu no debate com os líderes da Igreja Católica Romana sobre a doutrina da justificação, ele se colocou numa posição em que teve de confessar publicamente que suas ideias não concordavam com as afirmações precedentes feitas pela igreja e com certas afirmações que haviam sido feitas por Papas anteriores. Isso provocou uma crise para Lutero; questionar a autoridade da igreja ou do Papa era inaceitável nos dias de Lutero. Ele manteve sua posição e, por fim, na Dieta de Worms (1521), disse:

> A menos que eu seja convencido pelo testemunho das Escrituras ou por razão clara (pois não creio somente no Papa

INTRODUÇÃO

ou em concílios, visto que se sabe muito bem que eles já erraram e se contradisseram muitas vezes), estou constrangido pelas Escrituras que já citei, e minha consciência está cativa à Palavra de Deus. Não posso me retratar e não me retratarei de coisa alguma, porque não é seguro nem correto agir contra a consciência. Não posso agir de outro modo. Mantenho a minha posição. Que Deus me ajude. Amém.[1]

Deste conflito surgiu o slogan da Reforma, *sola Scriptura*, que significa "somente a Escritura". Lutero e outros reformadores disseram que apenas uma autoridade tinha o direito de constranger a nossa consciência. Lutero não desonrou a autoridade secundária da igreja nem a importância histórica dos concílios da igreja, como Niceia e Calcedônia. Seu argumento foi que até os concílios da igreja não têm o mesmo nível de autoridade que a Bíblia tem. Isto focalizou a atenção na natureza e na base da autoridade bíblica.

AUTORIA E AUTORIDADE

Fundamental ao ponto de vista dos reformadores quanto à primazia e à autoridade da Escritura, era a autoria da Bíblia. Observe a intimidade entre estas duas palavras, *autoridade* e *autoria*. Ambas contêm a palavra *autor*. Os reformadores diziam que, embora a Bíblia apresentasse um livro de cada vez e tivesse sido escrita por seres humanos, o autor supremo da Bíblia não foi Paulo, Lucas, Jeremias ou Moisés, e sim Deus mesmo. Deus exerceu sua autoridade por meio dos escritos de autores humanos que serviram como porta-vozes dele para o mundo.

---

1 *Luther's Works*, vol. 32, ed. George W. Forell (Philadelphia: Fortress, 1958), 113.

A INSPIRAÇÃO E A AUTORIDADE DA ESCRITURA

Como é possível autores humanos serem investidos da autoridade de Deus? Os profetas, como observamos no capítulo anterior, afirmavam que sua mensagem vinha de Deus; é por essa razão que duas expressões latinas têm sido usadas historicamente para se referirem à natureza da Escritura Sagrada. Uma expressão é *verbum Dei*, que significa "a Palavra de Deus", e a outra é *vox Dei*, que significa "a voz de Deus". Os reformadores acreditavam que, embora Deus não tivesse escrito pessoalmente as palavras que aparecem nas páginas da Bíblia, elas eram as palavras dele como se tivessem sido entregues a nós diretamente do céu.

Em sua segunda carta a Timóteo, Paulo escreve: "Toda a Escritura é inspirada por Deus" (2 Tm 3.16). A palavra grega aqui traduzida por "Escritura", *graphē*, significa apenas "escritos". No entanto, para um judeu, a palavra *graphē* tinha referência específica ao Antigo Testamento. Além disso, a expressão "está escrito" era um termo técnico que os judeus entendiam como tendo referência específica aos escritos bíblicos. Este texto em 2 Timóteo é muito significativo, porque a palavra *Escritura*, neste versículo, faz referência específica ao Antigo Testamento e, por extensão, incorpora os escritos dos apóstolos no Novo Testamento, pois os apóstolos eram cientes de sua própria autoridade para entregarem a mensagem de Deus do Novo Testamento comunicada a eles pelo Espírito Santo. (Por exemplo, o apóstolo Pedro inclui os escritos de Paulo com o restante das Escrituras; veja 2 Pedro 3.16. Paulo era consciente de sua própria autoridade para emitir revelação autoritária; veja 1 Coríntios 7.10-16). Paulo fez uma afirmação impressionante quando disse que todos estes escritos, todo o *graphē*, foram dados por inspiração divina.

INTRODUÇÃO

INSPIRADA

A palavra traduzida por "inspirada" é traduzida como "dada por inspiração". Devido à longa história da doutrina da inspiração, devemos fazer uma distinção entre o significado de 2 Timóteo 3.16 e a maneira pela qual o vocábulo inspiração tem sido entendido no decorrer da história da igreja.

B. B. Warfield ressaltou, certa vez, que o significado real de 2 Timóteo 3.16 tem a ver não tanto com a maneira pela qual Deus comunicou sua informação (por meio de escritores humanos), e sim com a fonte dessa informação. Literalmente, Paulo escreveu nesta passagem que toda a Escritura é *theopneustos*, ou seja, "soprada por Deus". E isso tem a ver com o que Deus sopra e não em quem Deus sopra. O significado por trás das palavras de Paulo é que toda a Escritura é soprada para fora por Deus. Soprar para fora é *expiração*, enquanto soprar para dentro é *inspiração*. Portanto, tecnicamente, deveríamos traduzir esta expressão como que dizendo que toda a Escritura é dada por "expiração de Deus", em vez de por "inspiração". O ensino é que, ao insistir no fato de que toda a Escritura foi soprada para fora por Deus, Paulo está dizendo que a origem suprema da Escritura é Deus. Ele é a fonte destes escritos.

Quando falamos de inspiração como um conceito, estamos falando da obra do Espírito Santo, que veio sobre pessoas em tempos diferentes e as ungiu por seu poder, para que fossem inspiradas a escrever a verdadeira Palavra de Deus. A obra do Espírito Santo neste aspecto não é definida em nenhuma passagem da Escritura, mas a Bíblia é clara em mostrar que a Escritura não é iniciativa humana. Em resumo, a doutrina da inspiração diz respeito à maneira pela qual Deus superintendeu a redação da Escritura Sagrada.

Alguns têm acusados os cristãos ortodoxos de ensinarem uma opinião mecânica da inspiração, às vezes chamada "a teoria do ditado", que é a ideia de que os autores da Escritura apenas receberam o ditado de Deus, assim como uma secretária escreve palavra por palavra uma carta quando é ditada verbalmente. Historicamente, a igreja tem se distanciado desta opinião simplista da inspiração, embora tenha havido tempos em que a igreja pareceu dar a entender que esta opinião era verdadeira. João Calvino, por exemplo, disse que, em certo sentido, os profetas e os apóstolos serviram como *amanuenses* (secretários) para Deus. À medida que foram agentes que comunicaram as palavras de Deus, eles foram *amanuenses*, mas isso não explica o modo da inspiração.

Não sabemos como Deus superintendeu o registro da Escritura Sagrada, mas o ponto saliente para a igreja hoje é que tudo que temos na Escritura, embora reflita as personalidades, os vocabulários e os interesses dos escritores humanos, foi escrito sob a supervisão de Deus, e os autores não estavam escrevendo em seu próprio poder. Se estivessem escrevendo em seu próprio poder, esperaríamos achar muitos erros.

CADA PALAVRA

Além disso, historicamente a igreja tem acreditado que a inspiração da Bíblia foi verbal. Em outras palavras, a inspiração se estende não simplesmente a um esboço amplo da informação comunicada pelos autores humanos, mas às próprias palavras da Escritura. Essa é uma das razões por que a igreja tem sido

INTRODUÇÃO

zelosa por reconstruir, tão cuidadosamente quanto possível, os manuscritos originais da Bíblia e por que tem dedicado atenção ao estudo do significado de palavras gregas e hebraicas antigas. Cada palavra tem autoridade divina.

Quando Jesus falou com Satanás, durante sua tentação, no deserto, eles debateram citações da Escritura. Jesus argumentou contra o Diabo ou contra os fariseus pela mudança de uma única palavra. Ele também disse que nem um "i" nem um "til" jamais passará da lei, até que tudo se cumpra (Mt 5.18). Jesus quis dizer que não há uma palavra supérflua na lei de Deus ou uma palavra que esteja aberta à negociação. Cada palavra leva a força da autoridade mandatória de seu autor supremo.

Em nossos dias, com a avalanche de críticas contra a Bíblia, tem havido tentativas de abandonar o conceito de inspiração. O erudito alemão Rudolf Bultmann (1884-1976) rejeitava amplamente a ideia da origem divina das Escrituras. Teólogos neo-ortodoxos estão interessados em restaurar a pregação da Bíblia na igreja e em oferecer uma opinião mais elevada da Bíblia do que aquela que foi deixada pelo liberalismo do século XIX, mas também rejeitam a inspiração verbal e a revelação proposicional. Karl Barth (1886-1968), por exemplo, disse que Deus se revela por meio de eventos, e não de proposições. Contudo, a Bíblia não é apenas um registro narrativo de acontecimentos no qual somos informados do que aconteceu e, depois, deixados à vontade para interpretar o significado de tais acontecimentos. Pelo contrário, a Bíblia nos dá tanto o registro do que aconteceu quanto a interpretação categórica, apostólica e profética do significado desses eventos.

A morte de Jesus na cruz, por exemplo, foi tanto registrada para nós quanto explicada nos evangelhos e nas epístolas. Pessoas viram a morte de Jesus de maneiras diferentes. Para muitos de seus seguidores, ela causou desilusão trágica; para Caifás, bem como para Pôncio Pilatos, a morte de Jesus foi uma questão de conveniência política. O apóstolo Paulo, quando expõe o significado da cruz, apresenta-a como um ato cósmico de redenção, como uma expiação oferecida para satisfazer a justiça de Deus, uma verdade não evidente a partir de uma simples observação do evento.

Teólogos neo-ortodoxos dizem também que a Bíblia não é uma revelação e sim um *Zeugnis*, ou "testemunho" da revelação, o que reduz significativamente o nível de autoridade da Bíblia. Eles dizem que, embora a Escritura tenha alguma importância histórica e dê testemunho da verdade, ela não é necessariamente a própria revelação. Em sentido contrário, o cristianismo ortodoxo afirma que a Escritura não somente dá testemunho da verdade, mas também é a verdade. É a incorporação real da revelação divina. Não apenas aponta para além de si mesma; ela nos dá nada menos do que a verdadeira Palavra de Deus.

CAPÍTULO 6

INFALIBILIDADE E INERRÂNCIA

Qualquer discussão sobre a natureza da Escritura Sagrada que inclui a questão da inspiração tem de abordar os assuntos de infalibilidade e inerrância. Durante toda a história da igreja, a opinião tradicional tem sido a de que a Bíblia é infalível e inerrante. Entretanto, com o surgimento da chamada alta crítica, especificamente nos séculos XIX e XX, não somente a inspiração da Escritura sofre ataque amplo, como também os conceitos de infalibilidade e inerrância, em particular, têm sido intensamente criticados.

Alguns críticos dizem que a doutrina da inerrância foi a criação dos protestantes no século XVII, que é chamada, às vezes, "a era do escolasticismo protestante", correspondente à era da filosofia secular chamada "a era da razão". Estes críticos afirmam que a inerrância como um constructo racional era alheia aos escritores bíblicos e até aos reformadores magisteriais do

INTRODUÇÃO

século XVI. No entanto, os reformadores declararam realmente que as Escrituras eram sem erros, como o fizeram os Pais da igreja, incluindo Tertuliano, Irineu e, especialmente, Agostinho. Ainda mais importante é a própria informação bíblica de sua origem divina. É importante para a igreja que a Bíblia reivindique ser resultado de inspiração divina.

DEFININDO OS TERMOS

Historicamente, a igreja tem entendido que a Bíblia, dentre toda a literatura escrita na história, é exclusivamente infalível. A palavra *infalível* pode ser definida como "aquilo que não pode falhar". Significa algo incapaz de cometer um erro. Numa perspectiva linguística, o vocábulo *infalível* é mais elevado do que o termo *inerrante*. Ilustrando, um aluno pode fazer um teste constituído de 20 questões e obter 20 respostas corretas, dando-lhe um teste sem erros. Todavia, a inerrância do aluno neste campo restrito não o torna infalível, como erros em testes subsequentes poderiam comprovar.

Muito da controvérsia ao redor do assunto da inspiração envolve certa quantidade de confusão a respeito dos vocábulos *inerrância* e *infalibilidade*, especificamente, a extensão em que se aplicam. Para ilustrar, observe a diferença nas duas afirmações seguintes:

A. A Bíblia é a única regra infalível de fé e prática.

B. A Bíblia é infalível somente quando fala de fé e prática.

As duas afirmações parecem semelhantes, mas são radicalmente diferentes. Na primeira afirmação, a palavra única distingue a Escritura como a única fonte infalível com autoridade. Em outras palavras, a Escritura é a regra de nossa fé, o que diz respeito a tudo que cremos, e ela é a regra de nossa prática, o que diz respeito a tudo que fazemos.

As palavras mudam de orientação na segunda afirmação. Nesta, a palavra *somente* restringe uma porção da própria Bíblia, dizendo que ela é infalível somente quando fala de fé e prática. Esta é uma visão chamada "inerrância limitada", e esta maneira de ver a Escritura se tornou popular em nossos dias. As palavras *fé* e *prática* expressam, em resumo, o todo da vida cristã. Mas, na segunda afirmação, "fé e prática" são reduzidas a uma porção de ensino da Escritura, deixando fora o que a Bíblia diz sobre história, ciência e questões culturais. Em outras palavras, a Bíblia tem autoridade apenas quando fala de fé religiosa; seus ensinos sobre as outras coisas são considerados falíveis.

A AUTORIDADE DE CRISTO

Em última análise, a questão de autoridade da Bíblia se fundamenta na autoridade de Cristo. Durante os anos 1970, o Ministério Ligonier patrocinou uma conferência sobre o tema da autoridade da Escritura.[1] Eruditos de várias partes do mundo vieram para discutir a questão da inerrância; e, sem nenhum conluio, cada erudito considerou o assunto a partir de uma perspectiva cristológica: qual era a opinião de Jesus sobre a Escritura? O desejo desses eruditos era sustentar um ponto de vista da Escritura ensinado pelo próprio Jesus.

---

1 Ver *God's Inerrant Word: An International Symposium on the Trustworthiness of Scripture*, ed. John Warwick Montgomery (Calgary, Alberta: Canadian Institute for Law, Theology, and Public Policy, 1974).

INTRODUÇÃO

A única maneira de sabermos o ponto de vista de Jesus sobre a Bíblia é lermos a Bíblia, o que nos leva a um argumento circular: Jesus ensinou a inerrância da Bíblia, mas sabemos o que Jesus disse apenas por causa da Bíblia. Entretanto, há uma concordância geral até entre os críticos de que as porções menos disputadas da Escritura com referência à autenticidade histórica são aquelas que contêm as afirmações de Jesus sobre a Escritura. Não há disputas sérias entre os teólogos sobre o ponto de vista de Jesus quanto à Bíblia. Eruditos e teólogos de todos os contextos, liberais e conservadores igualmente, concordam em que o Jesus de Nazaré histórico acreditava e ensinava o ponto de vista elevado e sublime a respeito da Escritura que era comum no judaísmo do século I, ou seja, que a Bíblia é nada menos do que a Palavra de Deus inspirada. A opinião de Jesus sobre a Escritura é revelada nos evangelhos: "Porque em verdade vos digo: até que o céu e a terra passem, nem um i ou um til jamais passará da Lei, sem que tudo se cumpra" (Mt 5.18); "A Escritura não pode falhar" (Jo 10.35) e: "A tua palavra é a verdade" (Jo 17.17). Além disso, Jesus apoiou frequentemente seus argumentos no Antigo Testamento, dizendo apenas: "Está escrito", para resolver uma disputa teológica.

Há poucos eruditos, se há realmente alguns, que desafiam a opinião de que Jesus de Nazaré ensinou o que a igreja tem ensinado por 2.000 anos. Todavia, muitos desses mesmos eruditos viram as costas e dizem que Jesus estava errado em sua opinião sobre a Escritura. Devemos nos admirar da arrogância de tal afirmação da parte de teólogos cristãos. Eles fazem esta afirmação por argumentarem que Jesus foi influenciado pela opinião sobre a Escritura prevalecente e sustentada pela comunidade judaica de seu tempo, a qual, em sua natureza humana, ele não sabia que era errada. Eles são prontos a ressaltar para seus opositores que havia coisas que o Jesus humano, apesar de sua natureza divina, não sabia. Quando indagado sobre o dia e a hora de seu retorno, por exemplo, Jesus disse a seus discípulos que ninguém sabia o dia e a hora, exceto o Pai (Mt 24.36). E, em dizer isso, Jesus expressou um limite em seu próprio conhecimento. Os críticos afirmam que isto desculpa Jesus por nos ter dado uma falsa opinião sobre a Escritura.

Em resposta, eruditos ortodoxos dizem que, embora a natureza humana de Jesus não tivesse o atributo de onisciência, não era necessário que ele fosse onisciente para que fosse o nosso Redentor. A natureza divina tinha realmente onisciência, mas a natureza humana não tinha. Entretanto, a questão mais profunda neste caso é a ausência de pecado em Cristo. Ensinar um erro teria sido pecaminoso para alguém que afirmava ensinar apenas o que recebia de Deus. As Escrituras têm uma ética sobre ensino, que nem todos devem se tornar mestres porque serão julgados mais rigorosamente (Tg 3.1). Como alguém que ensina, tenho uma responsabilidade moral de não mentir para meus alunos. Se meus alunos me fazem uma pergunta para a qual não sei a resposta, sou obrigado a dizer-lhes que não sei. Se meu pensamento é hesitante quanto ao assunto, devo fazê-los saber que não tenho certeza da resposta. Essa cautela é necessária, porque um professor tem o poder de influenciar o pensamento daqueles que recebem o seu ensino.

Na história, nenhum mestre jamais teve influência e autoridade maiores do que Jesus de Nazaré. Se ele disse às pessoas que Moisés escreveu a seu respeito, que Abraão se regozijou em

INTRODUÇÃO

ver seu dia, que a Palavra não pode falhar e que a Escritura é verdadeira, mas estava errado, ele é culpável por isso; ele era responsável por colocar um limite em sua própria certeza no ponto em que havia realmente o limite.

Se Jesus estava errado em seu ensino sobre um assunto tão crucial quanto a autoridade da Escritura, não posso imaginar que alguém o leve a sério em qualquer outra coisa que ele ensinou. Jesus disse: "Se, tratando das coisas terrenas, não me credes, como crereis, se vos falar das celestiais?" (Jo 3.12). Mas existe hoje uma geração de teólogos que dizem que, embora Jesus estivesse certo em relação às coisas celestiais, estava errado em referência às coisas terrenas.

No entanto, visto que a Bíblia nos dá bastante informação histórica confiável para chegarmos à conclusão de que Jesus era um profeta, e visto que Jesus mesmo nos diz que a fonte desta informação é totalmente confiável, não seguimos um argumento circular, e sim um argumento progressivo. Seguimos de um ponto inicial de abertura histórica para criticismo, para a confiabilidade histórica, para o conhecimento histórico do ensino de Jesus, e, para o ensino de Jesus, que nos diz que esta fonte não é apenas de algum modo confiável e sim totalmente confiável, porque é a própria Palavra de Deus.

Quando dizemos que a Bíblia é a única regra de fé e prática, nós o fazemos porque cremos que esta regra foi delegada pelo Senhor, a quem pertence a regra. Portanto, dizemos que a Bíblia é inerrante e infalível. Dos dois vocábulos que consideramos neste capítulo, *inerrância* e *infalibilidade*, inerrância é o termo secundário; flui naturalmente do conceito de infalibilidade – se algo não pode errar, então, ele não erra. A fim de passar no teste da crítica, a Bíblia tem apenas de ser coerente com suas próprias afirmações; e, se definimos a *verdade* do modo como o faz o Novo Testamento, não há razão válida para alguém contestar a inerrância da Bíblia. Se a Palavra de Deus não pode falhar, e se ela não pode errar, ela realmente não falha nem erra.

CAPÍTULO 7

CANONICIDADE

A palavra *Bíblia* vem da palavra grega *biblos*, que significa "livro". Mas, embora a Bíblia seja formada de um único volume, ela não é um único livro, e sim uma coleção de 66 livros individuais. É um conjunto de livros. Visto que há tantos livros que juntos constituem as Escrituras Sagradas, como sabemos que os livros corretos foram incluídos nesta coleção ou conjunto de livros? Esta pergunta se inclui no assunto de *canonicidade*.

Obtemos a palavra *cânon* de outra palavra grega, *kanon*, que significa "vara de medir" ou "norma". Chamar a Bíblia de "o cânon de Escritura" é o mesmo que dizer que seus 66 livros funcionam juntos como a vara de medir ou a autoridade suprema para a igreja. A Bíblia tem sido descrita frequentemente como *norma normans et sine normativa*. A forma da palavra norma aparece três vezes nessa expressão. *Norma normans* significa "a

INTRODUÇÃO

norma das normas", e *sine normativa* significa "sem norma". A Bíblia é a norma ou o padrão de todos os padrões, não sendo julgada por nenhum outro padrão.

EXTENSÃO DO CÂNON

Em nosso exame da natureza da Escritura, vimos os assuntos de inspiração, infalibilidade e inerrância. Neste capítulo, consideramos não a natureza da Escritura e sim o escopo da Escritura; ou seja, até aonde se estende o cânon da Escritura?

Há muitos conceitos errados a respeito do cânon. Críticos argumentam que, devido ao grande número de livros – mais do que dois mil, eles dizem – que poderiam ter sido incluídos na Bíblia, parece provável que alguns livros deveriam ter sido incluídos, mas não foram, enquanto outros livros que não eram qualificados foram incluídos. No entanto, a maioria dos livros considerados para a inclusão no cânon foi rápida e facilmente rejeitada pela igreja primitiva, porque eram tão obviamente fraudulentos.

No século II, hereges gnósticos, reivindicando autoridade apostólica, escreveram seus próprios livros e os propagaram amplamente. Contudo, estes livros nunca foram considerados seriamente para a inclusão no cânon; por isso, é enganoso afirmar que havia mais de dois mil potenciais candidatos. Se consideramos o processo histórico de seleção realizado pela igreja, um processo regido por grande cautela e investigação cuidadosa, vemos que somente três dos documentos excluídos sofreram consideração séria para inclusão no Novo Testamento: a Didaquê, o Pastor de Hermas e a Primeira Epístola de Clemente de Roma. Estes documentos tiveram sua origem no final do século I ou início do século II. Se alguém os lê, fica evidente que os escritores eram conscientes de que sua obra era sub e pós-apostólica. Portanto, eles se submetiam à autoridade dos apóstolos e de seus escritos.

Os documentos excluídos são importantes e úteis para a igreja, e foi assim no decorrer da história da igreja, mas nunca houve um conflito sobre a inclusão deles no cânon. A maior parte da controvérsia sobre o cânon nos primeiros séculos se referia não ao que era excluído e sim ao que era realmente incluído. O debate prosseguiu por algum tempo a respeito de incluir ou não Hebreus, 2 Pedro, 2 e 3 João e Apocalipse.

O CÂNON ESTABELECIDO

Outros se opõem à autoridade do cânon porque ele não foi estabelecido até ao século IV, muito tempo depois da vida e morte de Cristo. Estabelecer o cânon foi um processo que aconteceu durante um período de tempo; mas isso não significa que a igreja esteve sem um Novo Testamento até ao fim do século IV. Desde o próprio início da igreja, os livros básicos do Novo Testamento, aqueles que lemos e observamos hoje, estavam em uso e funcionavam como um cânon por causa de sua autoridade apostólica.

O problema que causou o estabelecimento do cânon foi o aparecimento de um herege chamado Marcião, que publicou seu próprio cânon. Sob a influência do gnosticismo, Marcião acreditava que o Deus apresentado no Antigo Testamento não era o Deus supremo do universo e sim uma deidade menor chamada um "demiurgo" que tinha uma disposição caprichosa, e que Cristo viera para revelar o verdadeiro Deus e libertar-nos

INTRODUÇÃO

dessa deidade de espírito inferior. Como resultado, Marcião excluiu tudo no Novo Testamento que poderia ligar Cristo de uma maneira positiva a Javé, o Deus do Antigo Testamento. O evangelho de Mateus e muito do conteúdo dos outros evangelhos foi removido, bem como qualquer referência que Cristo fez a respeito de Deus como seu Pai. Marcião também eliminou parte dos escritos de Paulo. Ele acabou produzindo uma versão pequena, abreviada e editada do Novo Testamento. Esta heresia impulsionou a igreja a apresentar uma lista formal e autoritária dos livros bíblicos.

AS MARCAS DA CANONICIDADE

A fim de determinar a autoridade canônica, a igreja aplicou um teste de três critérios. Alguns se inquietam com o fato de que houve um processo de seleção, mas a meticulosidade do processo deveria tranquilizar-nos.

A primeira marca ou teste usado para averiguar a autoridade de um livro foi sua origem apostólica, um critério que teve duas dimensões. Para ser de origem apostólica, um documento precisava ter sido escrito por um apóstolo ou sob a sanção direta e imediata de um apóstolo. O livro de Romanos, por exemplo, não foi questionado porque todos concordavam em que ele havia sido escrito pelo apóstolo Paulo e, por isso, tinha autoridade apostólica. De modo semelhante, nem o evangelho de Mateus nem o evangelho de João foram questionados, porque foram escritos por apóstolos de Jesus. O evangelho de Lucas não foi questionado porque Lucas era um companheiro de Paulo e viajava com ele em suas viagens missionárias. De modo semelhante, Marcos foi entendido como o porta-voz do apóstolo Pedro, de modo que a autoridade de Pedro estava por trás do evangelho de Marcos. Desde o próprio começo, não houve nenhuma dúvida quanto à autoridade apostólica e à canonicidade dos quatro evangelhos ou do corpus básico dos escritos de Paulo.

A *segunda marca* de aceitação para o cânon foi a recepção por parte da igreja primitiva. A epístola aos Efésios é um exemplo que satisfaz a este critério. A suposição é que Paulo tencionava que esta carta fosse para uma audiência mais ampla do que apenas a igreja em Éfeso. Ela foi escrita como uma carta circular, designada a ser propagada por todas as igrejas na região ao redor de Éfeso. Isso era verdadeiro não somente em relação à epístola aos Efésios, mas também às outras epístolas de Paulo. Os evangelhos escritos eram também amplamente circulados entre as congregações do século I. Na questão de reconhecimento histórico, a igreja, ao analisar o que incluir no cânon, levou em consideração como um documento específico havia sido recebido e citado como portador de autoridade desde o início em diante. Na Primeira epístola de Clemente, que não foi reconhecida como canônica, Clemente cita a epístola de Paulo aos coríntios, mostrando que 1 Coríntios havia sido recebida, pela comunidade cristã primitiva, como portadora de autoridade. Na própria Bíblia, o apóstolo Pedro faz menção das cartas de Paulo como incluídas na categoria de Escritura (2 Pe 3.16).

A *terceira marca* de canonicidade foi a causa de maior parte da controvérsia. Os livros considerados apostólicos ou sancionados por um apóstolo e também recebidos pela igreja primitiva constituíam o conjunto básico do Novo Testamen-

INTRODUÇÃO

to e foram recebidos no cânon sem qualquer controvérsia real, mas houve um segundo nível de livros sobre os quais houve algum debate. Uma das questões se referia à compatibilidade de doutrina e ensino destes livros com os livros do conjunto básico. Esta foi a questão que provocou algumas das dúvidas sobre o livro de Hebreus. Uma parte da epístola, Hebreus 6, tem sido interpretada frequentemente como que indicando que os redimidos por Cristo podem perder sua salvação, um ensino que discorda do resto do ensino bíblico sobre o assunto. Entretanto, esse capítulo pode ser interpretado de uma maneira que não esteja fora de harmonia com o resto da Escritura. O que finalmente mudou o debate sobre Hebreus foi o argumento de que Paulo era seu autor. Nos primeiros séculos, a igreja acreditava que Paulo era o autor de Hebreus, e isso fez a epístola ser incluída no cânon. Ironicamente, há poucos eruditos hoje que acreditam que Paulo a escreveu, porém há muito menos eruditos que negariam que ela pertence ao cânon.

O ESCOPO DO CÂNON

No século XVI, surgiu uma disputa entre a Igreja Católica Romana e os protestantes sobre o escopo e a extensão das Escrituras do Antigo Testamento, especificamente sobre os apócrifos, um grupo de livros produzidos durante o período intertestamentário. A Igreja Católica Romana adotou os apócrifos; as igrejas da Reforma, em sua maior parte, não os adotaram. A disputa centralizou-se no que a igreja do século I e Jesus haviam aceitado como canônico. Toda a evidência procedente da Palestina indica que o cânon dos judeus da Palestina não incluía os apócrifos, enquanto muitos em Alexandria, o centro cultural para judeus helenistas, os incluíam. No entanto, erudição mais recente sugere que até o cânon de Alexandria reconhecia os apócrifos apenas num nível secundário, mas não no nível pleno de autoridade bíblica. Assim, permanece a questão a respeito de quem estava certo – a Igreja Católica Romana ou os protestantes? Em outras palavras, por meio de que autoridade determinamos o que é canônico?

De acordo com os protestantes, cada livro presente na Bíblia é um livro infalível, mas o processo realizado pela igreja referente a que livros incluir no cânon não era infalível. Cremos que a igreja foi guiada providencialmente pela misericórdia de Deus no processo para determinar o cânon e, por isso mesmo, fez as decisões certas, de modo que cada livro que deveria estar na Bíblia está realmente na Bíblia. Entretanto, não acreditamos que a igreja era inerentemente infalível, naquele tempo ou mesmo agora. Por contraste, a fórmula católica romana diz que temos os livros corretos porque a igreja é infalível e qualquer coisa que a igreja decide é uma decisão infalível. No entendimento católico romano, a formação do cânon se fundamenta na autoridade da igreja, enquanto no entendimento protestante ele se fundamenta na providência de Deus.

Quero incentivar o leitor a fazer estudos adicionais sobre o desenvolvimento do cânon. Permita-me enfatizar, em conclusão, que, embora tenha havido uma investigação histórica, creio que a igreja fez exatamente o que Deus queria que ela fizesse e que não temos razão para sermos qualquer outra coisa além de plenamente seguros de que os livros corretos foram incluídos no cânon da Escritura Sagrada.

CAPÍTULO 8

A ESCRITURA E A AUTORIDADE

Há alguns anos, encontrei um velho amigo. Tínhamos ido para a faculdade juntos. E, durante aqueles anos, ele e eu nos reuníamos todas as noites para estudo bíblico e oração. Depois do tempo na faculdade, perdemos contato um com o outro. Por isso, fiquei muito feliz em vê-lo. Durante a conversa, ele me disse que desde a faculdade sua opinião sobre a Escritura havia mudado. Ele não acreditava mais na inspiração da Bíblia. Em vez disso, ele disse que chegara a acreditar que a autoridade espiritual está na igreja.

DEBATE HISTÓRICO

Em última análise, a autoridade suprema e inquestionável para a igreja está nas palavras dos apóstolos na Escritura Sagrada ou no corpo de mestres que servem presentemente como bispos do rebanho de Deus? Essa foi a questão debatida no século

INTRODUÇÃO

XVI, quando os reformadores determinaram que a Escritura sozinha é a revelação suprema e autoritária de Deus. A igreja não tem autoridade em nível de igualdade com a Escritura. Contudo, quando a Igreja Católica Romana se reuniu no Concílio de Trento, em meados do século XVI, para responder à Reforma, a quarta sessão daquele concílio abordou a relação entre a autoridade da igreja e a autoridade da Escritura. Nessa sessão, a igreja professou confiança na inspiração e na autoridade da Bíblia, ao mesmo tempo que afirmou também que Deus se revela por meio da tradição da igreja.

Podemos achar a verdade de Deus em lugares além da Bíblia. Podemos achá-la em livros corretos sobre teologia, contanto que *sejam* corretos, mas eles não são a fonte original da revelação especial. Entretanto, a Igreja Católica Romana se prende a uma "teoria de fonte dupla", na qual há duas fontes de revelação especial: uma é a Escritura, a outra é a tradição da igreja. Esta teoria tem o efeito de colocar a igreja em nível de igualdade com a própria Bíblia no que concerne à autoridade.

A quarta sessão do Concílio de Trento foi interrompida abruptamente, quando a guerra irrompeu no continente. Portanto, alguns dos registros do que realmente aconteceu no concílio são imprecisos. No rascunho original da quarta sessão, o decreto diz que "as verdades... são contidas parcialmente [*partim*] na Escritura e parcialmente [*partim*] nas tradições não escritas". Mas, em um momento decisivo nas deliberações do concílio, dois sacerdotes se levantaram em protesto contra a fórmula "*partim... partim*". Eles protestaram com base no fato de que esta visão destruiria a singularidade e a suficiência da Escritura. Tudo que sabemos desse ponto em diante é que

A ESCRITURA E A AUTORIDADE

as palavras "parcialmente... parcialmente" foram removidas do texto e substituídas pela palavra "e" (*et*). Isto significa que o Concílio respondeu ao protesto e talvez deixou propositalmente ambíguo o relacionamento entre Escritura e tradição? A mudança foi estilística, significando que o Concílio afirmava duas fontes distintas de revelação? Não sabemos a resposta para essas perguntas com base estritamente no registro do Concílio de Trento, mas sabemos qual foi a resposta dos decretos e decisões subsequentes da igreja, mais recentemente a encíclica papal *Humani Generis* (1950), na qual o papa Pio XII propõe sem qualquer ambiguidade que a igreja adota as duas fontes distintas de revelação especial.

Portanto, em termos de doutrina, a Igreja Católica Romana apela tanto para a tradição da igreja quanto para a Bíblia; e isso é o que torna o diálogo ecumênico bastante difícil. Quando uma doutrina específica é colocada em escrutínio, os protestantes querem estabelecer sua posição estritamente na autoridade da Bíblia, enquanto Roma quer incluir as interpretações dos concílios da igreja ou das encíclicas papais. Vemos isso em questões como a imaculada conceição de Maria. Embora tal doutrina não seja achada em nenhuma passagem da Escritura, os católicos romanos estabeleceram a doutrina com base na tradição.

Em resposta àqueles que mantêm o *sola Scriptura*, a Igreja Católica Romana argumenta que, devido ao fato de que foi pela decisão da igreja que certos livros foram incluídos formalmente no cânon, a autoridade da Bíblia está sujeita à autoridade da igreja, e, num sentido muito real, a Bíblia deriva sua autoridade permanente da autoridade ainda maior da própria igreja. Os protestantes rejeitam isso por razões bíblicas, teológicas e his-

INTRODUÇÃO

tóricas. Os reformadores restringiram a autoridade normativa às Escrituras porque estavam convencidos de que as Escrituras são a Palavra de Deus e que somente Deus pode reger a consciência e tem autoridade plena.

A Igreja Católica Romana afirma realmente que somente Deus é a autoridade final, mas argumenta que Deus delegou essa autoridade à igreja; e eles acreditam que isso aconteceu quando Jesus disse a Pedro: "Tu és Pedro, e sobre esta pedra edificarei a minha igreja, e as portas do inferno não prevalecerão contra ela" (Mt 16.18). A autoridade de Pedro e dos apóstolos passou, então, aos seus sucessores no que é chamado "sucessão apostólica". A formulação católica romana desta crença assevera que o bispo de Roma, o Papa, ocupa o lugar de Pedro como seu sucessor e, por isso, exerce a autoridade de Pedro como representante de Cristo na terra.

Se a Bíblia afirma realmente a sucessão apostólica, isso é uma questão aberta a debate. E permanece a controvérsia a respeito do que Jesus realmente quis dizer em Cesareia de Filipe, ao declarar que edificaria sua igreja sobre a pedra. Sabemos que houve um processo de delegação. Cristo é o apóstolo delegado *por excelência*, conforme mostrado, quando ele disse: "Porque eu não tenho falado por mim mesmo, mas o Pai, que me enviou, esse me tem prescrito o que dizer e o que anunciar" (Jo 12.49). Cristo reivindicou falar com nada menos que a autoridade de Deus; por isso, quando a igreja admite a Cristo como Senhor, ela está reconhecendo que Cristo tem autoridade como a cabeça da igreja, sendo, portanto, superior a qualquer outra parte da igreja.

No processo de finalizar o cânon da Escritura, a igreja usou uma palavra latina, *recipemus*, que significa "nós recebemos". Isto indica que a igreja não foi tão arrogante ao ponto de afirmar que estava criando o cânon ou que o cânon recebia sua autoridade da igreja. Em vez disso, a igreja reconheceu que os livros do cânon tinham autoridade normativa sobre todos. Se Deus aparecesse para mim hoje e eu lhe pedisse que comprovasse sua identidade como Deus; e se ele fizesse isso de um modo que só me restaria curvar-me diante de sua autoridade, a minha aquiescência à sua autoridade não lhe daria qualquer autoridade que ele ainda não tivesse. Eu apenas reconheceria a autoridade que Deus já possuía antes mesmo de eu me curvar. Isso foi exatamente o que a igreja fez nos primeiros séculos, quando esteve envolvida no processo de reconhecer formalmente o cânon da Escritura.

A igreja está sempre subordinada à autoridade da Bíblia. Isto não significa que a igreja não tem autoridade. O estado e os pais têm autoridade, mas essas autoridades foram delegadas por Deus. Eles não tem a autoridade plena que segue em igualdade com a própria Palavra de Deus. Portanto, qualquer autoridade afirmada pela igreja está subordinada à autoridade da Escritura.

O CONTEÚDO DA ESCRITURA

Abordamos bem rapidamente esta parte de nosso estudo de teologia sistemática. Começamos com a doutrina da revelação, e nos últimos poucos capítulos tratamos do conceito de Escritura. Até aqui, ainda estamos focalizados no abstrato – a natureza da Escritura, a origem da Escritura, a autoridade da Escritura, a relação da autoridade bíblica com a autoridade eclesiástica, o escopo do cânon e assim por diante. No entanto, se temos um conceito acurado sobre a natureza da Bíblia, e se somos ortodoxos em nossa confissão de sua autoridade e do escopo do

INTRODUÇÃO

cânon, mas não temos nenhum domínio do conteúdo da Escritura Sagrada, que vantagem temos? A Escritura nos foi dada não apenas como uma doutrina abstrata; ele vem até nós como a divina Palavra de Deus, designada para edificação, reprovação, correção e instrução, para que sejamos plenamente equipados como homens e mulheres de Deus.

A crise que existe em nossos dias não é meramente sobre se a Bíblia é infalível, inerrante e inspirada. A crise é sobre o conteúdo da Bíblia. Gastamos tanto tempo considerando questões acadêmicas sobre o que chamamos de "prolegômenos" – a datação, a cultura e a linguagem da Escritura – que pastores podem estudar num seminário sem sequer lidarem com o conteúdo da Escritura.

Você sabe o que a Bíblia contém? Este volume sobre teologia sistemática é ousado em abordar muitos assuntos; porém, muito mais importante do que estudar teologia sistemática é que o povo de Deus chegue ao conhecimento do conteúdo da Escritura. No entanto, embora lidemos bem com o conteúdo da Escritura e sustentemos doutrina sã, ficamos com a questão de como ser intérpretes responsáveis da Bíblia. Não somos infalíveis, e, em algum ponto, podemos distorcer as Escrituras. Essa é a razão por que precisamos aprender algo sobre os princípios básicos de interpretação bíblica.[1]

Este capítulo conclui a parte 1. Consideramos a revelação e a Bíblia, o que nos prepara para a parte 2, onde começaremos a estudar o caráter de Deus.

---

1 R. C. Sproul, *Knowing Scripture*, rev. ed. (Downers Grove, Ill.: InterVarsity, 2009), oferece um guia para leigos sobre os princípios fundamentais de como interpretar a Bíblia, de uma maneira que evite entendimento errado, interpretação errada ou distorção da Palavra de Deus.

PARTE DOIS

TEOLOGIA PROPRIAMENTE DITA

CAPÍTULO 9

O CONHECIMENTO DE DEUS

Deus tem revelado claramente sua existência a toda criatura na terra; todas as pessoas sabem que ele existe, quer admitam isso ou não. Entretanto, precisamos ir além de saber que Deus existe, e chegar a um entendimento mais profundo de quem ele é – seu caráter e natureza – porque nenhum aspecto da teologia define todos os outros de modo tão abrangente quanto o nosso entendimento a respeito de Deus. De fato, somente quando entendemos o caráter de Deus, podemos entender todas as outras doutrinas corretamente.

DEUS INCOMPREENSÍVEL

Historicamente, o primeiro empreendimento para os teólogos sistemáticos é o estudo da incompreensibilidade de Deus. À primeira vista, esse empreendimento parece contraditório: como podemos estudar algo que é incompreensível? Entretanto, esta busca faz sentido quando compreendemos que os teólogos usam a palavra *incompreensível* de uma maneira mais restrita e mais precisa do que é usada no falar cotidiano. Falando teologicamente, *incompreensível* não significa que não podemos saber nada a respeito de Deus, mas, em vez disso, que o nosso conhecimento a respeito dele sempre será limitado. Podemos ter um conhecimento significativo e assimilável de Deus, mas nunca podemos, nem mesmo no céu, ter um conhecimento exaustivo de Deus. Não podemos compreender totalmente tudo que ele é.

Uma razão para isso foi articulada por João Calvino na expressão *finitum non capax infinitum*, que significa "o finito não pode assimilar o infinito". A expressão pode ser interpretada em duas maneiras diferentes, porque a palavra *capax* pode ser traduzida ou por "conter" ou por "assimilar". Um copo de 200 ml não pode conter uma quantidade infinita de água porque tem um volume finito; o finito não pode conter o infinito. Mas, quando a expressão de Calvino é traduzida com o outro significado de *capax*, "assimilar", ela indica que Deus não pode ser compreendido em sua totalidade. Nossa mente é finita, não tem a capacidade de assimilar ou entender tudo que Deus é. Os caminhos de Deus não são os nossos caminhos. Os seus pensamentos não são os nossos pensamentos. Ele ultrapassa nossa capacidade de compreendê-lo em sua plenitude.

DEUS REVELADO

Visto que o finito não pode assimilar o infinito, como podemos, como seres humanos finitos, aprender algo sobre Deus ou ter algum conhecimento importante e significativo a respeito de quem ele é? Calvino disse que Deus condescende, em sua graça e misericórdia, em usar linguagem imperfeita para nosso benefício. Em outras palavras, ele se dirige a nós em nossos termos e em nossa linguagem, como um pai falaria com um filhinho. Chamamos isso de "conversa infantil", mas algo significativo e inteligível é comunicado.

ANTROPOMORFISMO

Achamos esta ideia na linguagem *antropomórfica* da Bíblia. *Antropomórfica* vem da palavra grega *anthrōpos*, que significa "homem", "humanidade" ou "humano", e *morfologia* é um termo que se refere ao estudo de formas e estruturas. Portanto, podemos ver facilmente que *antropomórfica* significa apenas "em forma humana". Quando lemos na Escritura que os céus são o trono de Deus e a terra o estrado de seus pés (Is 66.1), imaginamos uma deidade enorme sentada no céu e estendendo seus pés sobre a terra, mas não pensamos realmente que isso é o que Deus realmente faz. De modo semelhante, lemos que Deus possui o gado aos milhares sobre as montanhas (Sl 50.10), mas não interpretamos isso no sentido de que Deus é um grande criador de animais que desce e, de vez em quando, tem um conflito com o Diabo. Pelo contrário, essa imagem nos diz que Deus é poderoso e autossuficiente, como um fazendeiro humano que possui grandes rebanhos de gado.

As Escrituras nos dizem que Deus não é um homem – ele é espírito (Jo 4.24) e, portanto, não é físico. Apesar disso, ele é descrito muitas vezes com atributos físicos. Há menções de seus olhos, sua cabeça, seu braço forte, seus pés e sua boca. A

Escritura fala de Deus como alguém que tem não somente atributos físicos, mas também atributos emocionais. Em algumas passagens, lemos que Deus se arrependeu, mas, em outras passagens da Bíblia, somos informados de que Deus não muda seu pensamento. Em algumas instâncias na Bíblia, Deus é descrito em termos humanos porque esta é a única maneira pela qual os homens sabem falar sobre Deus.

Temos de ser cuidadosos para entender o que a linguagem antropomórfica da Bíblia comunica. Por um lado, a Bíblia afirma o que estas formas comunicam sobre Deus. Por outro lado, de uma maneira mais didática, ela nos adverte de que Deus não é um homem. Entretanto, isto não significa que a linguagem teológica, técnica e abstrata é superior à linguagem antropomórfica e que, portanto, é melhor dizer "Deus é onipotente" do que "Deus possui os animais aos milhares sobre as montanhas". A única maneira em que podemos entender a palavra *omni* ou *tudo* é por meio de nossa capacidade humana de entender o que *tudo* significa. De modo semelhante, não pensamos em poder da mesma maneira que Deus pensa. Ele possui um entendimento infinito do significado de poder, enquanto nós temos um entendimento finito.

Por todas estas razões, Deus não fala conosco em sua própria linguagem. Ele fala conosco em nossa linguagem. E, porque ele fala conosco somente numa linguagem que podemos entender, somos capazes de assimilar o que ele fala. Em outras palavras, *toda* a linguagem bíblica é antropomórfica, e *toda* a linguagem sobre Deus é antropomórfica, porque esta é a única linguagem que temos à nossa disposição, e isso porque somos seres humanos.

DEUS DESCRITO

Por causa destes limites impostos pelo abismo que existe entre o Deus infinito e seres humanos finitos, a igreja tem de ser cuidadosa em como procura descrever Deus.

Uma das maneiras mais comuns de descrever Deus é chamada *via negationis*. Uma *via* é uma "estrada" ou um "caminho". A palavra *negationis* significa apenas "negação". E essa é a maneira primária de falarmos sobre Deus. Em outras palavras, descrevemos a Deus por dizer o que ele não é. Por exemplo, temos comentado que Deus é infinito, que significa "não finito". De modo semelhante, os seres humanos mudam com o passar do tempo. Eles sofrem mudança, por isso são chamados "mutáveis". Deus, porém, não muda; logo, ele é imutável, que significa "não mutável". Ambos os termos, *infinito* e *imutável*, descrevem a Deus pelo que ele não é.

Há duas outras maneiras em que os teólogos sistemáticos falam de Deus. Uma é chamada *via eminentiae*, "o caminho de eminência", em que levamos conceitos ou referências humanos ao grau supremo, como os termos *onipotência* e *onisciência*. Neste caso, a palavra "poder", *potentia*, e a palavra "conhecimento", *scientia*, são levadas ao grau supremo, *omni*, e aplicadas a Deus. Ele é todo-poderoso e sabe todas as coisas, enquanto nós somos parcialmente poderosos e sabemos as coisas em parte.

A terceira maneira é a *via affirmationis*, ou "caminho de afirmação", pela qual fazemos afirmações específicas sobre o caráter de Deus, como "Deus é um", "Deus é santo" e "Deus é soberano". Atribuímos positivamente certas características a Deus e afirmamos que elas são verdadeiras a respeito dele.

TRÊS FORMAS DE LINGUAGEM

Ao considerar a incompreensibilidade sobre Deus, é importante notar três formas distintas de linguagem humana que a igreja tem delineado: inequívoca, equívoca e analógica.

A linguagem inequívoca se refere ao uso de um termo descritivo que, aplicado a duas coisas diferentes, expressa o mesmo significado. Por exemplo, dizer que um cachorro é "bom" e que um gato é "bom" implica dizer que ambos são obedientes.

A linguagem equívoca se refere ao uso de um termo que muda radicalmente seu significado quando o usamos para designar duas coisas diferentes. Se você fosse ouvir um recital de poesia dramática e ficasse desapontado com o desempenho do recitante, talvez diria: "Foi uma apresentação fraca". Certamente você não pretendia dizer que o recitante era uma pessoa sem forças; queria dizer que faltou algo no seu desempenho. Não houve entusiasmo nem paixão. Assim como falta algo a uma pessoa fraca, assim também faltou algo na recitação dramática. Você está empregando um uso metafórico da palavra *fraco*, e, ao fazer isso, está se afastando do significado da palavra quando aplicada à condição de uma pessoa.

Entre a linguagem inequívoca e a linguagem equívoca, há a linguagem analógica. Uma analogia é uma representação baseada em proporção. O significado muda em proporção direta à diferença das coisas descritas. Um homem e um cachorro podem ser bons, mas a bondade deles não é exatamente a mesma. Quando dizemos que Deus é bom, queremos dizer que a bondade dele é parecida ou semelhante à nossa bondade, não idêntica, mas semelhante à nossa de tal maneira que podemos falar significativamente uns com os outros sobre ela.

O princípio fundamental é que, embora não conheçamos a Deus de modo exaustivo e abrangente, temos maneiras significativas de falar sobre ele. Deus se dirige a nós em nossos termos, e, porque ele nos fez à sua imagem, há uma analogia que nos proporciona um meio de comunicação com ele.

CAPÍTULO 10

UM EM ESSÊNCIA

Quando consideramos as culturas da antiguidade, não podemos deixar de perceber um sistema de politeísmo altamente desenvolvido. Pensamos, por exemplo, nos gregos, que tinham seu panteão de deidades, e nos romanos, que tinham deuses e deusas que serviam a todas as esferas de interesse e esforço humano. No meio daquele mundo mediterrâneo antigo, uma cultura – os judeus – se destaca por seu compromisso com o monoteísmo singularmente desenvolvido.

Alguns eruditos críticos argumentam que a religião judaica refletida no Antigo Testamento não era realmente monoteísta, e sim um amálgama sutil de formas de politeísmo. Estes eruditos afirmam que as Escrituras como as temos hoje foram reformuladas por editores posteriores que inseriram uma visão moderna de monoteísmo nos relatos patriarcais no registro bíblico. Apesar dessas teorias críticas, desde a primeira página da Escritura achamos uma afirmação inconfundível de que não há limites para o reino e a autoridade do Senhor Deus. Ele é o Deus do céu e da terra, aquele que cria e governa todas as coisas.

UNIDADE E SINGULARIDADE

Grande ênfase foi colocada na singularidade de Deus pela comunidade de Israel no Antigo Testamento. Pensamos, por exemplo, na *Shemá* referida no livro de Deuteronômio. A *Shemá* era recitada na liturgia israelita e estava profundamente arraigada na consciência do povo: "Ouve, Israel, o SENHOR, nosso Deus, é o único SENHOR. Amarás, pois, o SENHOR, teu Deus, de todo o teu coração, de toda a tua alma e de toda a tua força" (Dt 6.4-5). Estas palavras também constituem o Grande Mandamento (Mt 22.37). Depois de declarar a *Shemá*, Moisés disse:

> Estas palavras que hoje te ordeno estarão no teu coração; tu as inculcarás a teus filhos, e delas falarás assentado em tua casa, e andando pelo caminho, e ao deitar-te, e ao levantar-te. Também as atarás como sinal na tua mão, e te serão por frontal entre os olhos. E as escreverás nos umbrais de tua casa e nas tuas portas (Dt 6.6-9).

Este anúncio da natureza de Deus – sua unidade e singularidade – era tão central à vida religiosa do povo, que este ponto deveria ser comunicado aos filhos por meio de instrução diária. As pessoas deveriam colocá-lo em suas mãos, sua fronte e nos umbrais de suas casas. Em outras palavras, deveriam pensar e falar sobre ele em todo o tempo. Os pais israelitas deveriam assegurar-se de que seus filhos entendessem a singularidade de Deus, de modo que esta verdade permeasse a comunidade em cada geração. O politeísmo nas religiões falsas das nações ao redor deles era sedutor, como o Antigo Testamento revela. A maior ameaça para Israel foi a corrupção que veio de seguirem falsos deuses. Israel precisava lembrar-se de que não havia Deus, exceto o Senhor Deus.

A singularidade de Deus é também exibida no primeiro dos Dez Mandamentos: "Não terás outros deuses diante de mim" (Êx 20.3). O mandamento não queria dizer que o povo de Deus podia ter outros deuses, contanto que Jeová fosse considerado o primeiro. "Diante de mim" significa "em minha presença", e a presença de Jeová se estende por toda a criação. Portanto, quando Deus ordenou: "Não terás outros deuses diante de mim", estava dizendo que não há outros deuses, porque ele sozinho reina como deidade.

A TRINDADE

O Antigo Testamento enfatiza o monoteísmo, mas confessamos nossa fé num Deus trino. A doutrina da Trindade, uma das doutrinas mais misteriosas da fé cristã, tem causado muita controvérsia no decorrer da história da igreja. Parte da controvérsia se origina de entender erroneamente a Trindade como três deuses – Pai, Filho e Espírito Santo. Esta ideia é chamada "triteísmo", que é uma forma de politeísmo.

Como a igreja cristã pode afirmar a Trindade, que Deus é Pai, Filho e Espírito Santo? A doutrina da Trindade é estabelecida pelo próprio Novo Testamento. O Novo Testamento

TEOLOGIA PROPRIAMENTE DITA

fala de Deus em termos de Pai, Filho e Espírito Santo. Nenhum texto expressa este conceito mais claramente do que o capítulo inicial do evangelho de João, cujo prólogo abre o caminho para a confissão de fé da igreja na Trindade:

> No princípio era o Verbo, e o Verbo estava com Deus, e o Verbo era Deus. Ele estava no princípio com Deus. Todas as coisas foram feitas por ele, e, sem ele, nada do que foi feito se fez. A vida estava nele e a vida era a luz dos homens. A luz resplandece nas trevas, e as trevas não prevaleceram contra ela (Jo 1.1-5).

Traduzimos a palavra grega *logos* por "verbo"; assim, a leitura real do grego é: "No princípio era o *logos*, e o *logos* estava com Deus, e o *logos* era Deus". João faz uma distinção entre Deus e o *logos*. O Verbo e Deus estão juntos, mas distintos – "o Verbo estava com Deus".

A palavra "com" pode parecer insignificante, mas, na língua grega, há pelo menos três palavras que podem ser traduzidas por "com". Há *sun*, que entra no português como o prefixo *sin*. Achamos esse prefixo em *sincronizar*, que significa "ocorrer ao mesmo tempo". Sincronizamos nossos relógios para nos reunirmos no mesmo horário. A palavra grega *meta* também é traduzida por "com". No vocábulo *metafísica*, *meta* é usada no sentido de estar ao lado de. Uma terceira palavra que significa "com" usada pelos gregos é *pros*, que forma a base de outra palavra grega, *prosōpon*, que significa "face". Este uso de "com" denota um relacionamento face a face, que é a maneira mais íntima em que pessoas podem estar juntas. Esta foi a palavra que João usou, ao escrever "No princípio era o Verbo, e o Verbo estava *com* Deus". Por usar *pros*, João estava indicando que o *logos* estava no mais íntimo relacionamento possível com Deus.

Portanto, vemos que o *logos* estava com Deus desde o princípio em um relacionamento íntimo, mas a cláusula seguinte parece confundir isso: "E o Verbo [o *logos*] era Deus". Aqui João usa a forma comum do verbo grego "ser", um verbo de ligação usado no sentido copulativo. Isso significa que o que é afirmado no predicado se acha no sujeito, de modo que são reversíveis: "O Verbo era Deus, e Deus era o Verbo". Isto é uma atribuição clara de deidade ao Verbo. O Verbo é diferenciado de Deus, mas o Verbo é também identificado com Deus.

A igreja desenvolveu a doutrina da Trindade não somente a partir desta passagem do Novo Testamento, mas também de muitas outras. De todos os termos descritivos usados em referência a Jesus, no Novo Testamento, aquele que predominou no pensamento dos teólogos durante os primeiros 300 anos de história da igreja foi *logos*, porque expressa uma visão muito exaltada da natureza de Cristo.

João também nos dá a resposta de Tomé no cenáculo. Tomé estava cético quanto aos relatos que recebera das mulheres e de seus amigos sobre a ressurreição de Cristo e disse: "Se eu não vir nas suas mãos o sinal dos cravos, e ali não puser o dedo, e não puser a mão no seu lado, de modo algum acreditarei" (Jo 20.25). Quando Cristo apareceu e mostrou as mãos feridas a Tomé e o convidou a colocar a mão no seu lado ferido, Tomé exclamou: "Senhor meu e Deus meu!" (v. 28).

Os escritores do Novo Testamento, particularmente os escritores judeus, tinham profunda consciência não somente do primeiro mandamento do Antigo Testamento, mas também do segundo mandamento, a advertência contra fazer imagens. A proibição contra todas as formas de idolatria – adoração de criaturas – está profundamente arraigada no Antigo Testamento. Por causa disso, os escritores do Novo Testamento estavam cientes de que Cristo poderia ser adorado somente se fosse divino. E o fato de que Jesus aceitou a adoração de Tomé é significativo.

Quando Jesus curou no sábado e perdoou pecados, alguns dos escribas se opuseram e disseram: "Quem pode perdoar pecados, senão um, que é Deus?" (Mc 2.7). Todo judeu entendia que o Senhor do sábado era Deus, aquele que instituíra o sábado. Portanto, quando Jesus explicou que havia curado o homem, "para que saibais que o Filho do Homem tem sobre a terra autoridade para perdoar pecados" (v. 10), estava declarando a sua deidade. Muitos reagiram com ira porque Jesus estava reivindicando uma autoridade que pertence somente a Deus.

Quando João escreveu: "Ele estava no princípio com Deus. Todas as coisas foram feitas por ele, e, sem ele, nada do que foi feito se fez", o *logos* foi identificado com o Criador. João também disse: "A vida estava nele". Dizer que a vida estava no *logos*, que o *logos* é a fonte da vida, é atribuir claramente deidade àquele que é chamado "o Verbo".

De maneira semelhante, o Novo Testamento atribui divindade ao Espírito Santo. Isto é feito frequentemente por atribuir ao Espírito características que pertencem somente a Deus, incluindo santidade (Mt 12.32), eternidade (Hb 9.14), onipotência (Rm 15.18-19) e onisciência (Jo 14.26). A divindade do Espírito Santo é também demonstrada quando ele é colocado no mesmo nível com o Pai e o Filho, como na fórmula batismal, em Mateus 28.18-20, ou na bênção de Paulo em 2 Coríntios 13.13.

CAPÍTULO 11

TRÊS EM PESSOA

Algum tempo atrás, um professor de filosofia compartilhou comigo sua opinião de que a doutrina da Trindade era uma contradição e que pessoas inteligentes não aceitam contradições. Concordei com ele em que pessoas inteligentes não devem aceitar contradições. Mas fiquei surpreso com o fato de que ele classificou a doutrina da Trindade como uma contradição, porque, como filósofo, ele havia sido treinado na disciplina de lógica e, por isso, sabia a diferença entre uma contradição e um paradoxo.

UM PARADOXO
A fórmula para a Trindade é paradoxal, mas não é, de modo algum, contraditória. A lei da não contradição afirma que algo não pode ser e não ser o que é ao mesmo tempo e no mesmo relacionamento. Por exemplo, posso ser um pai e um filho no

mesmo tempo, mas não no mesmo relacionamento. A fórmula histórica é que Deus é um em essência e três em pessoa. Ele é um de uma maneira e três de outra maneira. Para violar a lei da não contradição, alguém teria de dizer que Deus é um em essência e, ao mesmo tempo, três em essência ou que Deus é um em pessoa e, ao mesmo tempo, três em pessoa. Portanto, quando consideramos as categorias formais de pensamento racional, vemos, objetivamente, que a fórmula da Trindade não é contraditória.

A igreja lidou com isto intensamente nos primeiros quatro séculos a fim de ser fiel ao ensino claro da Escritura, o ensino de que Deus é um e, também, de que o Pai, o Filho e o Espírito Santo são todos divinos. Resolver esta contradição aparente não era algo fácil. À primeira vista, parecia que a comunidade cristã estava confessando fé em três deuses, o que violava o princípio de monoteísmo que estava tão profundamente arraigado no Antigo Testamento.

No entanto, como já dissemos, o conceito de Trindade é paradoxal, mas não contraditório. A palavra *paradoxo* está baseada tanto num prefixo quanto numa raiz grega. O prefixo *para* significa "ao lado de". Quando falamos de ministérios paraeclesiásticos, de paramédicos ou de paralegais, temos em mente organizações e pessoas que trabalham ao lado de outras. De maneira semelhante, uma parábola foi algo que Jesus falou, acompanhando seu ensino, para ilustrar uma verdade. A raiz da palavra *paradoxo* vem da palavra grega *dokeō*, que significa "parecer", "pensar" ou "aparecer". Portanto, a palavra *paradoxo* se refere a algo que, colocado ao lado de outra coisa, parece ser contraditório até que um exame minucioso revela que não é.

A fórmula cristã para expressar a Trindade – Deus é uma essência em três pessoas – pode parecer contraditória, porque estamos acostumados a ver um ser como uma pessoa. Não podemos conceber como um ser poderia ser contido em três pessoas e, apesar disso, ser um único ser. Assim, a doutrina da Trindade nesta formulação é misteriosa; leva a mente a pensar num ser que é totalmente um em sua essência, mas três em pessoa.

ESSÊNCIA E PESSOA

Quando minha esposa e eu vivíamos na Holanda, aprendemos que pessoas aspiram suas casas com um *stofzuiger*, que, literalmente, significa "sugador de coisas". Eles poderiam ter usado um termo metafísico mais sofisticado, mas a palavra *coisa* explica muito.

Qual é a coisa que distingue um ser humano de um antílope, um antílope de uma uva ou uma uva de Deus? É a sua essência, seu *ousios*, uma palavra grega que significa "ser" ou "substância". A essência da deidade, a substância – o *ousios* – é o que Deus é em si mesmo. Quando a igreja declarou que Deus é uma essência, estava dizendo que Deus não está parcialmente em um lugar e parcialmente em outro lugar. Deus é um único ser.

Parte do problema que temos em explicar como Deus é um em ser mas três em pessoa é que esta fórmula foi derivada da palavra latina *persona*, da qual obtemos a nossa palavra *pessoa*. A sua função primária na língua latina era como um termo jurídico ou como um termo usado nas artes dramáticas. Era costumeiro atores altamente treinados desempenharem mais do que um papel numa peça, e os atores distinguiam seu personagem por falarem usando máscaras, que em latim era *persona*. Por isso, quando Tertuliano falou pela primeira vez de

Deus como um ser em três *personae*, estava dizendo que Deus existia simultaneamente como três papéis ou personalidades – Pai, Filho e Espírito Santo. Entretanto, a ideia de "pessoa" nessa fórmula não corresponde exatamente ao nosso conceito de personalidade, no qual pessoa significa um ser distinto.

SUBSISTÊNCIA E EXISTÊNCIA

Para estabelecer uma distinção entre as pessoas da Trindade, outras palavras têm sido usadas. Uma delas é *subsistência*. Esta palavra soa familiar porque ela é usada frequentemente para descrever aqueles que vivem abaixo de níveis econômicos padrões. Uma subsistência na Divindade é uma diferença real, mas não uma diferença essencial no sentido de uma diferença em ser. Cada pessoa na Trindade subsiste ou existe *sob* a presença de deidade. Subsistência é uma diferença dentro do escopo do ser, não um ser ou essência separada. Todas as pessoas da Divindade têm todos os atributos de deidade.

Outra palavra importante que usamos para entender a distinção entre as pessoas da Trindade é *existência*. A palavra existência é derivada etimologicamente do latim *existere*, constituída de *ex* ("fora de") e *stere* ("permanecer"). De um ponto de vista filosófico, desde antes de Platão, o conceito de *existência* se refere ao *ser* puro que não depende de nada quanto à sua capacidade de ser. É eterno. Tem o poder de ser em si mesmo. Não é criado de modo algum. Existência criada é caracterizada não por *ser* e sim por *tornar-se*, porque o principal traço de caráter de todas as criaturas é que elas mudam. O que você é hoje você será levemente diferente amanhã, e hoje você é diferente do que era ontem.

TRÊS EM PESSOA

Deus não existe como os seres humanos existem, porque isso o tornaria uma criatura, dando-lhe uma existência dependente e derivada. Em vez disso, nós dizemos que Deus é. Deus está sendo, não se tornando, não mudando. Os teólogos falam da Trindade não como três *existências*, mas como três *subsistências*; ou seja, dentro do ser único e não derivado de Deus, numa dimensão menor, temos de fazer distinção entre estas subsistências, que a Bíblia chama Pai, Filho e Espírito Santo. Não há três existências ou seres, mas, em vez disso, três subsistências dentro deste único Ser eterno.

O distinguirmos entre as três pessoas é necessário porque a Bíblia faz a distinção. É uma distinção real, mas não uma distinção essencial. E, por "não essencial", não quero dizer que é insignificante. Quero dizer que, embora haja diferenças reais dentro da Divindade, não há diferenças dentro da essência da própria Deidade. Um ser, três pessoas – Pai, Filho e Espírito Santo.

CAPÍTULO 12

ATRIBUTOS INCOMUNICÁVEIS

Quando eu vou ao banco para sacar um cheque, o caixa pede algumas formas de identificação. Geralmente, abro a minha carteira e mostro a minha habilitação da Flórida. Um lado de minha habilitação descreve meus olhos, a cor de meu cabelo e a minha idade. Estas características definem alguns de meus atributos humanos.

No estudo da doutrina de Deus, uma preocupação primária é desenvolver um entendimento de seus atributos. Procuramos considerar as características específicas de Deus, como sua santidade, sua imutabilidade e sua infinitude, para obtermos um entendimento coerente de quem ele é.

UMA DISTINÇÃO

De início, precisamos fazer uma distinção entre atributos *comunicáveis* de Deus e seus atributos *incomunicáveis*. Um atributo comunicável é um atributo que pode ser transferido de uma pessoa para outra. Por exemplo, o Centro de Prevenção e Controle de Doenças em Atlanta estuda doenças contagiosas. Essas doenças são também conhecidas como doenças comunicáveis porque são facilmente transmitidas de uma pessoa para outra. De maneira semelhante, os atributos comunicáveis de Deus são aqueles que podem ser transferidos para suas criaturas.

Por contraste, um atributo incomunicável é um atributo que não pode ser transferido. Por conseguinte, os atributos incomunicáveis de Deus não podem ser atributos dos seres humanos. Deus não pode comunicar algumas caraterísticas de seu Ser para as criaturas que ele fez. Às vezes, pessoas perguntam aos teólogos se é possível Deus criar outro deus, e a resposta é não. Se Deus tivesse de criar outro deus, o resultado seria uma criatura, que, por definição, não teria os atributos necessários que descrevem a Deus, como independência, eternidade e imutabilidade.

Quando examinamos a distinção entre os atributos comunicáveis de Deus e os atributos incomunicáveis, é importante notarmos que Deus é um ser simples; em outras palavras, ele não é constituído de partes. Temos partes corporais distintas – dedos, intestinos, pulmões e assim por diante. Deus é um ser simples no sentido de que ele não é complexo. Falando teologicamente, Deus é seus atributos.

A simplicidade de Deus também significa que seus atributos definem uns aos outros. Dizemos, por exemplo, que Deus é santo, justo, imutável e onipotente, mas sua onipotência é sempre uma onipotência santa, uma onipotência justa e uma onipotência imutável. Todos os traços de caráter que podemos identificar em Deus também definem sua onipotência. Pelo mesmo indicativo, a eternidade de Deus é uma eternidade onipotente, e sua santidade é uma santidade onipotente. Deus não é uma parte santidade, outra parte onipotência e outra parte imutabilidade. Ele é totalmente santo, totalmente onipotente e totalmente imutável.

A distinção entre os atributos comunicáveis e os atributos incomunicáveis de Deus é importante porque nos ajuda a chegar a um entendimento claro da diferença entre Deus e qualquer criatura. Nenhuma criatura pode possuir um atributo incomunicável do Deus todo-poderoso.

ASSEIDADE

A diferença suprema entre Deus e os outros seres está no fato de que as criaturas são derivadas, condicionais e dependentes. Deus, porém, não é dependente. Ele tem o poder de ser em e de si mesmo; não deriva de nada. Este atributo é chamado *asseidade* de Deus, palavra derivada do latim *a sei*, que significa "de si mesmo".

A Escritura nos diz que em Deus "vivemos, e nos movemos, e existimos" (At 17.28), mas, em nenhuma passagem, somos informados de que Deus tem seu ser no homem. Ele nunca precisou de nós para sobreviver ou ser, enquanto nós não podemos sobreviver por um instante sem o poder do ser de Deus sustentando nosso ser. Deus nos criou, e isso significa que desde a nossa primeira respiração somos dependentes dele para nossa existência. O que Deus cria ele também sustenta e preserva; portanto, somos dependentes de Deus para nossa existência contínua, como o fomos para a nossa existência original. Esta é a diferença suprema entre Deus e nós. Deus não tem dependência de nada fora dele mesmo.

TEOLOGIA PROPRIAMENTE DITA

Em um ensaio, John Stuart Mill refutou o argumento cosmológico clássico para a existência de Deus, o qual afirma que todo efeito precisa ter uma causa, sendo Deus a causa suprema. Mill disse que, se tudo precisa ter uma causa, então Deus precisa ter uma causa. Então, se levamos o argumento adiante, não podemos parar em Deus, mas devemos perguntar quem causou Deus. Bertrand Russel era convencido do argumento cosmológico até que leu o ensaio de Mill. O argumento que Mill apresentou foi uma revelação para Russel, que o usou em seu livro *Why I Am Not a Christian* (Por que não sou um cristão).[1]

No entanto, Mill estava errado. Seu discernimento se baseou num falso entendimento da lei de casualidade. Esta lei afirma que todo *efeito* precisa ter uma causa e não que toda coisa que é precisa ter uma causa. A única coisa que exige uma causa é um efeito, e um efeito exige, por definição, uma causa porque isso é o que um efeito é – algo causado por outra coisa ou alguém. Mas Deus exige uma causa? Não, ele não exige porque tem seu ser em e de si mesmo. Ele é eterno e autoexistente.

> Um rapaz inquiridor saiu para uma caminhada pelo bosque com seu amigo e perguntou: "De onde veio aquela árvore?"
> Seu amigo respondeu: "Deus fez aquela árvore".
> "Oh! Então, de onde vieram aquelas flores?"
> "Deus fez aquelas flores."
> "Bem, de onde você veio?"

---

1 Ver Bertrand Russel, *Why I Am Not a Christian and Other Essays on Religion and Related Subjects*, 39ª ed. (New York: Touchstone, 1967).

ATRIBUTOS INCOMUNICÁVEIS

"Deus me criou."

"Certo. E de onde veio Deus?"

O amigo disse: "Deus criou a si mesmo."

O amigo estava tentando ser profundo, mas estava profundamente errado, porque Deus não pode criar a si mesmo. Para ter criado a si mesmo, Deus precisaria ter sido antes do que ele era, e isso é impossível. Deus não é autocriado. Ele é autoexistente.

A asseidade de Deus é o que define a supremacia do ser supremo. Seres humanos são frágeis. Se ficamos alguns dias sem água ou alguns minutos sem oxigênio, nós morremos. A vida humana é suscetível a todos os tipos de doenças que podem destruí-la. Mas Deus *não pode* morrer. Ele não é dependente de nada para seu ser. Deus tem o próprio poder de ser em e de si mesmo; e isso os seres humanos não têm. Gostaríamos de ter o poder de nos mantermos vivos para sempre, mas não temos. Somos seres dependentes. Deus, e somente Deus, tem asseidade.

A razão exige convincentemente um ser que possui asseidade; sem ele, nada poderia existir neste mundo. Jamais poderia ter havido um tempo em que nada existia, porque, se esse tempo tivesse existido, nada existiria agora. Aqueles que ensinam que o universo veio à existência há 17 bilhões de anos pensam em termos de autocriação, o que não faz sentido, porque nada pode criar a si mesmo. O fato de que algo existe agora implica que sempre houve o ser.

Uma folha de grama proclama a asseidade de Deus. A asseidade não está na própria grama. A asseidade é um atributo incomunicável de Deus. Ele não pode transmitir sua eternidade a uma criatura, porque qualquer coisa que tem um começo no tempo é, por definição, não eterna. Podemos receber vida eterna que avança para diante, mas não podemos recebê-la retroativamente. Não somos criaturas eternas.

A eternidade, como tal, é um atributo incomunicável de Deus. A imutabilidade de Deus está ligada à sua asseidade, porque Deus é eternamente o que ele é e quem ele é. O seu ser é incapaz de mudança ou alteração. Como criaturas, somos mutáveis e finitos. Deus não pode criar outro ser infinito porque só pode haver um ser infinito.

DIGNO DE LOUVOR
Os atributos incomunicáveis de Deus nos mostram a maneira como Deus é diferente de nós e a maneira em que ele nos transcende. Seus atributos incomunicáveis revelam por que lhe devemos glória, honra e louvor. Geralmente, nos levantamos e damos elogios a pessoas que nos excedem por um momento e, depois, não as ouvimos mais. Contudo, aquele que tem o próprio poder de ser em e de si mesmo eternamente, aquele de quem cada um de nós é totalmente dependente e aquele a quem devemos gratidão eterna por todo fôlego de ar que respiramos não recebe a honra e a glória de suas criaturas, a honra e a glória que ele merece tão ricamente. Aquele que é supremo merece a obediência e a adoração daqueles que criou.

CAPÍTULO 13

ATRIBUTOS COMUNICÁVEIS

Os atributos incomunicáveis de Deus, aqueles que não são compartilhados com as criaturas, incluem sua infinitude, eternidade, onipresença e onisciência. Entretanto, há outros atributos que podem ser refletidos em seres criados, como o apóstolo Paulo declara: "Sede, pois, imitadores de Deus, como filhos amados; e andai em amor, como também Cristo nos amou e se entregou a si mesmo por nós, como oferta e sacrifício a Deus, em aroma suave" (Ef 5.1-2).

Paulo chama o crente a imitar a Deus. Podemos imitar a Deus somente se há certas coisas em Deus que temos a capacidade de refletir. Este texto em Efésios pressupõe que Deus possui certos atributos que são comunicáveis, ou seja, atributos que temos a capacidade de possuir e manifestar.

SANTIDADE

As Escrituras dizem que Deus é santo. O vocábulo *santo*, conforme usado na Bíblia para descrever a Deus, se refere tanto à sua natureza quanto ao seu caráter. Primariamente, a santidade de Deus se refere à sua grandeza e à sua transcendência, ao fato de que ele está acima e além de qualquer coisa no universo. Neste sentido, a santidade de Deus é incomunicável. Somente ele em seu ser transcende todas as coisas criadas. Secundariamente, a palavra *santo*, conforme aplicada a Deus, se refere à sua pureza, sua absoluta excelência moral e ética. Isto é o que Deus tem em mente quando ordena a suas criaturas: "Sede santos, porque eu sou santo" (Lv 11.44; 1 Pe 1.16).

Quando somos enxertados em Cristo, somos renovados interiormente pelo Espírito Santo. A terceira pessoa da Trindade é chamada "santo" em parte porque sua tarefa primária na obra trinitária de redenção é aplicar a obra de Cristo a nós. O Espírito Santo é aquele que nos regenera e aquele que atua para a nossa santificação. O Espírito Santo age em nós e por meio de nós para levar-nos à conformação com a imagem de Cristo, para que cumpramos o mandato de santidade que Deus nos impôs.

Em nosso estado caído, somos qualquer coisa, exceto santos. Apesar disso, por meio do ministério do Espírito Santo, estamos sendo santificados; e aguardamos a nossa glorificação, quando seremos totalmente santificados, purificados de todo o pecado. Nesse sentido, somos imitadores de Deus. Mesmo em nosso estado de glorificação, ainda seremos criaturas; não seremos seres divinos.

AMOR

Quando Paulo fala sobre nossa responsabilidade de sermos imitadores de Deus, ele menciona que somos chamados a manifestar amor (Ef 5.2). As Escrituras nos dizem que Deus é amor (1 Jo 4.8, 16). O amor de Deus é descritivo de seu caráter; é um de seus atributos morais e, por isso, é uma qualidade que não pertence somente a Deus, mas é comunicada a suas criaturas. Deus é amor, e o amor é de Deus, e todo aquele que ama no sentido do amor *agapē*, do qual a Escritura fala, é nascido de Deus. O amor de Deus é um atributo que pode ser imitado, e somos chamados a fazer isso.

BONDADE

A bondade de Deus é outro atributo moral que somos chamados a imitar, embora as Escrituras apresentem uma descrição desagradável de nossa capacidade de praticar bondade. Um jovem rico perguntou a Jesus: "Bom Mestre, que farei para herdar a vida eterna?" Jesus respondeu: "Por que me chamas bom? Ninguém é bom senão um, que é Deus" (Mc 10.17-18). Jesus não estava negando aqui a sua deidade, mas apenas afirmando a bondade suprema de Deus. Em outra passagem, o apóstolo Paulo, citando o salmista, diz: "Não há justo, nem um sequer" (Rm 3.10). Em nossa condição caída, não imitamos nem refletimos este aspecto do caráter de Deus. Mas os crentes são chamados a uma vida de boas obras; por isso, com ajuda do Espírito Santo, podemos crescer em bondade e refletir este aspecto da natureza de Deus.

JUSTIÇA E RETIDÃO

Há outros atributos comunicáveis de Deus que devemos imitar. Quando a Bíblia fala de justiça, nunca o faz como um conceito abstrato que existe acima e além de Deus e ao qual Deus mesmo está obrigado a se conformar. Pelo contrário, nas Escrituras, o conceito de justiça está ligado à ideia de retidão e está baseado no caráter íntimo de Deus. O fato de que Deus é justo significa que ele sempre age de acordo com a retidão.

Os teólogos fazem uma distinção entre a justiça ou retidão interna de Deus e a justiça ou retidão externa de Deus. Quando Deus age, ele sempre faz o que é correto. Em outras palavras, Deus sempre faz aquilo que se conforma com sua justiça. Na Bíblia, a justiça é distinguida de misericórdia e graça. Eu costumava dizer aos meus alunos que nunca pedissem a Deus que fizesse justiça, porque eles mesmos poderiam tê-la. Se tivéssemos de ser tratados de acordo com a justiça de Deus, todos pereceríamos. Essa é a razão por que, quando nos apresentamos diante de Deus, apelamos que ele nos trate de acordo com sua misericórdia e sua graça.

Justiça define a retidão de Deus. Ele nunca pune pessoas mais severamente do que merecem os crimes que elas cometeram. E Deus nunca falha em recompensar aqueles a quem a recompensa é devida. Ele sempre age com justiça. Deus nunca faz qualquer coisa que seja injusta.

Há duas categorias universais: justiça e não justiça. Tudo que está fora do círculo de justiça está na categoria de não justiça. Mas há diferentes tipos de não justiça. A misericórdia de Deus está fora do círculo de justiça, é um tipo de não justiça. Também nesta categoria está a injustiça. Injustiça é má; um ato de injustiça viola princípios de retidão. Se Deus fizesse algo injusto, estaria agindo com injustiça. Abraão conhecia a impossibilidade disso quando falou: "Não fará justiça o Juiz de toda a

ATRIBUTOS COMUNICÁVEIS

terra?" (Gn 18.25). Porque Deus é um juiz justo, todos os seus julgamentos são de acordo com a retidão; portanto, ele nunca age de uma maneira injusta. Deus nunca comete injustiça.

No entanto, pessoas ficam confusas quando consideram isto em relação à misericórdia e à graça de Deus, porque graça não é justiça. Graça e misericórdia estão fora da categoria de justiça, mas não estão dentro da categoria de injustiça. Não há nada errado em Deus ser misericordioso; não há nada mau em ele ser gracioso. De fato, em um sentido, temos de ampliar isto. Embora justiça e misericórdia não sejam a mesma coisa, justiça está ligada à retidão, e a retidão pode incluir, às vezes, misericórdia e graça. A razão por que precisamos distinguir entre elas é que justiça é necessária à retidão, mas misericórdia e graça são ações que Deus realiza espontaneamente. Deus nunca está sob a exigência de ser misericordioso ou gracioso. No momento que pensamos que Deus nos deve graça ou misericórdia, não estamos mais pensando em graça e misericórdia. Nossa mente tende a tropeçar nesse ponto porque confundimos misericórdia e graça com justiça. Justiça pode ser devida, misericórdia e graça são sempre espontâneas.

Em termos de retidão ou justiça externa de Deus e de sua retidão ou justiça interna, Deus sempre faz o que é certo. Suas ações, seu comportamento externo, sempre correspondem ao seu caráter interno. Jesus expressou isso de modo simples quando disse a seus discípulos que uma árvore má não pode produzir fruto bom; fruto mau procede de uma árvore má, e fruto bom procede de uma árvore boa (Mt 7.17-18). Assim também, Deus sempre age de acordo com seu caráter, e seu caráter é completamente reto. Portanto, tudo que ele faz é reto. Há uma distinção entre sua retidão interna e sua retidão externa, entre quem ele é e o que ele faz, embora estejam conectados.

O mesmo é verdade a nosso respeito. Não somos pecadores porque pecamos; pecamos porque somos pecadores. Há algo defeituoso em nosso caráter interior. Quando o Espírito Santo nos muda interiormente, essa mudança é evidenciada em uma mudança de comportamento exterior. Somos chamados a nos conformar exteriormente com a retidão de Deus porque fomos feitos criaturas à imagem de Deus, com a capacidade para a retidão. Fomos feitos com a capacidade de fazer o que é certo e de agir de modo justo. O profeta Miqueias escreveu: "Que é que o Senhor pede de ti: que pratiques a justiça, e ames a misericórdia, e andes humildemente com o teu Deus" (Mq 6.8). A justiça e a retidão de Deus são atributos comunicáveis que somos chamados a imitar.

SABEDORIA

Quero fazer referência a mais um dos atributos comunicáveis de Deus – sabedoria. Deus é visto não apenas como sábio, mas como todo-sábio, e somos instruídos a agir de acordo com a sabedoria. O conjunto de literatura do Antigo Testamento que está entre os Livros Históricos e os Profetas é chamado a Literatura de Sabedoria, e inclui Jó, Salmos, Provérbios, Eclesiastes e Cântico dos Cânticos.

Provérbios nos diz que o temor do SENHOR é o princípio da sabedoria (Pv 9.10). Para os judeus, a própria essência da sabedoria bíblica se achava em viver piedosamente e não em conhecimento inteligente. De fato, o Antigo Testamento faz uma distinção entre conhecimento e sabedoria. Somos instruídos a obter conhecimento, mas, acima de tudo, somos instruídos a obter sabedoria. O propósito de obter conhecimento é tornar-se sábio no sentido de saber como viver de uma maneira que agrada a Deus. Deus nunca faz decisões tolas ou se comporta de maneira insensata. Não há insensatez no caráter ou na atividade de Deus. Por outro lado, nós somos cheios de insensatez. No entanto, sabedoria é um atributo comunicável de Deus, e Deus mesmo é a fonte e o manancial de toda a sabedoria. Se não temos sabedoria, somos chamados a orar que Deus, em sua sabedoria, ilumine a nossa mente (Tg 1.5). Ele nos dá sua Palavra para que sejamos sábios.

CAPÍTULO 14

A VONTADE DE DEUS

Há alguns anos, o Ministério Ligonier produzia um breve programa de rádio de perguntas e respostas chamado "Pergunte a R. C. Sproul". E a pergunta que os ouvintes me faziam mais do que qualquer outra era: "Como posso conhecer a vontade de Deus para a minha vida?" Aqueles que são sinceros em sua fé e querem viver em obediência a Deus desejam saber o que Deus quer que eles façam.

Sempre que nos vemos procurando descobrir a vontade de Deus para a nossa vida, fazemos bem em começarmos nestas palavras da Escritura: "As coisas encobertas pertencem ao Senhor, nosso Deus, porém as reveladas nos pertencem, a nós e a nossos filhos, para sempre, para que cumpramos todas as palavras desta lei" (Dt 29.29). O livro de Deuteronômio é o segundo livro da lei; seu título significa "segunda lei". Contém uma recapitulação de toda a lei que Moisés recebeu de Deus e entregou ao povo. Perto da conclusão deste relato da entrega da lei, achamos esta passagem que faz uma distinção entre a vontade oculta de Deus e a vontade revelada de Deus.

COISAS SECRETAS E COISAS REVELADAS

Os reformadores, em particular Martinho Lutero, falaram sobre a diferença entre o *Deus absconditus* e o *Deus revelatus*. Há limites para o nosso conhecimento de Deus; como já vimos, não temos um conhecimento exaustivo sobre ele. Deus não nos revelou tudo que talvez poderia ser conhecido a respeito de si mesmo ou de suas intenções para o mundo; muito disso está encoberto. Este encobrimento de Deus é chamado *Deus absconditus*, aquilo que Deus ocultou de nós. Ao mesmo tempo, não ficamos totalmente a tatear nas trevas à procura de entendimento de Deus. Não é como se Deus tenha ido embora e falhado em revelar qualquer coisa a respeito de si mesmo. Pelo contrário, há também o que Lutero se referiu como o *Deus revelatus*, aquela parte de Deus que ele revelou. Esse princípio é revelado em Deuteronômio 29.29. "As coisas encobertas" se referem ao que chamamos "vontade oculta" de Deus.

Um aspecto da vontade de Deus é sua vontade decretiva, que se refere ao fato de que Deus faz acontecer soberanamente tudo que ele quer. Às vezes, isto é chamado a vontade absoluta de Deus, a vontade soberana de Deus ou a vontade eficaz de Deus. Quando Deus decreta soberanamente que algo aconteça, isso tem realmente de acontecer. Outra maneira de falar sobre isto é o "conselho prévio e determinado" de Deus. Um exemplo disto é a crucificação. Quando Deus decretou que

A VONTADE DE DEUS

Cristo deveria morrer na cruz em Jerusalém num tempo específico da história, isso tinha de acontecer naquele lugar e naquele tempo. Aconteceu por meio da vontade ou conselho determinado de Deus. Era irresistível; *tinha* de acontecer. De modo semelhante, quando Deus chamou o mundo à existência, ele veio à existência.

Há também a vontade preceptiva de Deus. Enquanto a vontade decretiva de Deus não pode ser resistida, não somente podemos resistir à vontade preceptiva de Deus, mas a resistimos em todo o tempo. A vontade preceptiva de Deus se refere à lei de Deus, aos seus mandamentos. Por exemplo, o primeiro mandamento "Não terás outros deuses diante de mim" (Êx 20.3) é a vontade preceptiva de Deus.

Quando pessoas me perguntam como podem saber a vontade de Deus para sua vida, eu lhes pergunto sobre qual vontade elas estão falando – a vontade encoberta, a vontade decretiva ou a vontade preceptiva de Deus. Se estão falando sobre a vontade encoberta de Deus, precisam entender que ela está oculta. A maioria daqueles que fazem esta pergunta estão lutando por saberem o que fazer em situações específicas. Quando me perguntam sobre a vontade de Deus nestes casos, respondo que não posso ler a mente de Deus. Entretanto, posso ler a Palavra de Deus, que me dá a sua vontade revelada; e aprender essa vontade e me conformar a ela é uma tarefa que durará a vida inteira. Posso ajudar pessoas nisso, mas não em conhecerem a vontade oculta de Deus. João Calvino disse: "Quando Deus fecha a sua boca, devemos parar e não seguir adiante".[1]

---

[1] John Calvin, *Commentaries on the Epistle of Paul to the Romans*, trans. and ed. John Owen (repr., Grand Rapids: Baker, 2003), 354.

Transportando isso para uma linguagem moderna, diríamos: "A vontade oculta de Deus não é negócio nosso". Essa é a razão por que ela está oculta.

Desejar saber o que Deus quer que você faça é realmente uma virtude. Ele tem um plano secreto para sua vida, um plano totalmente desconhecido para você; mas ele quer guiá-lo e dirigir seus caminhos. Portanto, não há nada errado em buscar a iluminação do Espírito Santo ou o guiar de Deus em nossa vida; e isso é o que geralmente interessa às pessoas quando perguntam sobre a vontade de Deus. No entanto, somos tendentes a ter um desejo pecaminoso de saber o futuro. Queremos saber o fim desde o começo, mas isso não nos compete. É algo que pertence a Deus, razão por que ele é tão severo em suas advertências contra aqueles que tentam descobrir pelo uso de meios ilícitos como a tábua ouija, adivinhos e cartas de tarô.

VIVENDO A VONTADE DE DEUS

O que a Bíblia diz sobre o guiar de Deus? Ela diz que, se reconhecermos a Deus em nossos caminhos, ele dirigirá os nossos caminhos (Pv 3.5-6). As Escrituras nos incentivam a aprender a vontade de Deus para nossa vida, e fazemos isso por focalizar nossa atenção na vontade preceptiva de Deus e não em sua vontade decretiva. Se você quer conhecer a vontade de Deus para sua vida, a Bíblia lhe diz: "Esta é a vontade de Deus: a vossa santificação" (1 Ts 4.3). Portanto, quando pessoas me perguntam se devem assumir um trabalho em São Paulo ou Belo Horizonte, ou se devem se casar com esta ou com aquela pessoa, elas devem estudar mais diligentemente a vontade preceptiva de Deus. Devem estudar a lei de Deus para aprenderem os princípios pelos quais devem conduzir sua vida dia após dia.

O salmista escreveu: "Bem-aventurado o homem que não anda no conselho dos ímpios, não se detém no caminho dos pecadores, nem se assenta na roda dos escarnecedores. Antes, o seu prazer está na lei do SENHOR, e na sua lei medita de dia e de noite" (Sl 1.1-2). O prazer do homem piedoso é a vontade preceptiva de Deus, e a pessoa que tem este foco será "como árvore plantada junto à corrente de águas, que, no devido tempo, dá o seu fruto" (v. 3). Os ímpios, no entanto, não são assim, "são, porém, como a palha que o vento dispersa" (v. 4).

Se você quer saber que trabalho assumir, precisa dominar os princípios. Quando você faz isso, descobre que é a vontade de Deus que você faça uma análise prudente de seus dons e talentos. Depois, você deve considerar se um trabalho específico está em harmonia com seus dons; se não está, não deve aceitá-lo. Nesse caso, a vontade de Deus é que você procure um trabalho diferente. A vontade de Deus é também que você harmonize sua vocação – seu chamado – com uma oportunidade de trabalho, e isso exige muito mais labor do que usar uma tábua ouija. Significa aplicar a lei de Deus a todas as diferentes coisas da vida.

No que concerne a decisão a respeito de com quem casar, você examina tudo que a Escritura diz sobre a bênção de Deus no casamento. Depois de ter feito isso, você pode descobrir que há várias pessoas que satisfazem às exigências bíblicas. Então, com qual você deve se casar? A resposta é fácil: com quem você *quiser* casar. Se a pessoa que você escolher se encaixa nos parâmetros da vontade preceptiva de Deus, você tem plena liberdade para agir de acordo com o que lhe agrada, e não precisa perder o sono perguntando a si mesmo se está fora da vontade oculta ou decretiva de Deus. Primeiramente, você não pode estar fora da vontade decretiva de Deus. Em segundo, a única maneira pela qual saberá a vontade oculta de Deus para você hoje é esperar até amanhã. E amanhã ela ficará clara para você, porque poderá olhar para trás e saber que o que aconteceu no passado foi o desenvolvimento da vontade oculta de Deus. Em outras palavras, só conhecemos a vontade decretiva de Deus após o fato. Geralmente queremos saber a vontade de Deus em termos do futuro, enquanto a ênfase da Escritura está na vontade de Deus para nós no presente, e isso está relacionado aos mandamentos dele.

"As coisas encobertas" pertencem ao Senhor, não a nós. "As coisas encobertas" não nos pertencem porque não são nossa propriedade; são de Deus. Entretanto, Deus pegou alguns dos seus planos encobertos e os descobriu. E essas coisas nos pertencem realmente. Deus removeu o véu. Isto é o que chamamos de revelação. Uma revelação é um desvendamento de algo que antes estava oculto.

O conhecimento que é nosso por meio de revelação pertence apropriadamente a Deus, mas ele o deu a nós. Isso é o que Moisés estava dizendo em Deuteronômio 29.29. As coisas encobertas pertencem a Deus, mas aquilo que ele revelou pertence a nós, e não somente a nós, mas também a nossos filhos. Deus se agradou em nos revelar certas coisas, e temos a indescritível bênção de compartilhar essas coisas com nossos filhos e com os outros. A prioridade de passar esse conhecimento aos nossos filhos é uma das principais ênfases em Deuteronômio. A vontade revelada de Deus é dada em e por meio de sua vontade preceptiva. E esta revelação é dada para que sejamos obedientes.

Como eu disse antes, muitas pessoas me perguntam como podem saber a vontade de Deus para sua vida, mas raramente alguém me pergunta como pode conhecer a lei de Deus. Pessoas não me fazem essa pergunta porque sabem como entender a lei de Deus – elas a acham na Bíblia. Podem estudar a lei de Deus para conhecê-la. A questão mais difícil é como podemos *praticar* a lei de Deus. Alguns são interessados nisso, mas não muitos. A maioria das pessoas que faz a pergunta sobre a vontade de Deus está procurando conhecimento do futuro, que está encoberto. Se você quer conhecer a vontade de Deus no que se refere ao que ele aprova, ao que lhe é agradável e ao que ele abençoa, a resposta se acha na vontade preceptiva de Deus, a lei, que é clara.

Um dos principais valores da lei do Antigo Testamento para o cristão do Novo Testamento é que ela revela o caráter de Deus e o que lhe agrada. Podemos estudar a lei do Antigo Testamento quando estamos procurando descobrir o que agrada a Deus. E, mesmo quando algumas daquelas leis não são repetidas no Novo Testamento, a revelação do caráter de Deus está ali; e nela temos uma lâmpada para nossos pés e uma luz para os nossos caminhos (Sl 119.105). Se procuramos conhecer o nosso caminho e andamos às cegas enquanto buscamos conhecer a vontade de Deus para a nossa vida, precisamos de uma lâmpada que nos mostre aonde devemos ir, uma luz que nos mostre a vereda para os nossos pés. A vontade de Deus é que obedeçamos a toda palavra que procede de sua boca.

CAPÍTULO 15

PROVIDÊNCIA

A maioria dos cristãos conhece muito bem as palavras de Paulo em Romanos: "Sabemos que todas as coisas cooperam para o bem daqueles que amam a Deus, daqueles que são chamados segundo o seu propósito" (8.28). O que se destaca aqui é a força da convicção que o apóstolo expressa. Ele não diz: "Espero que tudo acabe bem no final" ou "Creio que as coisas acontecerão de acordo com a vontade de Deus". Em vez disso, ele diz: "*Sabemos* que todas as coisas cooperam para o bem daqueles que amam a Deus, daqueles que são chamados segundo o seu propósito". Paulo escreve com tal segurança apostólica sobre algo tão básico à vida cristã, que podemos obter grande conforto deste versículo.

No entanto, receio que hoje a força da convicção que Paulo expressa está muito ausente de nossas igrejas e comunidades cristãs. Tem havido uma mudança impressionante em nosso entendimento da maneira como nossa vida se relaciona com o governo soberano de Deus.

Certa vez, assisti a uma minissérie de TV sobre a Guerra Civil Americana. Um dos segmentos mais comoventes daquela série ocorreu quando o narrador leu as cartas enviadas por soldados de ambos os lados daquele conflito. Quando os soldados escreveram para seus familiares, fizeram menção frequente de sua confiança em um Deus bom e benevolente. Quando pessoas se estabeleceram neste país, chamaram de "Providence" (Providência) uma cidade do estado de Rhode Island. Isso não aconteceria em nossa cultura contemporânea. A ideia de providência desapareceu quase totalmente de nossa cultura; e isso é trágico.

DEUS POR NÓS

Uma das maneiras pelas quais a mentalidade secular tem penetrado na comunidade cristã é pela cosmovisão que presume que tudo acontece de acordo com causas naturais fixas, e Deus, se ele realmente existe, está acima e além de tudo. Ele é apenas um espectador que do céu olha para baixo, talvez nos incentivando, mas sem exercer qualquer controle imediato sobre o que acontece na terra. Entretanto, historicamente os cristãos têm tido um senso agudo de que este é o mundo de nosso Pai e que, em última análise, os afazeres dos homens e das nações estão nas mãos dele. Isso é o que Paulo estava expressando em Romanos 8.28 – um conhecimento seguro da providência divina. "Sabemos que todas as coisas cooperam para o bem daqueles que amam a Deus, daqueles que são chamados segundo o seu propósito."

Logo depois, o apóstolo Paulo avança para uma sequência de predestinação: "Porquanto aos que de antemão conheceu, também os predestinou para serem conformes à imagem de seu Filho, a fim de que ele seja o primogênito entre muitos irmãos. E aos que predestinou, a esses também chamou; e aos que chamou, a esses também justificou; e aos que justificou, a esses também glorificou" (vv. 29-30). Então, Paulo conclui: "Que diremos, pois, à vista destas coisas?" (v. 31a). Em outras palavras, qual será a nossa resposta à soberania de Deus e ao fato de que ele está realizando um propósito divino neste mundo e em nossa vida? O mundo repudia essa verdade, mas Paulo responde desta maneira:

> Se Deus é por nós, quem será contra nós? Aquele que não poupou o seu próprio Filho, antes, por todos nós o entregou, porventura, não nos dará graciosamente com ele todas as coisas? Quem intentará acusação contra os eleitos de Deus? É Deus quem os justifica. Quem os condenará? É Cristo Jesus quem morreu ou, antes, quem ressuscitou, o qual está à direita de Deus e também intercede por nós. Quem nos separará do amor de Cristo? Será tribulação, ou angústia, ou perseguição, ou fome, ou nudez, ou perigo, ou espada?... Em todas estas coisas, porém, somos mais que vencedores, por meio daquele que nos amou (vv. 31b-37).

Uma das mais antigas afirmações da igreja antiga resume a essência do relacionamento entre Deus e seu povo: *Deus pro nobis*. Significa "Deus por nós". Isso é a essência da doutrina da providência. É Deus sendo por seu povo. "Que diremos, pois, à vista destas coisas?", pergunta Paulo. Se Deus é por nós, quem pode ser contra nós, e quem pode nos separar do amor de Cristo? Será a tristeza, o perigo, a espada, a perseguição, o sofrimento, a enfermidade ou a hostilidade humana? Paulo está dizendo que, não importando o que tenhamos de suportar neste mundo, como cristãos, nada tem o poder de desfazer o relacionamento que temos com uma providência amorosa e soberana.

Escrevi uma obra considerável sobre a doutrina da providência, mas não posso abordar tudo daquela obra em um único capítulo.[1] Uma breve introdução é tudo que o espaço nos permite. A palavra *providência* é formada de um prefixo e uma raiz. A raiz vem da palavra latina *videre*, da qual temos a nossa palavra *vídeo*. Júlio César disse estas famosas palavras: "*Veni, vidi, vici*" – "Vim, vi e venci". O *vidi* – "eu vi" – nesta afirmação vem da palavra *videre*, que significa "ver". É por essa razão que chamamos a televisão de "vídeo". A palavra latina *provideo*, da qual obtemos nossa palavra *providência*, significa "ver de antemão, uma visão antecipada, uma previsão". Mas os teólogos fazem uma distinção entre a presciência de Deus e a providência de Deus. Ainda que a palavra *providência* signifique etimologicamente a mesma coisa que a palavra *presciência*, o conceito abrange significativamente muito mais terreno do que a ideia de presciência. De fato, a coisa mais próxima desta palavra latina é a palavra *provisão*.

Considere o que a Bíblia diz sobre a responsabilidade do chefe de uma família: "Se alguém não cuida de seus parentes, e especialmente dos de sua própria família, negou a fé e é pior

---

[1] Quanto a uma consideração mais abrangente sobre a doutrina da providência, ver R. C. Sproul, *The Invisible Hand: All Things Really Works for Good?* (Phillipsburg, N. J.: P&R, 2003).

que um descrente" (1 Tm 5.8 – NVI). É dada ao chefe da família a responsabilidade de ser aquele que supre e faz provisão; ele tem de saber antecipadamente o que a família precisará em termos de coisas essenciais da vida e, depois, satisfazer a essas necessidades. Quando Jesus disse: "Não andeis ansiosos pela vossa vida, quanto ao que haveis de comer ou beber; nem pelo vosso corpo, quanto ao que haveis de vestir" (Mt 6.25), não estava advogando uma abordagem negligente da vida. Estava falando sobre ansiedade. Não devemos ficar temerosos; devemos colocar nossa confiança em Deus, que satisfará as nossas necessidades. Ao mesmo tempo, Deus confia aos chefes de famílias a responsabilidade de serem providentes, ou seja, considerarem o amanhã e assegurarem-se de que haja comida e roupa para a família.

A primeira vez que achamos a palavra *providência* no Antigo Testamento é na narrativa em que Abraão oferece Isaque sobre o altar. Deus falara a Abraão que levasse seu filho Isaque, a quem ele amava, até uma montanha e o oferecesse como um sacrifício. Muito naturalmente, Abraão ficou angustiado, numa grande luta interna com a ordem de Deus. E, quando Abraão se preparava para obedecer a Deus, Isaque lhe perguntou: "Eis o fogo e a lenha, mas onde está o cordeiro para o holocausto?" (Gn 22.7). Abraão respondeu: "Deus proverá para si, meu filho, o cordeiro para o holocausto" (v. 8). Abraão falou aqui de *Jeová Jiré*, "Deus proverá". Esta é a primeira vez que a Bíblia fala da providência de Deus, que tem a ver com Deus provendo as nossas necessidades. E, é claro, esta passagem olha para frente, para a provisão suprema que Deus fez por meio de sua soberania divina, o Cordeiro supremo que foi sacrificado em nosso favor.

PROVIDÊNCIA E ASSEIDADE

A doutrina da providência abrange várias áreas. Primeiramente, ela abrange a sustentação da criação. Quando lemos a narrativa da criação em Gênesis, afirmando que Deus criou todas as coisas, a palavra hebraica traduzida por "criou", *bara*, significa mais do que Deus apenas fazendo as coisas e se retirando do cenário. Significa que o que Deus cria e traz à existência ele sustenta e preserva. Portanto, somos dependentes de Deus não somente quanto à nossa origem, mas também quanto à nossa existência a cada momento.

Observamos num capítulo anterior que o principal atributo incomunicável de Deus é sua asseidade, sua autoexistência. Somente Deus tem o poder de ser em si mesmo. A teologia sistemática entra em cena quando consideramos a asseidade de Deus ao lado de seu poder de criação. O fato de que Deus sustenta o que ele cria nos mostra a relação entre a doutrina da providência e a doutrina da asseidade. Em Deus, nós vivemos, nos movemos e existimos (At 17.28). Somos dependentes de Deus, que nos sustenta e nos preserva.

Nossa cultura tem sido influenciada grandemente pela opinião pagã de que a natureza age de acordo com leis fixas independentes, como se o universo fosse uma máquina impessoal que, de algum modo, foi montada por acaso. Há a lei da gravidade, as leis da termodinâmica e outros poderes que mantêm tudo em operação; há uma infraestrutura no universo que o faz continuar. No entanto, o ponto de vista bíblico é que não poderia haver um universo sem o ato divino de criação, e, quando Deus criou o universo, ele não saiu de cena e o deixou a funcionar sozinho. O que chamamos de "leis da natureza" apenas reflete a maneira normal pela qual Deus sustenta ou governa o mundo natural. Talvez o conceito mais ímpio que tem cativado a mente de pessoas modernas seja a crença de que o universo opera por acaso. Isso é o extremo da tolice.

Em outra obra, escrevi mais amplamente sobre a impossibilidade científica de atribuir poder ao acaso, porque acaso é uma palavra que descreve possibilidades matemáticas.[2] Acaso não é uma coisa. Não pode fazer nada e, por isso, não pode influenciar nada. Apesar disso, alguns tomam a palavra *acaso*, que não tem nenhum poder, e a usam diabolicamente como um substituto para o conceito de Deus. Mas a verdade, conforme a Bíblia deixa claro, é que nada acontece por acaso e que todas as coisas estão sob o governo soberano de Deus; isso é tremendamente reconfortante para o cristão que o entende.

Preocupo-me com o amanhã, e isso é pecado. Preocupo-me com minha saúde, e isso também é pecado. Não devemos nos preocupar, mas é natural preocupar-nos com coisas dolorosas e com a perda de coisas que valorizamos. Até nossas doenças e perdas neste mundo estão sob a providência de Deus, que é uma boa providência.

Achamos difícil acreditar nisso porque temos visão de pequeno alcance. Sentimos dor e perda agora e não vemos o fim desde o começo, como Deus o faz, mas ele nos diz que os sofrimentos que temos de suportar no presente não podem ser comparados com a glória que está reservada para seu povo no céu (Rm 8.18). O conhecimento da providência divina traz consolo em nosso sofrimento. Deus está no

---

2 Ver R. C. Sproul, *Not a Chance: The Myth of Chance in Modern Science and Cosmology* (Grand Rapids, Mich.: Baker, 1999).

controle não somente do universo e de seu funcionamento, mas também da história. A Bíblia nos diz que Deus levanta reinos e os abate, e nossa situação individual na vida esta relacionada, em última análise, com o que Deus ordenou para nós em sua providência. Nossa vida está em suas mãos, nossa vocação está em suas mãos, como o estão nossa prosperidade e nossa pobreza – ele governa todas estas coisas em sua sabedoria e bondade.

SIMULTANEIDADE

Talvez um dos aspectos mais difíceis da providência seja a doutrina da simultaneidade, que, em um sentido, é o fato de que todas as coisas que acontecem, *até o nosso pecado*, é a vontade de Deus. Quando dizemos isso, podemos ser culpados de tornar Deus o autor do mal e de culpá-lo por nossa impiedade. Deus não é autor de pecado, embora todo pecado seja cometido sob a autoridade soberana de Deus.

Vemos um exemplo claro desta doutrina na história do patriarca José, em Gênesis. Como jovem, ele foi radicalmente desprezado por seus irmãos invejosos, que o venderam para uma caravana de mercadores que se dirigiam para o Egito. José foi comprado no mercado de escravos e acusado falsamente de atacar a esposa de seu senhor, e isso o levou à prisão, onde ficou por alguns anos. Por fim, ele foi libertado e, por causa de suas grandes habilidades e da mão de Deus sobre ele, foi elevado à posição de primeiro-ministro sobre todo o Egito.

Depois, veio uma grande fome. Lá em Canaã, os irmãos de José, os filhos de Jacó, viram-se em necessidade de alimento. Por isso, Jacó enviou seus filhos ao Egito para tentarem comprar alimento. Os irmãos encontraram-se com José, mas este lhes ocultou sua identidade por um tempo. Por fim, a verdade foi manifestada, e os irmãos viram que o primeiro-ministro do Egito, de quem precisavam ajuda, era o irmão que eles haviam maltratado anos antes. Ficaram apavorados com o fato de que José poderia decretar vingança sobre eles, mas José não o fez. Antes, ele disse:

> Eu sou José, vosso irmão, a quem vendestes para o Egito. Agora, pois, não vos entristeçais, nem vos irriteis contra vós mesmos por me haverdes vendido para aqui; porque, para a conservação da vida, Deus me enviou adiante de vós. Porque já houve dois anos de fome na terra, e ainda restam cinco anos em que não haverá lavoura nem colheita. Deus me enviou adiante de vós para conservar vossa sucessão na terra e para vos preservar a vida por um grande livramento. Assim, não fostes vós que me enviastes para cá, e sim Deus, que me pôs por pai de Faraó, e senhor de toda a sua casa, e como governador em toda a terra do Egito (Gn 45.4-8).

Posteriormente, depois da morte de Jacó, José reassegurou seus irmãos, enfatizando outra vez a intenção divina por trás das más ações deles:

> Não temais; acaso, estou eu em lugar de Deus? Vós, na verdade, intentastes o mal contra mim; porém Deus o tornou em bem, para fazer, como vedes agora, que se conserve muita gente em vida (Gn 50.19-20).

TEOLOGIA PROPRIAMENTE DITA

Esse é o grande mistério da providência – uma simultaneidade. No mistério da providência divina, Deus realiza a sua vontade até por meio de nossas decisões intencionais. Quando José disse: "Vós intentastes o mal contra mim; porém Deus o tornou em bem", ele queria dizer que, embora seus irmãos houvessem intencionado algo mau, a boa providência de Deus estava por trás daquilo, e Deus estava agindo, por meio da impiedade deles, para o bem do povo. Vemos a mesma coisa no Novo Testamento, quando consideramos Judas. Visando ao mal, Judas traiu a Jesus, mas Deus estava usando o pecado de Judas para realizar a nossa salvação.

Esse é o grande consolo da doutrina da providência, o fato de que Deus está sobre todas as coisas e as realiza conjuntamente para o bem de seu povo (Rm 8.28). Ele é a fonte suprema de nosso consolo.

PARTE TRÊS

ANTROPOLOGIA E CRIAÇÃO

CAPÍTULO 16

CREATIO EX NIHILO

A doutrina da criação é o assunto central que separa o cristianismo e outras religiões de todas as formas de secularismo e ateísmo. Os proponentes de secularismo e ateísmo têm mirado suas armas para a doutrina judaico-cristã da criação, porque, se puderem minar o conceito de criação, a cosmovisão cristã entra em colapso. Fundamental à fé judaico-cristã, é o conceito de que o mundo não surgiu por meio de um acidente cósmico; surgiu por meio da obra direta e sobrenatural de um Criador.

NO PRINCÍPIO

A primeira sentença da Escritura Sagrada apresenta a afirmação sobre a qual tudo mais é estabelecido: "No princípio, criou Deus os céus e a terra" (Gn 1.1). Três pontos fundamentais são afirmados nessa primeira sentença da Escritura:

(1) houve um princípio; (2) há um Deus; e (3) há uma criação. Poderíamos pensar que, se o primeiro ponto pode ser estabelecido firmemente, os outros dois seguem por necessidade lógica. Em outras palavras, se houve realmente um princípio para o universo, então deve haver algo ou alguém responsável por esse princípio; e, se houve um princípio, deve haver algum tipo de criação.

Em sua maioria, embora não totalmente, aqueles que adotam o secularismo reconhecem que o universo teve um começo no tempo. Os defensores da teoria do *Big Bang*, por exemplo, dizem que entre 15 a 18 bilhões de anos atrás o universo começou como resultado de uma explosão gigantesca. No entanto, se o universo explodiu para chegar à existência, do que ele explodiu? O universo explodiu a partir do que não existia? Essa é uma ideia absurda. É irônico que a maioria dos secularistas garante que o universo teve um começo, mas rejeitam a ideia de criação e a existência de Deus.

Quase todos concordam em que há uma coisa como um universo. Alguns podem até argumentar que o universo ou a realidade externa – até a nossa autoconsciência – é apenas uma ilusão, porém somente os *solipsistas* mais obstinados tentam argumentar que nada existe. Alguém precisa existir para expor o argumento de que nada existe. Devido à verdade de que algo existe e de que há um universo, filósofos e teólogos têm perguntado no decorrer da história: "Por que existe algo, ao invés de nada?" Essa talvez seja a mais velha de todas as questões filosóficas. Aqueles que têm procurado respondê-la compreendem que há apenas três opções básicas para explicar a realidade como a encontramos em nossa vida.

EX NIHILO NIHIL FIT

A primeira opção é que o universo é autoexistente e eterno. Já notamos que a grande maioria dos secularistas acredita que o universo teve realmente um começo e não é eterno. A segunda opção é que o mundo material é autoexistente e eterno, e há aqueles que, no passado e até hoje, têm sustentado este argumento. Estas opções tem algo em comum: ambas argumentam que algo é autoexistente e eterno.

A terceira opção é que o universo foi autocriado. Aqueles que adotam esta opção creem que o universo veio à existência repentina e dramaticamente, por seu próprio poder, embora proponentes deste ponto de vista não usem a linguagem de autocriação, porque entendem que este conceito é um absurdo lógico. Para que algo crie a si mesmo, precisa ser seu próprio criador; e isso significa que ele teria de existir antes de ser o que é; e isso, por sua vez, significa que ele teria de ser e não ser ao mesmo tempo e no mesmo relacionamento. Isso viola a lei mais fundamental da razão – a lei da não contradição. Portanto, o conceito de autocriação é claramente absurdo, contraditório e irracional. Sustentar esse ponto de vista é má teologia, má filosofia e má ciência, porque a filosofia e a ciência se fundamentam nas inflexíveis leis da razão.

Um dos principais aspectos do iluminismo do século XVIII foi a conjectura de que "a hipótese de Deus" não era necessária para explicar a presença do universo externo. Até aquele tempo, a igreja desfrutara de respeito no campo filosófico. Durante a Idade Média, os filósofos não foram capazes de negar a necessidade racional de uma causa primária, mas, no tempo do iluminismo, a ciência avançara a um nível tal que uma explicação alternativa podia ser usada para explicar a presença do universo sem apelar a uma causa transcendente, autoexistente e eterna ou a Deus.

A teoria era a geração espontânea – a ideia de que o mundo sozinho explodiu em existência. Não há, porém, diferença entre isto e a linguagem contraditória de autocriação. Por isso, quando a geração espontânea foi reduzida ao absurdo no mundo científico, conceitos alternativos surgiram. Um artigo escrito por um físico ganhador do Prêmio Nobel reconheceu que, embora a geração espontânea seja uma impossibilidade filosófica, isso não é verdadeiro quanto à geração espontânea gradual. Ele teorizou que, dado algum tempo, a não existência pode, de algum modo, desenvolver o poder de trazer algo à existência.

A expressão usada comumente em lugar de *autocriação* é *criação por chance*, e aqui outra falácia lógica é introduzida na questão – a falácia do equívoco. A falácia do equívoco acontece quando, às vezes de modo bastante sutil, as palavras principais num argumento mudam seu significado. Isto aconteceu com a palavra *chance*. O vocábulo *chance* é útil em investigações científicas porque descreve possibilidades matemáticas. Se há 50.000 moscas numa sala, chances estatísticas podem ser usadas para mostrar a possibilidade de certo número de moscas estarem numa determinada polegada quadrada da sala em determinado tempo. Portanto, no esforço de predizer coisas cientificamente, resolver equações complexas de quocientes de possibilidade é uma vocação importante e legítima.

No entanto, uma coisa é usar a palavra *chance* para descrever uma possibilidade matemática, e outra coisa bem diferente é mudar o uso da palavra para se referir a algo que tem poder criativo real. Para que *chance* tivesse qualquer efeito em alguma coisa no mundo, precisaria ser uma coisa que possui poder, mas *chance* não é uma coisa. É apenas um conceito intelectual que descreve possibilidades matemáticas. Visto que ela não tem ser, não tem poder. Portanto, dizer que o universo chegou à existência por chance – que chance exerceu algum poder para trazer o universo à existência – apenas nos leva de volta à ideia de autocriação, porque chance é nada.

Se pudermos eliminar totalmente este conceito, e a razão exige que façamos isso, então ficamos apenas com as duas primeiras opções: que o universo é autoexistente e eterno ou que o mundo material é autoexistente e eterno. Ambas as opções, como mencionamos, concordam em que, se algo existe agora, então algo em algum lugar tem de ser autoexistente. Se assim não fosse, nada poderia existir no tempo presente. Uma lei absoluta da ciência é *ex nihilo nihil fit*, que significa "do nada, nada vem". Se tudo que temos é nada, isso é tudo que sempre teremos, porque nada não pode produzir algo. Se houve um tempo em que não havia absolutamente nada, então podemos ficar totalmente certos hoje, neste exato momento, de que ainda haveria absolutamente nada. Algo tem de ser autoexistente; algo precisa ter em si mesmo o poder de ser para que alguma coisa exista realmente.

Ambas as opiniões apresentam muitos problemas. Como já notamos, quase todos concordam em que o universo não tem existido eternamente; portanto, a primeira opção não é viável. De modo semelhante, visto que quase tudo que examinamos no mundo material manifesta eventualidade e mudança, os filósofos hesitam em afirmar que este aspecto do universo é autoexistente e eterno, porque aquilo que é autoexistente e eterno não sofre alteração ou mudança. Por isso, formula-se o argumento de que em algum lugar nas profundezas do universo há um núcleo ou fonte de poder oculto e pulsante que é autoexistente e eterno, e tudo mais no universo deve sua existência a essa coisa. Neste ponto, os materialistas argumentam que não há necessidade de um Deus transcendente para explicar o universo material, porque o núcleo de existência eterno e pulsante pode ser achado dentro do próprio universo e não fora dele, no grande além.

EX NIHILO

Esse é o ponto em que um erro linguístico é cometido. Quando a Bíblia fala de Deus como transcendente, não está descrevendo a localização de Deus. Não está dizendo que Deus vive em algum lugar "lá em cima" ou "lá fora". Quando dizemos que Deus está acima e além do universo, estamos dizendo que ele está acima e além do universo no que diz respeito a seu Ser. Ele é ontologicamente transcendente. Qualquer coisa que tenha em si mesma o poder de *ser*, precisa ser distinguida de qualquer coisa que é derivada e dependente. Portanto, se há algo autoexistente no âmago do universo, esse algo transcende, por sua própria natureza, todas as outras coisas. Não nos preocupamos com o lugar onde Deus vive. O que nos interessa é a sua natureza, o seu ser eterno e a dependência de todo o universo em relação a ele.

O ponto de vista cristão clássico sobre a criação é o de que Deus criou o mundo *ex nihilo*, "do nada", o que parece contradizer a lei absoluta de *ex nihilo nihil fit*, "do nada, nada vem".

Pessoas têm argumentado contra a criação *ex nihilo* naquelas mesmas bases. No entanto, quando os teólogos cristãos dizem que Deus criou o mundo *ex nihilo*, isso não é o mesmo que dizerem que, uma vez havia nada e, então, a partir do nada, algo surgiu. O ponto de vista cristão é: "No princípio, Deus..." Deus não é nada. Deus é algo. Deus é autoexistente e eterno em seu ser, e somente ele tem a capacidade de criar coisas a partir de nada. Deus pode chamar o mundo à existência. Isto é o poder de criação em seu sentido absoluto, e somente Deus tem esse poder. Somente ele tem a capacidade de criar matéria, não apenas de moldá-la de algum material pré-existente.

Um artista pode pegar um bloco quadrado de mármore e dar-lhe a forma de uma linda estátua ou pegar uma tela plana e transformá-la por dispor pigmentos de tinta em um lindo padrão, mas não foi assim que Deus criou o universo. Deus chamou o mundo à existência, e sua criação foi absoluta no sentido de que ele simplesmente não remodelou coisas que já existiam. A Escritura nos dá a mais breve descrição de como Deus fez isso. Achamos na Escritura o "imperativo divino" ou o "*fiat* divino", pelo qual Deus criou pelo poder e autoridade de seu comando. Deus disse: "Haja luz..." e houve luz. Esse é o imperativo divino. Nada pode resistir ao comando de Deus, que trouxe à existência o mundo e tudo que nele há.

CAPÍTULO 17

ANJOS E DEMÔNIOS

Certa vez perguntei a alunos de faculdade, aos quais eu ensinava, se eles acreditavam no Diabo. Apenas alguns poucos disseram sim. Entretanto, quando lhes perguntei se acreditavam em Deus, quase todos disseram que acreditavam. Fiquei surpreso com a resposta. Por isso, perguntei: "Vocês aceitariam uma definição de Deus como um ser sobrenatural que tem a capacidade de influenciar pessoas para o bem?" Eles disseram sim.

Depois, eu perguntei: "Vocês aceitariam uma definição do Diabo como um ser sobrenatural que tem a capacidade de influenciar pessoas para o mal?" Apesar da semelhança nas definições, apenas alguns poucos responderam afirmativamente.

O que há em relação a Satanás que o torna tão inacreditável, mesmo em vista da presença abrangente do mal no universo? Quando investiguei essa pergunta com os alunos, comecei a perceber que eles viam Satanás como semelhante a duendes, feiticeiras e fantasmas. Um aluno disse: "Não acredito em qualquer criatura de aparência ridícula, com chifres, pés fendidos e um rabo, que anda por aí, trajado de roupas vermelhas, levando as pessoas a fazerem coisas más".

Essa imagem de Satanás se originou durante a Idade Média, quando a igreja era extremamente cônscia da realidade do Diabo. Naquele tempo, as pessoas eram bastante preocupadas em achar maneiras de resistir aos impulsos maus de Satanás. Teólogos ensinavam que Satanás havia sido um anjo bom antes de cair e que, como o orgulho havia sido o pecado específico de Satanás, as pessoas poderiam resistir-lhe por zombar dele. Como resultado, as pessoas inventaram retratos cômicos de Satanás para atacar seu orgulho, para que ele se afastasse delas. Naqueles dias, ninguém acreditava realmente que Satanás carregava um forcado, tinha chifres e pés fendidos; mas as gerações subsequentes chegaram a crer que as pessoas da Idade Média haviam acreditado realmente em tal criatura.

Se temos de ser bíblicos em nossa teologia, e se cremos que a Bíblia não é um manual de mitologia, e sim que ela representa a verdade solene e revelada de Deus, temos de encarar com seriedade o que a Escritura diz sobre anjos e demônios.

ANJOS E CRISTO

A palavra do Novo Testamento traduzida por "anjo", *angelos*, ocorre mais frequentemente do que a palavra *hamartia*, que é a palavra do Novo Testamento que significa "pecado" e mais frequentemente do que a palavra *agapē*, que significa "amor".

Portanto, visto que a Bíblia dedica tanto espaço aos anjos, cumpre-nos tomá-los com seriedade.

Interesse pela natureza e função dos anjos se tornou uma questão de grande urgência para a igreja primitiva por causa de uma heresia que afirmava que Jesus era um anjo. Alguns diziam que Jesus era um ser sobrenatural – mais do que um homem e menos do que Deus. O autor de Hebreus confronta essa suposição:

> Havendo Deus outrora falado, muitas vezes e de muitas maneiras, aos pais, pelos profetas, nestes últimos dias, nos falou pelo Filho, a quem constituiu herdeiro de todas as coisas, pelo qual fez também o universo. Ele, que é o resplendor da glória e a expressão exata do seu Ser, sustentando todas as coisas pela palavra do seu poder, depois de ter feito a purificação dos pecados, assentou-se à destra da Majestade, nas alturas, tendo-se tornado tão superior aos anjos quanto herdou mais excelente nome do que eles.
> Pois a qual dos anjos disse jamais: Tu és meu Filho, eu hoje te gerei? E outra vez: Eu lhe serei Pai, e ele me será Filho? E, novamente, ao introduzir o Primogênito no mundo, diz: E todos os anjos de Deus o adorem (Hb 1.1-6).

O autor de Hebreus está dizendo que Deus ordena que até os anjos adorem a Cristo. Ele faz outro contraste:

> Ora, a qual dos anjos jamais disse: Assenta-te à minha direita, até que eu ponha os teus inimigos por estrado dos

teus pés? Não são todos eles espíritos ministradores, enviados para serviço a favor de todos os que hão de herdar a salvação? (vv. 13-14).

A FUNÇÃO DOS ANJOS

Aqui temos uma indicação a respeito da natureza dos anjos e de sua vocação. Eles são seres criados e são espíritos ministradores. Não têm corpos naturais, ou, pelo menos, sua substância é mais etérea do que carne humana. Quando a Bíblia usa a palavra "espírito", isso não significa necessariamente aquilo que é totalmente não físico. A palavra é usada para se referir a coisas como fumaça e vento, que têm partículas físicas, mas possuem tão pouca densidade que são chamados apropriadamente de "espírito". No entanto, anjos são criaturas. Anjos e demônios são igualmente seres criados. Não são iguais a Deus.

A primeira tarefa de um anjo é ministrar. A Escritura mostra várias maneiras em que os anjos funcionam como ministros. Primeiramente, anjos são criados especificamente para o propósito de ministrar na presença imediata de Deus. Encontramos um exemplo disto na profecia de Isaías:

> No ano da morte do rei Uzias, eu vi o SENHOR assentado sobre um alto e sublime trono, e as abas de suas vestes enchiam o templo. Serafins estavam por cima dele; cada um tinha seis asas: com duas cobria o rosto, com duas cobria os pés e com duas voava. E clamavam uns para os outros, dizendo: Santo, santo, santo é o SENHOR dos Exércitos; toda a terra está cheia da sua glória (Is 6.1-3).

Fazer parte da corte celestial é uma das funções dos anjos. As hostes celestiais incluem anjos e arcanjos, o que indica uma hierarquia, uma ordem de autoridade dentro do mundo angelical. Os serafins ministram na presença imediata de Deus e, por isso, podem contemplar a presença de Deus diariamente.

Outra função do ministério de anjos é servir como mensageiros. De fato, a palavra grega *angelos* significa "mensageiro". O anjo Gabriel foi enviado para anunciar o nascimento de João Batista e, depois, para anunciar a Maria o nascimento de Jesus. Anjos, que apareceram nos campos fora de Jerusalém, proclamaram: "Glória a Deus nas maiores alturas, e paz na terra entre os homens, a quem ele quer bem" (Lc 2.14).

Além disso, anjos ministraram a Jesus depois que ele suportou quarenta dias de tentação por parte de Satanás, no deserto. Uma das tentações que Satanás apresentou a Jesus foi o lançar-se do pináculo do templo, porque lhe fora prometido que anjos o sustentariam (Mt 4.6). Satanás desafiou a Jesus no que diz respeito ao cuidado angelical que lhe fora prometido, mas Jesus não respondeu a essa tentação. Logo depois de haver superado com sucesso as tentações de Satanás, somos informados de que anjos apareceram e serviram a Jesus (v. 11).

Quando Jesus foi preso, ele afirmou que tinha autoridade para convocar legiões de anjos que viriam para livrá-lo (Mt 26.53). Isso é uma reminiscência do que aconteceu com Eliseu em Dotã, quando carros de fogo vieram para livrá-lo. Aqueles anjos em Dotã eram invisíveis a olho nu; por isso, Elias orou em favor de seu servo: "Senhor, peço-te que lhe abra os olhos para que veja" (2 Rs 6.17).

Na maior parte das vezes, os anjos são invisíveis, mas podem se tornar visíveis, como o fizeram de vez em quando durante o ministério terreno de Jesus. A ressurreição de Jesus foi anunciada pelos anjos que estavam no sepulcro, e a ascensão de Jesus ao céu foi anunciada pela presença de anjos. Além disso, somos informados de que, no retorno de Cristo, ele virá com seus anjos em glória (Mc 8.38). Assim, achamos anjos em toda a Escritura servindo aos santos de Deus, mas especialmente a Jesus.

Outra passagem bíblica nos diz: "Não negligencieis a hospitalidade, pois alguns, praticando-a, sem o saber acolheram anjos" (Hb 13.2). No Antigo Testamento, anjos apareceram às vezes na forma de homens e foram reconhecidos imediatamente como visitantes procedentes do mundo angelical, como mensageiros de Deus. Anjos continuam, mesmo em nossos dias, a servir aos santos em tempos de grande perigo.

SATANÁS E DEMÔNIOS

Devemos também examinar o âmbito dos anjos caídos. Assim como Adão e Eva foram criados originalmente bons, assim também os anjos foram criados bons, mas uma parte do domínio angelical caiu junto com Lucífer. Lucífer se tornou o arcanjo supremo dos anjos caídos.

É crucial que os cristãos entendam que Satanás não é Deus. Não somos dualistas que creem em dois poderes iguais e opostos, um bom e o outro mau, um luz e o outro trevas. Satanás é uma criatura. Ele não tem o poder de Deus. Não pode fazer coisas que somente Deus pode fazer, embora seja mais poderoso e mais perspicaz do que os seres humanos. Satanás é mais forte do que nós, porém muito mais fraco do que Deus mesmo; essa é a razão por que alguém que é habitado pelo Espírito Santo não deve temer ser possuído por um demônio. "Maior é aquele que está em vós do que aquele que está no mundo" (1 Jo 4.4).

Somos advertidos quanto ao poder astuto de Satanás, porque não somos diferentes de Pedro, que, em sua arrogância, admitiu que poderia resistir a qualquer tentação e, depois, chegou a negar Jesus. Jesus sabia da realidade e, por isso, disse a Pedro: "Satanás vos reclamou para vos peneirar como trigo" (Lc 22.31). Pedro não foi páreo para Satanás. Ao mesmo tempo, as Escrituras nos dizem que, se resistirmos a Satanás, ele fugirá de nós (Tg 4.7).

A Escritura usa imagens diferentes a respeito de Satanás. Ela nos diz que ele "anda em derredor, como leão que ruge procurando alguém para devorar" (1 Pe 5.8). Em minha mente, vejo duas figuras. A primeira é um leão feroz e amedrontador; a segunda é esse mesmo leão fugindo, com o rabo entre as pernas, depois de haver sido resistido por aquele que é habitado pelo Espírito Santo. Novamente, não devemos atribuir poder demais a Satanás, como se ele fosse Deus mesmo. A Escritura também nos diz que ele é o tentador, o enganador e o acusador. Satanás se deleita em seduzir pessoas ao pecado, como ele tentou fazer Jesus cair durante a tentação no deserto. Talvez o acusar pessoas de pecado seja uma atitude de Satanás mais frequente do que tentá-las ao pecado. O alvo de Satanás é impelir-nos ao desespero e não ao arrependimento. Satanás nos acusa de pecado, mas, ao mesmo tempo, oculta o remédio. Ele quer que destruamos a nós mesmos, enquanto Cristo nos chama ao perdão e à redenção.

ANTROPOLOGIA E CRIAÇÃO

Termino este capítulo com uma advertência. De acordo com o Novo Testamento, o caráter de Satanás é metamórfico. Ele tem a capacidade de aparecer sob prenúncios do bem. Devemos esquivar-nos de pensar em Satanás como uma figura diabolicamente ridícula, porque ele tem a capacidade de aparecer como anjo de luz (2 Co 11.14). Satanás tentará nos enganar por vir até nós não em um estado de feiura, mas como piedoso e puro, talvez até citando a Escritura, enquanto nos faz agir contra a Palavra de Deus.

CAPÍTULO 18

A CRIAÇÃO DO HOMEM

Na cultura ocidental, temos visto uma mudança radical no entendimento da origem dos seres humanos. Tem havido a propagação de várias teorias de evolução. Tudo, desde a microevolução à macroevolução e várias nuanças delas, tem minado significativamente a confiança humana na dignidade de nossa origem. Ouvimos com frequência que somos "acidentes cósmicos" que surgiram fortuitamente de uma sopa primordial, por assim dizer, para chegarmos ao estado evolucionário atual. Dizem que os seres humanos são germes amadurecidos, que vivem num dente de engrenagem da vasta máquina cósmica que está destinada à aniquilação. Jean-Paul Sartre, o filósofo existencialista, definiu o homem como "uma paixão inútil", e seu comentário final sobre a importância da humanidade foi uma palavra: "Náusea".

ANTROPOLOGIA E CRIAÇÃO

Temos sido bombardeados com esse tipo de visão pessimista sobre a natureza, a origem e a importância dos seres humanos. Ironicamente, temos visto, ao mesmo tempo, um ressurgimento de formas de humanismo que celebram a dignidade do ser humano. Humanistas protestam ao redor do mundo em favor dos direitos humanos. Sua visão superficial da dignidade do ser humano se baseia, em última análise, em recursos emprestados do judaísmo e do cristianismo, que veem a dignidade da espécie humana estabelecida pelo ato criador de Deus. A sacralidade da vida humana não é inerente nem intrínseca; em vez disso, é derivada de Deus atribuir-lhe valor, o que pode ser visto no relato de criação em Gênesis.

A *IMAGO DEI*

O relato da criação narra os seis dias em que Deus formou vários elementos do universo. Na conclusão do período, somos informados:

> Também disse Deus: Façamos o homem à nossa imagem, conforme a nossa semelhança; tenha ele domínio sobre os peixes do mar, sobre as aves dos céus, sobre os animais domésticos e sobre todos os répteis que rastejam pela terra.
> Criou Deus, pois, o homem à sua imagem, à imagem de Deus o criou; homem e mulher os criou.
> E Deus os abençoou e lhes disse: Sede fecundos, multiplicai-vos, enchei a terra e sujeitai-a; dominai sobre os peixes do mar, sobre as aves dos céus e sobre todo animal que rasteja pela terra (Gn 1.26-28).

A CRIAÇÃO DO HOMEM

O mundo em que vivemos hoje coloca mais valor em ovos de tartarugas marinhas do que no embrião humano. Damos mais dignidade a baleias do que à humanidade, o que é o contrário da ordem de criação. Somente a humanidade Deus criou à sua imagem. Em um sentido, Deus criou homem e mulher como seus vice-regentes, como seus governantes sobre toda a criação. Esse é o *status* que Deus outorgou à humanidade. Isso é o que as Escrituras querem dizer quando nos dizem que homem e mulher foram criados na *imago Dei* ou imagem de Deus.

O que é esta dimensão distintiva dos seres humanos que os torna diferentes de todos os outros membros do reino animal? Historicamente, têm havido muitas tentativas para localizar as características distintivas da imagem de Deus. Lemos em Gênesis 1.26: "Disse Deus: Façamos o homem à nossa imagem, conforme a nossa semelhança". Duas palavras diferentes são usadas aqui: *imagem* e *semelhança*. A Igreja Católica Romana tem dito que a Bíblia está descrevendo aqui não apenas uma característica específica dos humanos, e sim duas características; portanto, há uma diferença entre a imagem e a semelhança. A imagem, dizem os teólogos católicos romanos, se refere a certos aspectos que temos em comum com Deus, como racionalidade e volição, e a semelhança corresponde a uma retidão original que foi acrescentada à natureza do homem na criação.

A interpretação protestante de Gênesis 1.26 difere significativamente. Os intérpretes protestantes dizem que as duas palavras distintas são uma *hendíadis*, que é simplesmente uma estrutura gramatical em que duas palavras se referem à mesma coisa. Achamos outra instância desta estrutura em Romanos 1, que nos diz que a ira de Deus se revela contra "toda impiedade e perversão dos homens" (Rm 1.18). A ira de Deus é dirigida a estas duas coisas distintas – impiedade e perversão – ou a uma coisa descrita por ambos os termos. O consenso entre os protestantes é que Romanos 1.18 e Gênesis 1.26 contêm *hendíadis*. Em qualquer que seja o sentido em que fomos criados à imagem de Deus, esse é o mesmo sentido em que fomos criados à sua semelhança.

DIFERENTES MAS SEMELHANTES

Então, o que significa ser feito à imagem de Deus? Os teólogos medievais apresentaram a ideia de *analogia entis*, que sofreu ataques intensos no século XX por teólogos neo-ortodoxos, como Karl Barth em específico. *Analogia entis* é "a analogia de ser". Embora as Escrituras deixem claro que existe uma grande diferença entre a natureza de Deus e a natureza de qualquer criatura, há uma maneira em que somos semelhantes a Deus. Certamente não somos Deus; somos criaturas, e ele tem o poder de ser em si mesmo. Entretanto, tornou-se popular hoje, até entre teólogos ortodoxos, referir-se a Deus como "totalmente outro". Esta expressão é usada num esforço para chamar atenção à majestade e transcendência de Deus e para criar uma proteção contra confundir Deus com qualquer coisa no domínio da criação. No entanto, tomar esta expressão de maneira literal é fatal para o cristianismo. Se Deus fosse total, completa e inteiramente diferente de nós, não haveria nenhum ponto de contato entre o Criador e a criatura; não haveria nenhum meio de comunicação. É crucial ao pensamento cristão que haja alguma similaridade entre Deus e o homem que torne possível Deus falar conosco. Ainda que ele fale conosco em termos humanos, o que ele diz é significativo porque compartilhamos de alguma semelhança.

No decorrer da história, tem havido tentativas para definir essa semelhança. A opinião mais popular é que a imagem se acha em nossa racionalidade, nossa volição e nossas afeições. Diz-se que somos racionais de uma maneira semelhante a Deus. Em outras palavras, Deus tem uma mente, e nós temos mente. Por séculos, pessoas supunham que os animais agem apenas por instinto, não por decisão consciente. Todavia, com base nas respostas de animais em diversas maneiras, parece que os animais fazem decisões conscientes. Portanto, para a maioria, a ideia de racionalidade limitada aos humanos e de instinto como algo que define os animais mudou. Agora as pessoas dizem que o que torna os humanos diferentes é a nossa avançada capacidade de raciocínio. Deus tem conhecimento e faz raciocínios complexos, e nós temos mente e um poder de observação que é singular no mundo animal.

Possuímos, também, a capacidade de escolher. Somos criaturas volitivas. Para ser uma criatura moral, uma pessoa precisa ter uma mente e uma vontade, como Deus as tem. Não colocamos ratos em julgamentos, nem falamos de um senso de moralidade eticamente desenvolvido em nossos cães, mas tomamos os seres humanos como responsáveis pelas escolhas que fazem. Deus deu aos seres humanos a ordem de serem santos como ele é santo e refletirem algo de sua retidão; e não poderíamos fazer isso se não fôssemos criaturas racionais e morais, e se não tivéssemos algum senso de sentimento ou afeição. Historicamente, a igreja tem visto estas características achadas tanto em Deus quanto nos seres humanos como aquilo que constitui a essência da imagem de Deus.

Barth desafiou essa ideia com base no pensamento de que nossa criação como portadores da imagem de Deus é "macho e fêmea". A palavra *homem* é usada de modo genérico em Gênesis; incorpora tanto o macho quanto a fêmea, de modo que todos os seres humanos participam da imagem de Deus. Barth argumentava que "macho e fêmea" não é uma analogia de ser, mas uma analogia de relacionamento. Assim como Deus tem relacionamentos interpessoais consigo mesmo na Divindade, nossa singularidade é nossa capacidade de ter relacionamentos interpessoais entre nós mesmos. Certamente é verdade que somos capazes de ter relacionamentos interpessoais, mas os animais também, e, se esse fosse o único ponto da analogia, seríamos incapazes de ter um relacionamento com Deus, porque não haveria meios de comunicar-nos com ele.

De todas as criaturas no mundo, os seres humanos têm uma responsabilidade singular e, com essa responsabilidade, uma habilidade correspondente. Parte da singularidade da raça humana é a missão que recebemos de Deus para sermos seus representantes para o restante da criação, refletir o próprio caráter de Deus. Isto se torna claro quando pensamos no relato de Gênesis com base no quadro que o Novo Testamento nos oferece do próprio Cristo, o segundo Adão, em quem vemos o cumprimento perfeito do que significa ser criado à imagem de Deus. O autor de Hebreus nos diz que Cristo é "o resplendor da glória e a expressão exata do seu Ser" (Hb 1.3). Na perfeita obediência de Cristo, vemos o cumprimento do mandato humano para refletir a santidade e a retidão de Deus. Estou convencido de que o que achamos na imagem é uma capacidade única de refletirmos o caráter de Deus, para que o resto do mundo possa olhar para os humanos e diga: "Isso nos dá uma ideia de como é Deus".

Infelizmente, quando o mundo olha para nós, não vê muito de como é Deus, e, por essa razão, "toda a criação, a um só tempo, geme e suporta angústias" (Rm 8.22), esperando a redenção de Deus. A imagem de Deus no homem foi tão danificada pela queda, que persiste a questão: a imagem de Deus no homem foi obliterada pela queda de modo que não somos mais portadores da imagem de Deus? O cristianismo ortodoxo insiste em que, embora a imagem de Deus tenha sido danificada, não foi destruída. Até seres humanos pecaminosos são criaturas feitas à imagem de Deus, um fato que leva à necessidade de fazermos distinção entre a imagem de Deus no sentido estrito ou formal e a imagem de Deus no sentido material ou mais amplo. Embora sejamos criaturas caídas, podemos pensar. Nossa mente foi infectada pelo pecado, mas ainda temos mente e ainda podemos raciocinar. Raciocinamos falaciosamente, mas ainda temos a capacidade. Temos uma vontade e temos a capacidade de fazer escolhas.[1] De modo semelhante, temos afeições. Portanto, a imagem de Deus permanece nos seres humanos.

---

1 Quanto a uma consideração mais completa sobre como refletimos a Deus em nossa condição caída, ver o guia de estudo *A Shattered Image: Facing Our Human Condition* (Sanford, Fla.: Ligonier Ministries, 1992), escrito por este autor.

CAPÍTULO 19

A NATUREZA DO PECADO

Quando Deus terminou cada etapa de sua obra de criação, contemplou o que fizera e declarou que era bom. Hoje, porém, não vemos toda essa bondade. O mundo existe numa condição caída, e o observamos como pessoas caídas. Muita coisa está desesperadamente errada em nosso mundo, e muitos dos problemas que enfrentamos são um resultado direto da queda da humanidade.

ALIENAÇÃO

A reviravolta cósmica que aconteceu como resultado do pecado de Adão e Eva pode ser resumida como *alienação e estranhamento*. Ambas as palavras são importantes para o entendimento bíblico da salvação, porque a salvação é articulada na Escritura em linguagem de *reconciliação*. Reconciliação é necessária somente onde há estranhamento e alienação. Muitos dos primeiros capítulos do Antigo Testamento descrevem as raízes históricas desta alienação.

Primeiramente, o Antigo Testamento nos diz que há um estranhamento entre o homem e a natureza depois da queda. O pecado não é apenas um problema humano; ele trouxe reviravolta a todo o cosmo: "Sabemos que toda a criação, a um só tempo, geme e suporta angústias até agora. E não somente ela, mas também nós, que temos as primícias do Espírito, igualmente gememos em nosso íntimo, aguardando a adoção de filhos, a redenção de nosso corpo" (Rm 8.22-23). Deus deu a Adão e Eva domínio sobre a criação; por isso, quando eles caíram, sua corrupção afetou tudo que estava dentro dos limites de seu domínio. Quando Deus colocou sua maldição sobre Adão e Eva, depois da queda, essa maldição afetou até o solo; o mundo se tornou resistente às mãos da humanidade caída.

Em segundo, há alienação entre o homem e Deus. Como resultado da queda, estamos por natureza num estado de inimizade para com Deus. Ouvimos pessoas dizerem que Deus ama a todos incondicionalmente, mas esse pensamento ignora a realidade desta alienação. De fato, grande parte da Escritura se dedica a revelar-nos os passos que Deus tomou para resolver este problema. O alvo da salvação é realizar a reconciliação de partes estranhas e alienadas. Se essas partes não forem reconciliadas, permanecerão separadas.

Em terceiro, há a alienação entre homem e homem. Muita violência ocorre entre seres humanos, não somente no nível individual de relacionamentos quebrados, mas também na grande escala de nações se levantando contra nações. Quando pecamos, não somente desobedecemos a Deus, mas também afrontamos uns aos outros com assassinato, roubo, adultério, calúnia, ódio e inveja. Toda a gama de pecados descreve a maneira pela qual prejudicamos outros seres humanos e somos, em retorno, prejudicados por eles.

Finalmente, vemos a alienação do homem de si mesmo. Hoje pessoas se focalizam muito em autoestima e dignidade humana, de tal modo que eruditos restringem medidas punitivas por atos errados para evitar danificarem o frágil ego das crianças. Por trás do movimento de autoestima, está a compreensão de que os seres humanos têm um problema com autoestima. A razão para isso é o pecado. Na queda, nos tornamos alienados não somente de Deus e das outras pessoas, mas também de nós mesmos. É comum ouvirmos pessoas dizerem: "Odeio a mim mesmo". Fundamentando esta atitude, está o fato de que não podemos negar completamente a impiedade que reside em toda a humanidade.

Karl Marx considerou a alienação do trabalho um dos maiores problemas da raça humana. Embora Marx estivesse errado quanto a muitas coisas, ele tinha ciência de algo sobre este assunto, porque a dor e a labuta, de um tipo ou de outro, acompanham toda vocação. Podemos achar as raízes disso no jardim do Éden, onde a maldição de Deus sobreveio ao trabalho do homem. Sabemos que o trabalho em si mesmo não é uma maldição, porque o homem foi colocado a trabalhar antes da queda. Além disso, Deus trabalha e acha realização e bem-aventurança em seu trabalho, o que era a intenção original para nós. Apesar disso, por causa da queda, o pecado está presente no local de trabalho.

O QUE É PECADO?

Paulo escreveu aos Romanos: "Todos pecaram e carecem da glória de Deus" (Rm 3.23). A palavra grega traduzida por "pecado" é *hamartia*. Etimologicamente, esta palavra vem do contexto de arquearia, especificamente, quando o arqueiro errava o centro de seu alvo. Entretanto, o significado bíblico é mais profundo do que isso, visto que "errar o centro do alvo" pode dar a ideia de que o erro é insignificante. A verdade é que o padrão de retidão, o centro do alvo, é a lei de Deus, e não estamos nem mesmo perto dele. Nosso fracasso total em satisfazer o padrão de retidão de Deus é a própria definição de pecado.

O Breve Catecismo de Westminster define pecado como "qualquer falta de conformidade com, ou transgressão de, a lei de Deus" (P e R, 14). Por um lado, há uma falta de conformidade e, por outro lado, há uma transgressão. A palavra falta é uma expressão negativa, enquanto transgressão é um termo ativo ou positivo. Quando estudei na Holanda, percebi que a sociedade holandesa era governada por um vasto número de leis que definiam cada aspecto da vida. Lembro frequentemente a expressão: "Você passou por cima da lei". Isso é a própria natureza de uma transgressão. É cruzar a linha ou passar sobre um limite que é definido pela lei. Isso é o sentido positivo de uma transgressão. Por contraste, a falta de conformidade chama atenção para uma falha ou um fracasso em fazer o que a lei exige.

De maneira semelhante, os teólogos fazem distinção entre pecados de comissão e pecados de omissão. Somos culpados de um pecado de comissão quando fazemos algo que não temos permissão para fazer, e cometemos um pecado de omissão quando deixamos de fazer algo que somos responsáveis por fazer. Nesse sentido, o pecado possui tanto uma dimensão negativa quanto uma dimensão positiva. Essas dimensões podem ser conectadas a especulação teológica e filosófica sobre a natureza do próprio mal. Diz-se que a origem do mal é o calcanhar de Aquiles do cristianismo judaico porque cria algumas questões particularmente difíceis. Como pode um Deus que é totalmente justo e bom produzir um mundo que agora é caído? Deus causou o pecado? A partir disso, muitos perguntam se há algo errado em Deus mesmo, visto que há algo evidentemente errado no mundo que ele criou.

PRIVATIO E *NEGATIO*

Filósofos e teólogos têm usado duas palavras latinas para definir a natureza do mal: *privatio*, da qual obtemos nossa palavra privação, e *negatio*, da qual obtemos nossa palavra negação. Por meio destes dois termos, o pecado é definido principalmente em categorias negativas.

Uma privação é uma falta de algo. Em nossa presente condição caída, somos privados de santidade e justiça. Somos nascidos numa condição corrompida, sem a retidão original que Adão e Eva possuíam. Não podemos entender injustiça até que tenhamos um entendimento claro do que é justiça. O vocábulo *anticristo* não tem significado se primeiro não entendemos o significado do termo *Cristo*. Portanto, há um sentido em que o mal é, para sua própria definição, dependente da existência anterior do bem. O mal é como um sanguessuga, um parasita que depende de seu hospedeiro para sua existência. Essa é a razão por que não podemos falar sobre o problema do mal sem primeiro afirmarmos a existência do bem.

ANTROPOLOGIA E CRIAÇÃO

Jamais devemos concluir que o pecado é uma ilusão. O pecado é real. O pecado é misterioso, mas há uma realidade para o mal em que participamos. Ele não apenas se introduz em nós vindo de fora. É algo em que estamos profunda, íntima e pessoalmente envolvidos, em nosso coração e alma.

CAPÍTULO 20

O PECADO ORIGINAL

Quando os teólogos falam sobre a queda da raça humana e sobre a natureza e a origem do pecado, eles são compelidos imediatamente a contemplar a extensão do pecado e seu impacto sobre nós como seres humanos. Isto nos leva à doutrina do pecado original.

Um mal entendido comum sobre o conceito de pecado original é que ele se refere ao primeiro pecado cometido por Adão e Eva. Todavia, o pecado original não se refere ao primeiro pecado e sim às suas consequências. O pecado original descreve nossa natureza caída, nossa condição pecaminosa, da qual ocorrem nossos pecados atuais. A Escritura não nos diz que somos pecadores porque pecamos; pelo contrário, ela afirma que pecamos porque somos pecadores. Temos uma natureza caída, corrupta, da qual fluem os pecados reais que cometemos. O pecado original descreve, portanto, a condição caída da raça humana.

As Escrituras são claras em mostrar que existe algo inerentemente errado em nosso caráter, e a experiência diária dá testemunho disso. Jonathan Edwards comentou, em seu tratado sobre o pecado original, que, mesmo se a Bíblia não afirmasse que existe um problema em nossa natureza moral, teríamos de afirmá-lo com base na observação racional. Não podemos evitar a presença predominante do mal no mundo. A universalidade do pecado clama por explicação. Até entre os pagãos, há um reconhecimento implícito de que ninguém é perfeito.

Se fôssemos bons por natureza ou moralmente neutros, esperaríamos que certa porcentagem de pessoas mantivesse sua bondade natural ou sua neutralidade para viver sem sucumbir ao pecado. Alguns dizem que poderíamos realmente manter bondade e neutralidade se não houvesse o ambiente pecaminoso em que vivemos, mas o fato de que a sociedade é constituída de seres humanos nega esse argumento. Somos caídos e, portanto, a sociedade é caída. Temos enfrentado o inimigo, e o inimigo somos nós mesmos. As Escrituras nos ensinam que o pecado original é um julgamento de um Deus justo sobre criaturas que ele criou para serem boas. Como penalidade sobre Adão e Eva por causa de seu pecado, Deus os entregou, juntamente com seus descendentes, às suas inclinações ímpias.

INCAPACIDADE MORAL

Quando Agostinho considerou a pecaminosidade do homem, ele comentou que, ao criar originalmente Adão e Eva, Deus os fez *posse peccare*, que significa apenas que eles tinham a capacidade de pecar. *Peccare* significa "pecar". Alguma coisa pura é chamada "impecável" e um pecado insignificante é, às vezes, chamado "pecadilho". Ambas as palavras vêm da palavra latina *peccare*. Agostinho disse que Adão e Eva não foram criados como pecadores, mas tinham poder para pecar. Sabemos que isso era verdadeiro porque eles pecaram *realmente*. Eles não fizeram o impossível; fizeram o que obviamente tinham o poder para fazer. Entretanto, Agostinho disse, Adão e Eva foram também criados *posse non peccare*, o que significa que eles tinham a capacidade para *não* pecar. Deus lhes deu a ordem de não comerem o fruto da árvore proibida; e eles tinham a capacidade moral de obedecer a Deus. Portanto, eles tinham tanto a capacidade de pecar quanto a capacidade de não pecar.

Agostinho explicou que na queda, a raça humana perdeu o *posse non peccare*, e nossa posição se tornou *non posse non peccare*, e isso significa que não temos mais a capacidade de não pecar. Em outras palavras, o poder de pecar está tão profundamente arraigado no coração e na alma de pessoas mortais que é impossível não pecarmos. Somos tão pecaminosos por natureza que nunca encontraremos alguém que não peque. A única pessoa que teve uma vida sem pecado foi Jesus Cristo. Nossa incapacidade de pecar é chamada "incapacidade moral dos seres humanos".

Isto não significa que não podemos fazer qualquer coisa que se conforme exteriormente com a lei de Deus. Podemos guardar casualmente a lei. Como ilustração, imagine um homem que se alegra em dirigir seu carro a 90 km/h. Seu carro tem um bom desempenho nessa velocidade. E ele se sente seguro e confortável, mesmo quando outros o ultrapassam na rodovia, indo a mais de 100 km/h. Um dia, um policial o manda encostar e lhe dá um elogio por dirigir com segurança. O homem obtém uma compensação por sua obediência. O policial segue o seu caminho, e o homem volta à rodovia. Eventualmente, ele dirige por uma área escolar em que o limite de velocidade é 30 km/h, mas ele continua dirigindo a 90 km/h, porque esta é a velocidade em que ele ama dirigir. Seu desejo nunca foi obedecer à lei. O fato de que ele fez isso na rodovia foi uma circunstância fortuita. Isso é o que os teólogos chamam de "virtude cívica".

Às vezes, obedecemos a lei de Deus porque isso satisfaz aos nossos melhores interesses pessoais. Podemos não roubar porque já sabemos que o crime não compensa. Podemos fazer gestos nobres por causa de aplauso dos homens, porque estamos concorrendo a um cargo público ou por alguma outra motivação, mas homens caídos não têm a motivação de obedecer à lei compelidos por um amor puro a Deus. Jesus disse: "Amarás o Senhor, teu Deus, de todo o teu coração, de toda a tua alma e de todo o teu entendimento. Este é o grande e primeiro mandamento. O segundo, semelhante a este, é: Amarás o teu próximo como a ti mesmo" (Mt 22.37-39). Martinho Lutero disse que a grande transgressão é uma violação do grande mandamento, mas não pensamos nestes termos. Ninguém ama perfeitamente a Deus, com todo o seu coração, alma e mente.

Isto é, também, a razão por que cometemos erros teológicos. Atribuímos à Bíblia nossos entendimentos errôneos, afirmando que o assunto é muito difícil para ser entendido ou que é ambíguo. Contudo, Deus não é o autor de confusão. Deus se revelou a si mesmo de maneira clara, mas vamos ao texto com ideias preconcebidas que interferem na luz da Palavra de

Deus. Há muitas coisas ensinadas na Escritura que não queremos ouvir; por isso, achamos maneiras de distorcer a Bíblia para escaparmos do julgamento que ela traz à nossa consciência.

Às vezes, na tentativa de interpretarmos a Bíblia, cometemos um erro inocente. Isto pode acontecer quando usamos uma tradução deficiente ou quando não dominamos suficientemente a estrutura do grego ou a gramática hebraica. Mas, se amássemos a Deus de todo o coração, alma e mente, nosso domínio de sua Palavra não seria diferente? Gastamos tanto tempo enchendo nossa mente com muitas coisas, mas não com o conhecimento da Palavra de Deus. Somos negligentes; não somos diligentes em nossa busca da verdade de Deus. Essas atitudes contribuem para as distorções que criamos.

O PADRÃO DE DEUS

Jesus disse: "Ninguém é bom senão um, que é Deus" (Mc 10.18); e Paulo disse: "Não há justo, nem um sequer" (Rm 3.10). Estas afirmações parecem exageradas porque vemos pessoas fazendo coisas boas. Como já mencionei, os teólogos chamam essa bondade de "virtude cívica". Mães se sacrificam pelos filhos, e pessoas devolvem carteiras a estranhos sem ficarem com o dinheiro que acham no interior da carteira. Mas, para que um ato seja verdadeiramente bom, para atingir a marca do padrão de Deus, o ato tem de corresponder exteriormente ao que a lei exige e também deve ser motivado por amor a Deus. Até pessoas redimidas oferecem obediência menos do que perfeita a Deus, uma condição agravada geralmente naqueles que estão alienados e separados dele.

ANTROPOLOGIA E CRIAÇÃO

Quando os teólogos falam sobre incapacidade moral ou pecado original, eles têm em mente este estado de *non posse non peccare*. Não somos moralmente capazes de fazer o bem que Deus exige. Quando Jesus descreveu a condição do homem, ele disse: "Ninguém poderá vir a mim, se, pelo Pai, não lhe for concedido" (Jo 6.65). Jesus começou com uma negativa universal que descreve a incapacidade humana. Ele não estava dizendo que a ninguém é permitido vir a ele; estava dizendo que ninguém *pode*, ou é capaz de, vir a ele se Deus não fizer algo. Pouco antes disto, Jesus disse: "O Espírito é o que vivifica; a carne para nada aproveita" (v. 63). No Novo Testamento, *carne* se refere geralmente à nossa condição caída, nossa escravidão ao pecado. Outra expressão que a Bíblia usa é "debaixo do pecado". Não estamos no controle do pecado, mas o pecado está no controle de nós. A Bíblia nos diz que os desejos de nosso coração são continuamente maus (Gn 6.5).

Portanto, ter a Cristo, vir a Deus e fazer as coisas de Deus exige que, de algum modo, sejamos libertos da prisão ao pecado original. Isto é realizado por nós pela obra soberana e sobrenatural do Espírito Santo. Foi por essa razão que Jesus disse que, para uma pessoa ver e entrar no reino de Deus, ela precisa nascer de novo (Jo 3.3). Aquilo que é nascido da carne é carne. E, em nossa carne, não podemos fazer nada. Por causa de nosso estado caído, estamos numa posição moralmente impotente.

Esta concepção da incapacidade moral dos seres humanos é chamada o ponto de vista agostiniano. E nem todos têm concordado com ela no decorrer da história da igreja. Muitos na igreja de hoje afirmam que, embora sejamos caídos, temos uma quantidade módica de justiça deixada em nossa alma, pela qual podemos dar o primeiro passo em direção à nossa reconciliação com Deus, por nos esforçarmos para chegar até ele. Por outro lado, o ponto de vista agostiniano diz que somos tão corruptos que somos mortos – não apenas doentes, e sim *mortos*. Estamos em tão grande servidão ao pecado, que não podemos fazer nada sem a graça resgatadora de Deus, que dá início ao processo de nossa redenção.

A tradição agostiniana, na qual me posiciono, diz que a queda se estende a toda a pessoa – mente, coração e corpo. Nosso corpo falha, nossa visão se torna embaçada, nossos cabelos ficam grisalhos, e nossa força se dissipa. Ficamos doentes e, por fim, morremos. A Bíblia diz que tudo isto é resultado da influência do pecado sobre nosso corpo, mas o poder do pecado afeta também nosso coração, nossa vontade e nossa mente. Podemos pensar, mas nosso pensamento é distorcido; fazemos erros lógicos e permitimos que preconceitos obscureçam nosso julgamento. Temos vontade, não perdemos nossa capacidade de fazer escolhas, porque ainda somos criaturas feitas à imagem de Deus. Na queda, perdemos a imagem de Deus num sentido limitado. Perdemos a capacidade de sermos perfeitamente justos. Ainda somos à imagem de Deus no sentido mais amplo; em outras palavras, ainda somos humanos. Embora sejamos bastante corruptos, nossa humanidade não foi apagada pela queda.

No entanto, o poder de nossa humanidade foi afetado radicalmente pela queda, e isso é o que nos deixa no estado sobre o qual Paulo fala em Romanos: "Não há justo, nem um sequer; não há quem entenda, não há quem busque a Deus; todos se extraviaram, à uma se fizeram inúteis; não há quem faça o bem, não há nem um sequer" (Rm 3.10-12).

ANTROPOLOGIA E CRIAÇÃO

Quando igrejas procuram alcançar os "interessados", não sei quem elas têm em mente, porque a Bíblia diz que ninguém, em seu estado natural, busca a Deus. Se eu dissesse isso publicamente na arena secular, hoje, seria zombado e escarnecido, mas essa é a avaliação de Deus quando ele nos julga de acordo com o seu padrão de bondade e justiça.

CAPÍTULO 21

A TRANSMISSÃO DO PECADO

Se o pecado é essência à nossa natureza, de tal modo que não podemos deixar de pecar, como Deus pode julgar-nos por pecar? Essa é uma pergunta legítima e óbvia à luz da doutrina do pecado original. Por isso, precisamos considerar como nossa natureza pecaminosa foi transferida de Adão para sua posteridade. A Bíblia deixa suficientemente claro que há uma conexão:

> Portanto, assim como por um só homem entrou o pecado no mundo, e pelo pecado, a morte, assim também a morte passou a todos os homens, porque todos pecaram. Porque até ao regime da lei havia pecado no mundo, mas o pecado não é levado em conta quando não há lei. Entretanto, reinou a morte desde Adão até Moisés, mesmo sobre aqueles que não pecaram à se-

melhança da transgressão de Adão, o qual prefigurava aquele que havia de vir.

Todavia, não é assim o dom gratuito como a ofensa; porque, se, pela ofensa de um só, morreram muitos, muito mais a graça de Deus e o dom pela graça de um só homem, Jesus Cristo, foram abundantes sobre muitos. O dom, entretanto, não é como no caso em que somente um pecou; porque o julgamento derivou de uma só ofensa, para a condenação; mas a graça transcorre de muitas ofensas, para a justificação. Se, pela ofensa de um e por meio de um só, reinou a morte, muito mais os que recebem a abundância da graça e o dom da justiça reinarão em vida por meio de um só, a saber, Jesus Cristo. Pois assim como, por uma só ofensa, veio o juízo sobre todos os homens para condenação, assim também, por um só ato de justiça, veio a graça sobre todos os homens para a justificação que dá vida (Rm 5.12-18).

Nesta passagem, o apóstolo Paulo está estabelecendo um contraste entre o segundo Adão, Cristo, e o primeiro Adão, mas também está mostrando que eles tinham um tipo de relacionamento correspondente. Por meio da justiça de um homem – a de Cristo – somos redimidos, assim como por meio da injustiça de outro homem – a de Adão – fomos lançados em ruína e morte. Não reclamamos da transferência vicária da justiça de Cristo para nós; é a transferência da injustiça de Adão para nós que nos dá tantos problemas. Há teorias diferentes sobre como esta transferência acontece.

UM MITO?

Entre os teólogos liberais, a opinião popular é que a história de Adão e Eva é um mito. Não há nenhum Adão histórico e nenhuma queda histórica, eles dizem. Pelo contrário, Gênesis 3 é apenas uma parábola que aponta para o fato de que cada ser humano é nascido bom e justo, mas depois experimenta tentação e uma queda pessoal e individual. Em outras palavras, cada indivíduo repete em sua vida o que a Escritura diz, em forma de parábola, que Adão e Eva fizeram.

É claro que há vários problemas nesta opinião. Primeiramente, ela nega abertamente o que a Escritura ensina. Além disso, Paulo está argumentando, em Romanos 5, que a lei estava no mundo desde o princípio, antes de Moisés, e a prova disso é o fato de que o pecado estava no mundo. O pecado reinou desde Adão até Moisés. Paulo estabelece o argumento de que sem a lei não pode haver pecado, e, se não há pecado, não pode haver punição justa pelo pecado. A morte reinou, diz Paulo, desde Adão até Moisés. Pessoas morreram antes do monte Sinai, incluindo infantes. Se é verdade, como os liberais sugerem, que Adão e Eva não eram pessoas reais, mas apenas personagens de um mito, então eles precisam explicar a morte de crianças. Por que bebês morrem? A explicação que eles apresentam é que não existe nenhuma ligação entre o pecado e a morte. Contudo, este argumento colide frontalmente com o ensino da Escritura.

REALISMO

Entre aqueles que levam a sério a revelação bíblica e afirmam uma queda histórica, há ainda debates sérios a respeito de como a transmissão do pecado original acontece. Os dois pontos de vista mais comuns em referência à transmissão da culpa de Adão para os outros seres humanos se acham na escola de realismo e na escola de federalismo.

A escola de realismo tem uma versão menos sofisticada e uma versão filosófica mais sofisticada. Os realistas argumentam que Deus pode punir de modo justo pecadores nascidos com uma natureza pecaminosa, somente se a própria natureza pecaminosa for uma punição justa por algo que fazemos. Em outras palavras, Adão pecou e Deus o entregou a uma natureza pecaminosa como parte da punição pelo seu pecado real. O ato de Deus em entregar pessoas ao que elas querem fazer é uma punição justa. Entretanto, uma coisa é entregar *Adão* à sua própria natureza pecaminosa como resultado de seu pecado, e outra coisa bem diferente é entregar *os filhos de Adão* a uma natureza pecaminosa por causa do que Adão fez.

Lemos em Ezequiel: "Os pais comeram uvas verdes, e os dentes dos filhos é que se embotaram?" (Ez 18.2). E uma das mensagens de Ezequiel é que Deus não punirá uma pessoa por causa do pecado que outra comete. Então, se esse princípio é verdadeiro, como se aplica à nossa natureza caída herdada? Os realistas dizem que Deus seria justo em visitar-nos com uma natureza caída somente se tivéssemos caído realmente lá no jardim, com Adão. A posição realista ensina, em um sentido, que estávamos lá, e isso é, em parte, a razão por que o movimento é chamado "realista". Entretanto, para que isso seja verdadeiro, a nossa alma – que foi unida ao nosso corpo provavelmente na concepção, no ventre de nossa mãe – deveria ter estado presente no jardim, para que participássemos da queda de Adão e Eva.

O argumento bíblico usado para apoiar esta afirmação é extraído do encontro de Abraão com Melquisedeque, registrado no Antigo Testamento (Gn 14; Sl 110) e recontado em Hebreus (Hb 7). O Novo Testamento anuncia Jesus não somente como nosso Salvador, mas também como nosso Rei e nosso Sacerdote. Ele tinha de vir da tribo de Judá porque o reino davídico fora prometido aos descendentes dessa tribo. O Novo Testamento, que estabelece a linhagem de Jesus, mostra que ele veio realmente da tribo de Judá, e, por isso, estava qualificado a ser o rei de Israel. Entretanto, visto que Jesus era da tribo de Judá, ele não poderia também ser da tribo de Levi. O sacerdócio levítico ou aarônico (derivado de Arão, o primeiro sumo sacerdote) estava restrito, no Antigo Testamento, aos membros da tribo de Levi. Então, quando o Novo Testamento declara que Jesus é o nosso Grande Sumo Sacerdote, seus autores são confrontados com o problema da linhagem biológica de Jesus.

O autor de Hebreus responde a isso por meio de várias citações do Antigo Testamento, especificamente dos salmos messiânicos, nas quais Deus declarou que levantaria um rei e um sacerdote que permaneceria para sempre. Hebreus argumenta que há outro sacerdócio mencionado no Antigo Testamento, além do sacerdócio levítico, que se acha na referência enigmática à misteriosa figura de Melquisedeque, cujo nome significa "rei de justiça" (Hb 7.2). O autor de Hebreus também diz que Melquisedeque não tinha nem mãe nem pai (v. 3). A afirmação da falta de paternidade só poderia significar que não havia registro genealógico de Melquisedeque, ou, como alguns comentadores creem, poderia significar que ele não era de descendência humana normal, mas era talvez uma aparição de Cristo antes de sua encarnação. Esta é uma teoria muito popular.

No encontro de Abraão com Melquisedeque, duas coisas aconteceram. Abraão pagou um dízimo a Melquisedeque, e este abençoou Abraão. Em estilo judaico, o autor de Hebreus diz que o maior abençoa o menor (v. 7). Visto que Abraão pagou tributo a Melquisedeque, e Melquisedeque abençoou Abraão, é claro que Melquisedeque era superior a Abraão. Por extensão, a posição de Abraão na linhagem hebraica o tornava maior do que seu filho Isaque; e Isaque era maior do que Jacó; e Jacó, maior do que seus filhos, entre os quais se incluía Levi. Portanto, se Abraão era maior do que Levi, e se Melquisedeque era maior do que Abraão, obviamente Melquisedeque era maior do que Levi. Portanto, se Jesus é um sacerdote segundo a ordem de Melquisedeque, seu sacerdócio não é inferior ao sacerdócio levítico e sim superior a ele. Eis como o autor de Hebreus argumenta:

> Entretanto, aquele cuja genealogia não se inclui entre eles recebeu dízimos de Abraão e abençoou o que tinha as promessas. Evidentemente, é fora de qualquer dúvida que o inferior é abençoado pelo superior. Aliás, aqui são homens mortais os que recebem dízimos, porém ali, aquele de quem se testifica que vive. E, por assim dizer, também Levi, que recebe dízimos, pagou-os na pessoa de Abraão. Porque aquele ainda não tinha sido gerado por seu pai, quando Melquisedeque saiu ao encontro deste (Hb 7.6-10).

Uma escola de realistas diz que este texto só pode ser entendido como ensinando que Levi estava realmente lá, quando Abraão pagou o dízimo, e isso prova a preexistência da alma humana. Isso é uma grande ampliação. O próprio texto oferece uma qualificação "por assim dizer". Podemos dizer, com base num ponto de vista genético, que nossos tataranetos estão realmente presentes em nosso corpo, mas isto não significa que aquelas crianças estão verdadeiramente presentes em nós.

A versão mais sofisticada do realismo não depende de uma preexistência literal. É um realismo do tipo filosófico, como achamos em Platão, Agostinho e Jonathan Edwards. Afirma que na mente de Deus nós existimos antes de nosso nascimento, porque, desde a eternidade passada, Deus tem uma ideia perfeita de cada um de nós. Ele nos conhece desde a eternidade passada, e as ideias de Deus sobre o seu povo são ideias que incorporam a plena realidade de quem somos. Esse ensino leva consigo várias suposições filosóficas, mas é uma opção que muitos têm aceitado no decorrer da história da igreja; é uma ideia que eu acho fascinante.

FEDERALISMO

Outro ponto de vista é o federalismo, que enfatiza o caráter representativo de Adão. No jardim, Adão agia como um substituto por nós, como o cabeça federal da raça humana, assim como os oficiais numa república federativa representam o povo. Da mesma maneira, Jesus entrou numa solidariedade corporativa com o povo de Deus. Ele nos representava. Em sua obra na cruz, ele é nosso substituto, que ficou em nosso lugar, e Deus nos considera justos porque transferiu nossa culpa para Cristo e a justiça de Cristo para nós.

ANTROPOLOGIA E CRIAÇÃO

De acordo com este ponto de vista, a nossa salvação descansa na validade de algum tipo de representação. Se, em princípio, nos opomos à representação diante de Deus, perdemos nossa salvação, porque a única maneira pela qual podemos ser salvos é pela obra representativa de outra pessoa.

Adão, cujo nome significa "humanidade", estava agindo como o cabeça federal da raça humana, representando a si mesmo e a todas as pessoas nascidas subsequentemente. Portanto, quando Adão caiu, todos que ele representava caíram com ele. Podemos ser considerados responsáveis pelo que Adão fez porque ele nos representava. Esta afirmação leva as pessoas a protestarem imediatamente que não escolheram Adão como seu representante.

No tempo da Revolução Americana, os colonos exigiram representantes no parlamento inglês. Eles clamaram: "Sem representantes, nenhum imposto". Reivindicavam o direito de escolher seus próprios representantes, um direito sagrado nos Estados Unidos até hoje. Queremos o direito que nos garanta que seremos representados apropriadamente. Não queremos que alguém indique por nós os nossos representantes.

No entanto, no caso de Adão, Deus selecionou nosso representante, e aquela foi a única vez, exceto a cruz, em toda a história humana, em que fomos perfeitamente representados. É por isso que a escolha de Deus quanto a um representante foi uma escolha justa, feita por um ser perfeitamente santo e feita com base em seu conhecimento perfeito. Ele nos conhecia de antemão e conhecia também nosso representante. Portanto, não podemos dizer a Deus que Adão nos representou mal, o que é a suposição básica que fazemos ao tentarmos escapar da

A TRANSMISSÃO DO PECADO

transferência de culpa. Pensamos que teríamos agido diferentemente de Adão, se houvéssemos estado no jardim do Éden. Entretanto, Adão nos representava perfeitamente porque era o representante escolhido de Deus.

Podemos ser considerados responsáveis pelas ações feitas por alguém outro se ele cometeu tais ações em nosso lugar. Se eu contrato um homem para matar alguém e asseguro-me de estar fora da cidade enquanto ele comete o assassinato, posso ser considerado responsável por homicídio qualificado embora eu não tenha puxado o gatilho. Mas essa analogia não funciona neste assunto, porque não escolhemos Adão. O fato é que Adão foi escolhido perfeitamente por um Deus onisciente e justo, e Adão atuou realmente em nosso lugar, de acordo com o julgamento de Deus. Essa é a razão por que o pecado de um único homem produziu nossa ruína, e nossa única esperança é a justiça de outro representante.

CAPÍTULO 22

AS ALIANÇAS

Um dos principais temas no livro de Hebreus é a superioridade de Cristo, especialmente em seu ofício como nosso grande sumo sacerdote. Quando o autor de Hebreus fala da grandeza de Jesus neste aspecto, ele faz um contraste entre a aliança que Deus fez com seu povo por intermédio de Moisés e a nova aliança que foi mediada por seu Filho, Jesus Cristo.

Pois todo sumo sacerdote é constituído para oferecer tanto dons como sacrifícios; por isso, era necessário que também esse sumo sacerdote tivesse o que oferecer. Ora, se ele estivesse na terra, nem mesmo sacerdote seria, visto existirem aqueles que oferecem os dons segundo a lei, os quais ministram em figura e sombra das coisas celestes, assim como foi Moisés divinamente instruído, quando estava para construir o tabernáculo; pois diz ele: Vê que faças todas as coisas de acordo com o modelo que te foi mostrado no monte. Agora, com efeito, obteve Jesus ministério tanto mais excelente, quanto é ele também Mediador de superior aliança instituída com base em superiores promessas (Hb 8.3-6).

O autor prossegue e explica como a nova aliança é melhor do que a antiga aliança e a torna obsoleta. Em Hebreus, a nova aliança é demonstrada como sendo melhor não somente porque temos um mediador melhor do que Moisés, mas também porque temos uma promessa melhor. Isso é importante porque expõe um conhecimento sobre a própria natureza das alianças.

A forma ou estrutura básica de desenvolvimento do plano de redenção, na Escritura, é expresso por meio de aliança. Em termos simples, uma aliança é um acordo entre duas ou mais partes baseado principalmente numa promessa. Há várias alianças na história bíblica. Há a aliança que Deus fez com Adão e Eva – a aliança Adâmica. Há a aliança que Deus fez com Noé – a aliança noêmica; Deus colocou o seu arco-íris no céu como sinal dessa aliança. Posteriormente, Deus entrou numa aliança com Abraão – a aliança abraâmica – que foi renovada com seus descendentes Isaque e Jacó. Quando pensamos na antiga aliança, temos em mente a aliança que Deus fez com Israel por meio de Moisés, no monte Sinai – a aliança mosaica ou aliança sinaítica.

Fazemos promessas de aliança em quase todas as áreas da vida. Quando entramos num relacionamento de emprego, tanto o empregador quanto o empregado fazem certas promessas.

Igualmente, a estrutura do casamento está baseada no conceito de aliança. No casamento, promessas são feitas por duas pessoas e são seladas com votos sagrados na presença de Deus. Até o governo nacional é baseado no conceito de uma aliança, ou um acordo, entre aqueles que governam e aqueles que são governados. Há promessas envolvidas em toda aliança. No mundo antigo, alianças tinham estipulações ou leis vinculadas a promessas; ou seja, promessas eram feitas na condição de serem satisfeitas certas estipulações.

O conceito de aliança é vitalmente importante ao nosso entendimento do cristianismo bíblico. Em última análise, nossa vida cristã se fundamenta em confiança ou fé numa promessa – a promessa de Deus para nos redimir por meio da pessoa e obra de Jesus Cristo. Num sentido bastante real, nos termos de aliança, Deus nos deu sua Palavra. Em seu evangelho, o apóstolo João apresenta Cristo como a encarnação da Palavra. Deus não apenas falou sua palavra de promessa; essa promessa foi encarnada na Palavra, que é Cristo. Por essa razão, é impossível enfatizarmos demais a importância da estrutura de aliança.

ESTRUTURA DE ALIANÇA

Em termos gerais, os teólogos falam em três grandes alianças na Escritura: a aliança de redenção, a aliança de obras e a aliança de graça.

Atualmente, ouvimos muito pouco na igreja sobre a aliança de redenção, mas eu a considero um dos aspectos mais importantes da teologia sistemática. Deus não fez uma aliança de redenção com seres humanos; em vez disso, ele a fez consigo mesmo. É um acordo pactual que foi feito na eternidade passada entre as três pessoas da Divindade. No drama de redenção, vemos a atividade do Pai, do Filho e do Espírito Santo; e a própria criação é uma obra da Trindade. Deus, o Pai, trouxe o mundo à existência, mas, quando produziu ordem a partir das trevas, isso aconteceu porque o Espírito de Deus pairava sobre as águas e trouxe as coisas à existência (Gn 1.2). O Novo Testamento está repleto de referências a Cristo como o agente por meio do qual o Pai criou todas as coisas. Por exemplo: "Todas as coisas foram feitas por intermédio dele, e, sem ele, nada do que foi feito se fez" (Jo 1.3). A criação envolveu o Pai, o Filho e o Espírito Santo.

Os teólogos fazem uma distinção entre os membros da Divindade. O Pai *iniciou* o plano de redenção; isso significa que o Pai está por trás dos decretos eternos de eleição, e ele enviou o Filho ao mundo para realizar a nossa redenção. O Filho *realizou* a redenção por nós. Finalmente, a redenção é aplicada à nossa vida pessoal por meio do Espírito Santo. Como a obra de Cristo nos torna pessoas redimidas? O Espírito nos regenera, ou seja, ele nos vivifica, compartilhando vida espiritual e criando fé em nosso coração. O Espírito também nos santifica e nos glorificará no céu. Esta é a obra de redenção e envolve todos os três membros da Trindade que agem em concordância.

Anos atrás, surgiu uma controvérsia entre teólogos alemães que pressupunha uma luta entre o Pai e o Filho. Hipoteticamente, em seu ministério terreno, o Filho persuadiu o Pai a retroceder de sua ira para com a raça humana. Isso foi um grave afastamento do entendimento bíblico a respeito de como a redenção acontece. A aliança de redenção indica que o Pai, o Filho e o Espírito Santo estavam em concordância completa quanto à salvação do homem. O Filho não veio relutantemente ao mundo. Pelo contrário, o Filho se agradou em cumprir o plano do Pai e se encarnar. No jardim do Getsêmani, na véspera de sua morte expiatória, Jesus orou e suou gotas de sangue em agonia. Ele disse: "Pai, se queres, passa de mim este cálice; contudo, não se faça a minha vontade, e sim a tua" (Lc 22.42). Em essência, Jesus disse: "Eu preferiria qualquer outro caminho, mas estou em concordância contigo, Pai, em qualquer que seja a tua vontade".

ALIANÇA DE OBRAS E ALIANÇA DE GRAÇA

A diferença primária entre a aliança de obras e a aliança de graça é que a primeira diz respeito ao relacionamento que Deus teve com Adão e Eva antes da queda, enquanto a segunda se refere ao relacionamento que Deus tem com os descendentes de Adão depois da queda. A aliança de obras diz respeito ao estado probatório em que Adão e Eva foram criados. Deus lhes deu certos mandamentos acompanhados da promessa de vida eterna, que era simbolizada pela árvore da vida no jardim do Éden. A estipulação básica era que eles não comessem da árvore do conhecimento do bem e do mal. Na aliança de obras, o destino da raça humana foi decidido com base em desempenho, especificamente, com base na obediência de Adão e Eva. Se permanecessem obedientes, entrariam num estado eterno de bem-aventurança. Todavia, se falhassem em se conformar com essa estipulação, morreriam, bem como os seus descendentes. Adão e Eva falharam horrivelmente no teste. Violaram a aliança e, como resultado, o mundo foi mergulhado em ruína.

ANTROPOLOGIA E CRIAÇÃO

Somos tendentes a pensar na redenção como a reaquisição do paraíso que Adão e Eva perderam, mas esse é um entendimento errôneo. A redenção não é uma restauração ao lugar em que Adão e Eva estavam antes da queda, e sim uma promoção ao estado que eles teriam atingido se tivessem sido bem-sucedidos em obedecer os termos da aliança.

Outro entendimento errado procede do modo como identificamos as duas alianças. Visto que a primeira é chamada "a aliança de obras" e a outra, "a aliança de graça", somos tendentes a pensar que a primeira aliança não continha graça. Mas entrar Deus em aliança com uma criatura e fazer-nos qualquer promessa sob qualquer condição é, em si mesmo, um ato de graça. Deus não tem a obrigação de prometer qualquer coisa a suas criaturas.

Depois que a aliança de obras foi quebrada, Deus proveu uma nova oportunidade para o homem ser redimido. Ele poupou Adão e Eva e os redimiu, apesar de seu fracasso, e Deus fez isso com base em uma nova promessa – a promessa de redenção pela obra de Cristo. As Escrituras nos dizem que somos salvos por graça, e a graça vem por meio da pessoa e obra de Cristo. Ele nos salvou por tornar-se nosso defensor. Cristo se tornou nosso substituto. É por isso que o Novo Testamento se refere a ele como "o segundo Adão". Ele veio ao mundo e se colocou sob as estipulações da aliança de obras original. Como o novo Adão, ele retornou à situação original de Adão e Eva no paraíso, que foi dramatizada no deserto quando Jesus experimentou 40 dias de tentação por Satanás.

Durante sua vida terrena, Jesus foi exposto a tentação, razão por que os teólogos enfatizam que somos salvos não somente por meio da morte de Cristo, mas também por meio de sua vida. Em sua vida de obediência perfeita, Cristo satisfez todos os termos estabelecidos na aliança de obras original, para que, em última análise, sejamos salvos por obras. Essa verdade não nega a justificação somente pela fé; antes, valida-a. A justificação é por meio da fé somente em Cristo porque somente Cristo cumpriu a aliança de obras. Somos salvos por obras, mas não por *nossas* obras. Somos salvos pelas obras de Cristo. De novo, a aliança de graça não anula a aliança de obras; pelo contrário, ela cumpre os termos da aliança de obras.

Alguns pensam que o Antigo Testamento é somente a respeito da justiça e da ira de Deus, enquanto o Novo Testamento é apenas sobre a graça, a misericórdia e o amor de Deus. Entretanto, na Escritura o exemplo mais claro da ira e da justiça de Deus está não no Antigo Testamento, e sim no Novo Testamento. Está na cruz. Ali a ira de Deus foi derramada sobre Cristo, e a justiça de Deus foi satisfeita total e completamente nesse ato. Mas esse ato é também, na Escritura, o exemplo mais claro da graça de Deus, porque sua ira foi recebida por outro. Foi recebida por nosso substituto, que se submeteu aos termos da primeira aliança e satisfez todas as obrigações em favor de todos aqueles que colocam sua confiança nele. A aliança de obras e a aliança de graça cumprem juntas as promessas de Deus desde toda a eternidade.

PARTE QUATRO

CRISTOLOGIA

CAPÍTULO 23

O CRISTO DA BÍBLIA

Esta parte da teologia sistemática, a cristologia, é provavelmente a mais intimidadora, mas é uma das partes mais ricas de nosso estudo. Aqui nos focalizamos na pessoa e obra de Cristo. É significativo que nossa fé é chamada "cristianismo", porque nossa atenção está focalizada corretamente naquele que nos redimiu. Qualquer estudo sobre a pessoa de Cristo pode abordar apenas a superfície, porque o retrato de Jesus na Escritura é tão profundo que desafia a capacidade humana de compreendê-lo totalmente.

> Vi, na mão direita daquele que estava sentado no trono, um livro escrito por dentro e por fora, de todo selado com sete selos. Vi, também, um anjo forte, que proclamava em grande voz: Quem é digno de abrir o livro e de lhe desatar os selos? Ora, nem no céu, nem sobre a terra,

nem debaixo da terra, ninguém podia abrir o livro, nem mesmo olhar para ele (Ap 5.1-3).

Na visão de João sobre o céu, o veredito está prestes a ser pronunciado, e uma voz diz: "Quem é digno de abrir o livro?" João se enche de apreensão enquanto espera para ver quem se apresentará, que foi declarado digno. Ele prossegue:

> E eu chorava muito, porque ninguém foi achado digno de abrir o livro, nem mesmo de olhar para ele. Todavia, um dos anciãos me disse: Não chores; eis que o Leão da tribo de Judá, a Raiz de Davi, venceu para abrir o livro e os seus sete selos. Então, vi, no meio do trono e dos quatro seres viventes e entre os anciãos, de pé, um Cordeiro como tendo sido morto. Ele tinha sete chifres, bem como sete olhos, que são os sete Espíritos de Deus enviados por toda a terra. Veio, pois, e tomou o livro da mão direita daquele que estava sentado no trono (vv. 4-7).

Depois, os quatro seres viventes e os vinte e quatro anciãos se prostraram diante do Cordeiro e cantaram seus louvores. Em seguida, ouvimos os louvores dos anjos:

> Digno é o Cordeiro que foi morto de receber o poder, e riqueza, e sabedoria, e força, e honra, e glória, e louvor (v. 12).

Podemos ver a disposição de João mudando no decorrer desta sequência de eventos. Ele ficou empolgado com o fato de que alguém viria e abriria o livro, mas, em seguida, ficou desanimado porque ninguém foi achado digno. Depois, o anjo lhe disse que não chorasse porque alguém fora achado digno, o Leão de Judá. João esperava que um animal altamente poderoso viesse rugindo para abrir o livro, mas, em vez disso, ele viu um Cordeiro imolado. Esta imagem é um exemplo vívido do profundo contraste que existe entre a humilhação de Cristo e sua exaltação, entre seus sofrimentos e seus triunfos. Também nos dá uma indicação quanto à complexidade de seu caráter e dignidade.

JESUS NOS EVANGELHOS

Por que Deus julgou conveniente dar ao mundo os quatro evangelhos? Por que não apenas uma biografia definitiva sobre Jesus? Por suas próprias razões, Deus se agradou em dar-nos quatro retratos biográficos de Jesus, olhando todos para sua pessoa e obra em perspectivas diferentes. No evangelho de Mateus, temos uma perspectiva judaica. A ênfase está em Jesus como o cumprimento de muitas profecias do Antigo Testamento. Mateus mostra claramente que Jesus era o Messias que fora prometido nos séculos anteriores. O evangelho de Marcos é breve e quase abrupto em seu estilo curto. Marcos segue a vida de Jesus mostrando uma grande quantidade de milagres realizados no cenário da Palestina. Há também o retrato oferecido por Lucas, o médico, que era da comunidade gentílica e um companheiro do apóstolo Paulo em suas viagens missionárias para as nações gentias. Lucas nos mostra que Jesus não veio para salvar apenas o povo judeu, mas também homens e mulheres de toda tribo, língua e nação. Lucas oferece muitos discernimentos quanto ao ensino de Jesus por meio de parábolas, e a sabedoria de Jesus é expressa no evangelho de Lucas.

CRISTOLOGIA

Dois terços do evangelho de João se dedicam à ultima semana da vida de Jesus. João nos oferece um retrato altamente teológico de Cristo, enquanto demonstra que Jesus é a encarnação da verdade, a luz do mundo e Aquele em quem há vida abundante.

Nas narrativas dos evangelhos, vemos também como uma variedade de pessoas reagiram para com Cristo. Vemos a reação dos pastores que, dos campos nos arredores de Belém, atendem ao anúncio do recém-nascido bebê Jesus (Lc 2.8-20). Vemos a reação do idoso Simeão, que vai ao templo quando Jesus é apresentado em sua dedicação. Nessa ocasião, Simeão diz: "Agora, Senhor, podes despedir em paz o teu servo, segundo a tua palavra; porque os meus olhos já viram a tua salvação, a qual preparaste diante de todos os povos" (Lc 2.29-31). Vemos a Jesus confundindo os doutores no templo, mesmo sendo um menino (vv. 41-52). Somos introduzidos em seu ministério público por João Batista, que o vê se dirigindo para o rio Jordão e canta o *Agnus Dei*: "Eis o Cordeiro de Deus, que tira o pecado do mundo!" (Jo 1.29). Vemos a Jesus pelos olhos de Nicodemos, que o procura à noite para inquiri-lo e diz: "Rabi, sabemos que és Mestre vindo da parte de Deus; porque ninguém pode fazer estes sinais que tu fazes, se Deus não estiver com ele" (Jo 3.2). Vemos a Jesus, o Rabi, que não somente confunde os outros rabis, quando menino, mas também chega à maturidade e supera em sabedoria e discernimento os maiores mestres de seus dias. Vemos a Jesus falando com uma mulher excluída junto ao poço de Jacó, na cidade de Sicar, em Samaria; e essa atitude de Jesus leva a mulher a dizer: "Senhor... vejo que tu és profeta" (Jo 4.19). À medida que a conversa prossegue, ele expõe a mulher a si mesma, e ela compreende que está falando com o Messias tão esperado. Vemos a Jesus no pretório de Pilatos, onde este anuncia: "Não vejo neste homem crime algum" (Lc 23.4). Depois, ouvimos Pilatos falando à multidão palavras que foram imortalizadas na história cristã: "Eis o homem!" (Jo 19.5). Vemos um retrato de Jesus pelos olhos do centurião, que, após testemunhar a crucificação, diz: "Verdadeiramente este era Filho de Deus" (Mt 27.54). Nós o vemos no duvidoso Tomé, que, ao ver o Cristo ressuscitado, exclama: "Senhor meu e Deus meu!" (Jo 20.28).

Em resumo, achamos o retrato de alguém sem igual na história humana. O relato que vemos sobre Jesus nos evangelhos é o relato de um homem totalmente puro, um homem sem pecado, um homem que podia dizer aos seus acusadores: "Quem dentre vós me convence de pecado?" (Jo 8.46). Este retrato de Jesus é impressionante.

Além disso, temos o testemunho de Jesus sobre a sua identidade: "Porque eu não tenho falado por mim mesmo, mas o Pai, que me enviou, esse me tem prescrito o que dizer e o que anunciar" (Jo 12.49). Jesus, em seu desejo de ocultar, por um tempo, sua verdadeira identidade por causa das ideias erradas a respeito de quem seria o Messias, fez algumas afirmações ousadas, como as declarações de "Eu sou", no evangelho de João: "Eu sou o pão da vida. Vossos pais comeram o maná no deserto e morreram. Este é o pão que desce do céu, para que todo o que dele comer não pereça" (Jo 6.48-50). Alguns ficaram tão bravos que deixaram de andar com Jesus.

"Eu sou a videira, vós, os ramos", disse Jesus. "Quem permanece em mim, e eu, nele, esse dá muito fruto; porque sem mim nada podeis fazer" (15.5). Ele também disse: "Eu sou a

CRISTOLOGIA

porta" (10.9), contrastando a si mesmo com os falsos profetas da época, que eram pastores maus e se preocupavam mais com seu salário do que com o cuidado e a nutrição das ovelhas. Jesus disse: "Eu sou o bom pastor; conheço as minhas ovelhas, e elas me conhecem a mim" (v. 14). Ele também disse: "Eu sou o caminho, e a verdade, e a vida; ninguém vem ao Pai senão por mim (14.6).

Ainda mais dramático foi seu comentário: "Abraão, vosso pai, alegrou-se por ver o meu dia, viu-o e regozijou-se... Em verdade, em verdade eu vos digo: antes que Abraão existisse, Eu Sou" (Jo 8.56, 58). Jesus não disse: "Antes que Abraão existisse, eu era". Ele disse: "Eu *sou*". Estas afirmações de "Eu sou" procedem de duas palavras gregas: *egō* ("Eu") e *eimi* ("sou"). No grego, qualquer destas palavras seria, por si mesma, suficiente para dizer "Eu sou", mas Jesus não disse meramente: "*Egō* o caminho, a verdade e a vida", nem: "*Eimi* a porta". Em vez disso, ele usou as duas palavras – "*Egō eimi*" – o que torna a afirmação mais enfática. O significado disso não era desconhecido da comunidade do século I. Judeus de fala grega escreviam o nome sagrado de Deus como "Iaveh", que é traduzido por "Eu sou quem eu sou". Portanto, quando Jesus usou essa linguagem a respeito de si mesmo, estava se identificando claramente com o nome sagrado de Deus.

Ele afirmou nada menos do que a autoridade de Deus quando usou o título "Filho do Homem", referindo-se àquele que se aproximou da presença do Ancião de Dias, ascendendo com as nuvens do céu (Dn 7.13). Usando essa fraseologia, Jesus disse: "O Filho do Homem é senhor também do sábado" (Mc 2.28). Deus instituiu e regulou o sábado, portanto, ao dizer que era senhor do sábado, Cristo estava se identificando com a Deidade. Noutra ocasião, ele curou um homem para que as autoridades religiosas soubessem "que o Filho do Homem tem sobre a terra autoridade para perdoar pecados" (Mt 9.6; Mc 2.10; Lc 5.24). Outra vez os inimigos de Jesus ficaram irados porque Jesus se fazia "igual a Deus" (Jo 5.18).

O TESTEMUNHO DOS APÓSTOLOS SOBRE JESUS

Além dos retratos que achamos nos evangelhos, temos o testemunho dos apóstolos. O apóstolo Paulo nos revela o ministério de Cristo como Salvador. Ele explica a expiação, como Cristo realizou, como nosso Mediador, a redenção por nós. O retrato de Cristo é delineado também nas epístolas de Pedro e João, bem como na Epístola aos Hebreus, onde Cristo é mostrado como "o resplendor da glória" de Deus "e a expressão exata do seu ser", como superior aos anjos, a Moisés e ao sacerdócio aarônico do Antigo Testamento. De Mateus a Apocalipse, o tema central do Novo Testamento é Cristo.

JESUS NO ANTIGO TESTAMENTO

Descobrimos também que Cristo é o tema do Antigo Testamento. O tabernáculo, que é descrito em grande detalhe, é altamente simbólico do próprio Jesus. Em sua pessoa e obra, ele é o tabernáculo do Antigo Testamento. Todos os detalhes do sistema de sacrifícios do Antigo Testamento acham seu cumprimento no ministério de Jesus, e os livros dos profetas estão cheios de referências Àquele que viria. Para aprender de Jesus, não vamos apenas ao Novo Testamento; ele é proclamado igualmente em todo o Antigo Testamento. Desde Gênesis até Apocalipse, achamos a história de Jesus, o Cristo.

Neste magnífico retrato de Jesus, vemos o homem perfeito, mas não apenas o homem perfeito – vemos também aquele que é realmente Deus conosco, Deus encarnado. E é por causa deste retrato profundo e rico de Jesus que a igreja, ao elaborar suas formulações teológicas nos primeiros séculos, teve de lidar com a dificuldade de ser fiel tanto à humanidade quanto à divindade de Cristo. A dificuldade foi evidenciada no Concílio de Niceia e no subsequente Concílio de Calcedônia.

CAPÍTULO 24

UMA PESSOA, DUAS NATUREZAS

Vivemos numa época em que a pessoa de Cristo é um assunto de grande controvérsia entre os teólogos. No entanto, este não é um problema novo. No século IV, a controvérsia ariana desencadeou o Concílio de Niceia (325 AD). Outra controvérsia produziu o Concílio de Calcedônia (451 AD). O século XIX viu o advento do liberalismo, e no século XX, houve o grupo chamado Seminário Jesus; ambos procuraram definir Cristo sem qualquer consideração à integridade bíblica. A igreja teve de redefinir, repetidas vezes, seu entendimento quanto à pessoa de Cristo.

DUAS HERESIAS

O século V presenciou um ataque prolongado contra a ortodoxia cristã. Primeiramente, houve a heresia monofisista, produzida por um homem chamado Eutiques. O nome desta posição vem do prefixo *mono*, que significa "um", e da palavra *physis*, que significa "natureza". Os monofisistas acreditavam que Cristo tinha apenas uma natureza; eles negavam que Cristo era uma pessoa com duas naturezas: uma divina e uma humana. Mesmo antes de Eutiques, alguns haviam argumentado que Cristo tinha apenas uma natureza. Desses, alguns diziam que Cristo era apenas humano, sem uma natureza divina. Outros, como os *docetistas*, argumentavam que Cristo era totalmente divino, sem humanidade. Eutiques formulou a ideia de que Cristo tinha uma natureza *teantrópica*. Esta palavra vem da palavra grega *theos*, que significa "Deus", e da palavra *antrōpos*, que significa "homem". Eutiques dizia que a natureza de Cristo não era nem verdadeiramente divina, nem verdadeiramente humana; era uma mistura da divina e da humana.

A outra heresia do século V foi o nestorianismo. Nestório argumentava que, se Cristo tinha duas naturezas, uma divina e uma humana, ele deveria, portanto, ter duas personalidades distintas. Se há duas naturezas, tem de haver duas pessoas.

Portanto, a doutrina de Cristo foi atacada de ambos os lados, um negando a natureza dual de Cristo por reduzi-la a uma única mistura confusa de divina e humana, e o outro afirmando as duas naturezas, mas negando a sua unidade.

O CONCÍLIO DE CALCEDÔNIA

Estas duas heresias desencadearam o Concílio de Calcedônia, e deste concílio procede a formulação clássica sobre a natureza dual de Cristo, ou seja, que Cristo é uma única pessoa com duas naturezas – *vera homo vera Deus*. A palavra *vera* vem do latim *veritas*, que significa "verdade". A ideia aqui é que Cristo é "verdadeiramente homem e verdadeiramente Deus". Cristo tem uma natureza humana verdadeira *e* uma natureza divina verdadeira. Estas duas naturezas estão perfeitamente unidas em uma única pessoa.

Além dessa afirmação, o Concílio de Calcedônia expressou quatro negativas.[1] Como já comentei, no decorrer de sua história, a igreja procurou descrever certos conceitos por meio de negação. Por exemplo, de algumas maneiras, podemos definir a Deus pelo que ele não é. Ele é infinito, significando que *não* é finito. Ele é imutável, significando que *não* é mutável. De modo semelhante, os elaboradores do Credo de Calcedônia expressaram quatro negativas, confessando que Cristo é verdadeiramente humano e verdadeiramente Deus e que estas duas naturezas estão perfeitamente unidas *sem* mistura, confusão, separação ou divisão.

As primeiras das duas negativas, dirigidas à heresia monofisista, afirmam que as duas naturezas, a divina e a humana, não são mescladas de modo a produzir uma natureza humana deificada ou uma natureza divina humanizada. A natureza humana é sempre humana, sujeita às limitações normais da humanidade, e a natureza divina é sempre divina. Por exemplo, a mente divina não perde sua onisciência na encarnação; a mente divina sabe tudo, embora a mente humana não o saiba.

SUI GENERIS

A igreja teve de lidar com as implicações dessa ideia ao considerar algumas das afirmações de Jesus. Em uma ocasião, os discípulos perguntaram a Jesus: "Quando sucederão estas coi-

---

1 O Credo de Calcedônia está incluído no Apêndice.

sas e que sinal haverá da tua vinda e da consumação do século"? Jesus respondeu: "Mas a respeito daquele dia e hora ninguém sabe, nem os anjos dos céus, nem o Filho, senão o Pai" (Mt 24.3, 36). Em outras palavras, Jesus disse a seus discípulos que não sabia quando viria o fim dos tempos. Isso foi uma indicação da natureza humana ou da natureza divina?

Quando observamos a vida de Jesus conforme mostrada nas páginas da Escritura, certas ações são fáceis de atribuirmos à sua natureza humana. Quando Jesus transpirou no jardim do Getsêmani, na noite anterior à sua crucificação, isso foi uma manifestação divina? O suor é algo que esperaríamos haver em Deus? Não, Deus não transpira. De modo semelhante, ele não sente fome, não sangra, nem chora. Acima de tudo, a natureza divina não morreu na cruz. Se a natureza divina tivesse morrido na cruz, o universo teria deixado de existir.

Da mesma maneira, quando Jesus disse que não sabia o tempo específico da consumação do século, isso foi obviamente uma afirmação de sua humanidade. Alguns se opõem dizendo que, se Deus sabe tudo, e se em Cristo há uma união perfeita da natureza divina com a natureza humana, como poderia haver qualquer coisa que Jesus não soubesse? Isso é o mesmo que perguntar como Jesus, com sua natureza divina, pode ter experimentado fome, algo que a Bíblia diz com muita clareza. O importante é que façamos distinção entre a natureza divina e a natureza humana para que não as confundamos ou as mesclemos de modo que obscureçamos a realidade de uma ou de outra.

O fato de que Jesus não sabia o dia nem a hora do fim do século não indica uma separação entre sua natureza humana e sua natureza divina. Não há nenhuma separação, e sim distinção. A mente humana de Jesus sempre esteve unida com sua mente divina, e no Novo Testamento, vemos Jesus manifestar frequentemente conhecimento sobrenatural. Ele revela coisas que nenhum ser humano poderia saber. Onde ele obteve tal informação? Ele a obteve daquele que é onisciente. Entretanto, uma coisa é a natureza divina transmitir conhecimento à natureza humana; outra coisa bem diferente é a natureza divina engolir a natureza humana e deificar a mente humana de Cristo. A mente humana tinha acesso à mente divina, mas não eram a mesma coisa; por isso, havia certas coisas que Jesus não sabia, por seu próprio testemunho.

Isso deixou perplexo até o brilhante teólogo do século XIII, Tomás de Aquino, que formulou o que chamou de "teoria de acomodação". Aquino disse que Jesus tinha de saber o dia e a hora porque ele é Deus encarnado. Por causa da união perfeita de suas duas naturezas, como poderia a mente divina saber algo que a mente humana não sabia? Aquino disse que isto poderia acontecer, portanto Jesus deve ter sabido e escolhido não dizer aos discípulos, porque a resposta à pergunta deles era muito misteriosa ou teologicamente difícil para assimilarem. Entretanto, com o devido respeito a Aquino, se Jesus disse aos seus discípulos que não sabia quando seria o fim do tempo, quando realmente o sabia, ele estava mentindo; e uma única mentira o teria desqualificado para ser nosso salvador. Temos de levar a sério o que Jesus disse sobre os limites, falando humanamente, de seu conhecimento.

Então, as duas primeiras negativas do Credo de Calcedônia, *sem mistura* e *sem confusão*, visavam contestar a heresia monofisita. As outras duas, *sem separação* e *sem divisão*, tencionavam confrontar a heresia nestoriana, afirmando que a presença das duas naturezas em Jesus não significavam que ele não era uma única pessoa.

Todas as quatro negativas estabelecem para nós os limites em que procuramos entender o mistério da encarnação. Enfatizo a palavra *mistério*, porque até com as formulações oferecidas pela igreja, ninguém jamais penetrou as profundezas de como Cristo pode ser verdadeiramente Deus e verdadeiramente homem. Temos alguém que é *sui generis*. Ele está numa classe sozinho. Uma única pessoa em toda a história humana é Deus encarnado, e o mistério da encarnação está além de nosso pleno entendimento.

HUMANO E DIVINO

O valor de Calcedônia é duplo. Primeiramente, há uma afirmação que cada crente precisa fazer – Cristo é verdadeiramente humano e verdadeiramente divino. Em segundo, quando a igreja tenta explicar a natureza da unidade de Cristo, ela se depara com negativas, pelas quais estabelece os limites além dos quais não ousamos transitar. A única coisa que está no outro lado desses limites é algum tipo de heresia. Um de meus professores de seminário disse aos seus alunos: "Se você tentar pensar concretamente a respeito da união da natureza humana e da natureza divina, se você for além das categorias estabelecidas por Calcedônia, tem de escolher sua heresia". O Credo de Calcedônia nos restringe para que, não importando qual seja a nossa ideia sobre as duas naturezas, não pensemos nelas como uma união amalgamada ou uma separação total uma da outra. Elas são unidas, mas distintas.

UMA PESSOA, DUAS NATUREZAS

Uma frase importante do credo tem sido deploravelmente negligenciada no decorrer da história: "Cada natureza retendo seus próprios atributos". Cristo não deixou de lado qualquer de seus atributos divinos. A natureza divina de Cristo é eterna, infinita, imutável, onisciente e onipotente. A natureza humana de Cristo também retém os atributos da humanidade; é finita e restrita a espaço e tempo. A fórmula de Calcedônia nos dá uma direção enquanto continuamos nosso estudo sobre a pessoa de Cristo.

CAPÍTULO 25

OS NOMES DE CRISTO

Um elemento fascinante da Bíblia é o significado que está frequentemente vinculado a nomes e títulos. Os nomes e títulos para Deus, o Pai, são muitos. E revelam algo sobre o seu caráter. Isso também é verdadeiro quanto a Jesus.

Lembro de um discurso ministrado por um erudito numa formatura de seminário. Os presentes esperavam um discurso acadêmico, mas ele surpreendeu a todos por simplesmente recitar os nomes e títulos dados a Jesus na Escritura: "Senhor", "Filho de Deus", "Filho do Homem", "Filho de Davi", "Emanuel", "o Verbo" e assim por diante. Ele gastou 45 minutos para esgotar todos os nomes e títulos. Cada um deles nos revela algo sobre o caráter e a obra de Cristo. Neste capítulo, quero examinar três dos títulos mais proeminentes atribuídos a Jesus no Novo Testamento.

CRISTOLOGIA

CRISTO

Nós o conhecemos melhor como Jesus Cristo, mas esse não é realmente seu nome. Seu nome é Jesus, Jesus Bar-José ou Jesus de Nazaré. Entretanto, "Cristo" é um título. Aplica-se a Jesus mais frequentemente do que qualquer outro título na Escritura. Às vezes, a Bíblia inverte a ordem e fala de "Cristo Jesus". A palavra *Cristo* vem da palavra grega *christos*, que é uma tradução da palavra *Messias*, do Antigo Testamento, e significa "alguém que é ungido".

Quando Jesus fez seu sermão na sinagoga de Nazaré, leu o profeta Isaías: "O Espírito do Senhor está sobre mim, pelo que me ungiu para evangelizar os pobres; enviou-me para proclamar libertação aos cativos e restauração da vista aos cegos, para pôr em liberdade os oprimidos, e apregoar o ano aceitável do Senhor" (Lc 4.18-19). Depois de ler o texto, Jesus disse: "Hoje, se cumpriu a Escritura que acabais de ouvir" (v. 21). Jesus estava se identificando com as palavras de Isaías a respeito do Messias.

O conceito de Messias é extremamente complexo, mas há vários fios entrelaçados na revelação bíblica progressiva quanto à função, ao caráter e à natureza do Messias que viria e livraria seu povo, Israel. Em um sentido, para Cristo ser o Messias, ele tinha de ser o Pastor, o Rei, o Cordeiro e o Servo Sofredor, profetizados, todos, por Isaías. Os fios diferentes se reúnem de uma maneira maravilhosa. De fato, uma das extraordinárias evidências da inspiração divina da Bíblia é a maneira em que todos os fios da expectativa messiânica apresentados no Antigo Testamento convergem e se cumprem em uma única pessoa, de maneira dramática. Na visão de João, em Apocalipse 5, ele foi levado a esperar um leão (v. 5), mas viu um cordeiro (v. 6). Jesus cumpriu ambas as figuras. Ele é o Leão de Judá, o novo Rei de Israel; é também o Cordeiro, que foi morto em favor de seu povo.

SENHOR

O segundo título usado mais frequentemente em relação a Jesus no Novo Testamento é "Senhor". Este título formou o primeiro credo da comunidade cristã: *Iēsous ho kyrios*, "Jesus é o Senhor". Esta confissão esteve no centro do conflito que a igreja primitiva experimentou com as autoridades romanas. Exigia-se que os cidadãos romanos recitassem publicamente as palavras *Caesar kyrios*, "César é Senhor". Os primeiros cristãos eram profundamente comprometidos com o mandato que receberam de Cristo e dos apóstolos para serem obedientes às autoridades civis; eram cuidadosos em pagar seus impostos e obedecer às leis do estado. Mas uma coisa que eles não faziam era atribuir a César a honra que acompanhava o termo *senhor*.

No Novo Testamento, o termo *senhor* nem sempre é usado de uma maneira que inclui majestade. De fato, há três significados distintos da palavra grega *kyrios*.

Primeiramente, a palavra *kyrios* funcionava como uma forma de tratamento simples e educada, semelhante à nossa palavra *senhor*. Quando lemos o Novo Testamento e observamos pessoas se encontrando com Jesus pela primeira vez e se dirigindo a ele como "Senhor", não devemos concluir imediatamente que elas tinham um entendimento profundo da plena medida da majestade de Cristo. Poderiam estar apenas se dirigindo a ele de uma maneira educada. É claro que a palavra *senhor* pode ter um significado mais elevado.

CRISTOLOGIA

A segunda maneira como a palavra *kyrios* é usada no Novo Testamento é com referência específica a um proprietário de escravos, um indivíduo rico que tinha dinheiro suficiente para comprar escravos. O escravo era um *doulos*, e uma pessoa não podia ser um *doulos* se não pertencesse a um *kyrios*, um senhor. Portanto, o termo *senhor* foi usado para se referir a alguém que possuía escravos. O apóstolo Paulo usou frequentemente o título *senhor* desta maneira, descrevendo a si mesmo como *doulos* de Jesus Cristo e orientando os crentes a pensarem em si mesmos sob essa luz: "Porque fostes comprados por preço" (1 Co 6.20; 7.23). Quando confessamos que Jesus é Senhor, entendemos que Cristo nos comprou por meio da expiação e, portanto, nos possui. Somos sua propriedade.

O terceiro uso – e o mais elevado – da palavra *kyrios* no Novo Testamento é o uso imperial, que César procurava arrogar para si mesmo, pelo que causava grande problema para os cristãos. É claro que alguém pode verbalizar o título de maneira falsa, simulando o uso imperial, pelo que Jesus disse: "Este povo honra-me com os lábios, mas o seu coração está longe de mim" (Mt 15.8). Entretanto, o Novo Testamento nos diz: "Ninguém pode dizer: Senhor Jesus!, senão pelo Espírito Santo" (1 Co 12.3). Isto quase parece contradizer o que Jesus disse no final do Sermão do Monte:

> Nem todo o que me diz: Senhor, Senhor! entrará no reino dos céus, mas aquele que faz a vontade de meu Pai, que está nos céus. Muitos, naquele dia, hão de dizer-me: Senhor, Senhor! Porventura, não temos nós profetizado em

teu nome, e em teu nome não expelimos demônios, e em teu nome não fizemos muitos milagres? Então, lhes direi explicitamente: nunca vos conheci. Apartai-vos de mim, os que praticais a iniquidade (Mt 7.21-23).

Então, por que a Escritura diz que ninguém pode chamar Jesus de "Senhor", senão pelo Espírito Santo? Alguns dizem que a afirmação é elíptica; em outras palavras, o que é omitido e deve ser inserido é que ninguém pode chamar *sinceramente* Jesus de "Senhor" se não lhe foi dada a capacidade de fazer isso pelo Espírito Santo. Outros acreditam que isso pode ter referência à perseguição que alguns experimentaram por declararem publicamente sua fé no senhorio de Cristo.

Em qualquer caso, o significado real do título "Senhor" se acha no que ele traduz do Antigo Testamento. Assim como Cristo tem muitos títulos no Novo Testamento, assim também Deus tem muitos títulos no Antigo Testamento. Seu nome no Antigo Testamento é *Yahweh*, que é traduzido por "Senhor" e indicado na Escritura por letras maiúsculas – "Senhor". Quando vemos "Senhor" não em maiúsculas, ela está traduzindo uma palavra hebraica diferente, *Adonai*, que era o título mais elevado usado pelo povo hebreu para se referir a Deus no Antigo Testamento. A palavra *Adonai* tem a ver com a soberania absoluta de Deus sobre todas as coisas de sua criação. Um exemplo do uso destas duas palavras pode ser achado no Salmo 8: "Ó Senhor [*Yahweh*], Senhor [*Adonai*] nosso, quão magnífico em toda a terra é o teu nome! Pois expuseste nos céus a tua majestade" (Sl 8.1). No Novo Testamento, lemos o hino de Paulo:

CRISTOLOGIA

> Tende em vós o mesmo sentimento que houve também em Cristo Jesus, pois ele, subsistindo em forma de Deus, não julgou como usurpação o ser igual a Deus; antes, a si mesmo se esvaziou, assumindo a forma de servo, tornando-se em semelhança de homens; e, reconhecido em figura humana, a si mesmo se humilhou, tornando-se obediente até à morte e morte de cruz. Pelo que também Deus o exaltou sobremaneira e lhe deu o nome que está acima de todo nome, para que ao nome de Jesus se dobre todo joelho, nos céus, na terra e debaixo da terra, e toda língua confesse que Jesus Cristo é Senhor, para glória de Deus Pai (Fp 2.5-11).

O nome que está acima de todo nome é realmente o título que Deus deu a Jesus, o título acima de todo título – *Senhor*. Ele é Senhor, *Kyrios*. Ele é *Adonai*, para a glória de Deus, o Pai.[1]

FILHO DO HOMEM

O terceiro título usado mais frequentemente em referência a Jesus, no Novo Testamento, é "Filho do Homem". Embora seja o terceiro em frequência de uso no Novo Testamento, como um todo, esse é, evidentemente, o título primário que Jesus usou ao falar de si mesmo. Isso é importante. Dentre as mais de 80 ocorrências deste título no Novo Testamento, todas, exceto três, são usadas por Jesus mesmo. Este fato refuta os proponentes da alta crítica, os quais dizem que muito do retrato de Jesus apresentado no Novo Testamento foi produzido por seus companheiros.

---

1 Quanto a uma consideração mais ampla do ponto de vista do Novo Testamento sobre Jesus, ver R. C. Sproul, *The Majesty of Christ*, série de ensinos em áudio (Sanford, Fla.: Ligonier Ministries, 1985, 1991).

Se os companheiros de Jesus tivessem feito isso, esperaríamos que tivessem atribuído a Jesus suas designações favoritas e não as do próprio Jesus. Por chamar a si mesmo "Filho do Homem" tão frequentemente, Jesus estava dizendo: "É assim que eu identifico a mim mesmo".

Alguns veem nesta designação uma expressão da humildade de Jesus, mas isso não é exato. Na visão de Daniel sobre as cortes celestes, Deus aparece no trono do julgamento como o Ancião de Dias e recebe em sua presença aquele que é semelhante a "Filho do Homem", o qual chega a ele em nuvens de glória e recebe autoridade para julgar o mundo (Dn 7.13-14). No uso que o Novo Testamento faz deste título, o Filho do Homem é uma pessoa celestial que desce à terra, e ele representa nada menos que a autoridade de Deus. Ele vem para trazer julgamento ao mundo porque incorpora a visitação divina, o dia do Senhor. Portanto, este é um título exaltado, dado exclusivamente a Jesus no Novo Testamento. À medida que você lê as Escrituras e se depara com este título, examine o contexto e começará a ver que este título é uma designação majestosa e exaltada de Jesus.

Cada nome e título dado a Jesus no Novo Testamento tem significado. Cada um deles nos revela algo sobre quem ele é e o que ele fez.

CAPÍTULO 26

OS ESTADOS DE CRISTO

Em toda a Bíblia, Cristo é visto em vários estados, ou seja, vários papéis em que ele age em tempos diferentes. No entanto, discussões sobre os estados de Cristo não começam com seu nascimento em Belém; em vez disso, devemos começar em seu estado pré-encarnado. João escreveu:

> No princípio era o Verbo, e o Verbo estava com Deus, e o Verbo era Deus... E o Verbo se fez carne e habitou entre nós, cheio de graça e de verdade, e vimos a sua glória, glória como do unigênito do Pai (Jo 1.1, 14).

Aqui, afirma-se que este Cristo, que apareceu no plano da história, no espaço e no tempo, existia antes de sua concepção e nascimento e que sua natureza divina é eterna, com o Pai. Temos em Jesus não apenas o nascimento de um bebê, e sim a encarnação de Deus, a segunda pessoa da Trindade.

Em muitas ocasiões, durante seu ministério terreno, Jesus fez referência ao seu estado anterior. Por exemplo:

> Em verdade, em verdade eu vos digo: antes que Abraão existisse, EU SOU (Jo 8.58).

> E, agora, glorifica-me, ó Pai, contigo mesmo, com a glória que eu tive junto de ti, antes que houvesse mundo (Jo 17.5).

Jesus não era encarnado antes de seu nascimento. Muitos perguntam se Cristo pode ser achado no Antigo Testamento. Alguns olham para o comandante do exército do Senhor, com quem Josué se encontrou durante sua campanha militar (Js 5.13-15) ou para a misteriosa figura de Melquisedeque, a quem Abraão pagou dízimos e de quem recebeu uma bênção (Gn 14.18-20), e especulam que estes personagens misteriosos eram realmente Cristo em disfarce, por assim dizer. Todavia, ainda que fossem, não eram encarnações anteriores. Os que creem que essas figuras do Antigo Testamento eram o Cristo pré-encarnado chamam aquelas aparições "cristofanias". Uma "teofania" é uma manifestação visível do Deus invisível; uma cristofania é, portanto, uma manifestação da segunda pessoa da Trindade antes de seu nascimento.

JESUS ENCARNADO

Avançamos do estado pré-encarnado de Jesus para o estado de sua vida na terra. O Credo Apostólico enfatiza a manifestação terrena de Cristo:

OS ESTADOS DE CRISTO

> Ele foi concebido pelo poder do Espírito Santo, nasceu da virgem Maria, padeceu sob Pôncio Pilatos, foi crucificado, morto e sepultado. Desceu ao Hades, ressuscitou ao terceiro dia, subiu aos céus, está sentado à direita de Deus Pai, todo-poderoso, de onde virá para julgar vivos e mortos.

As referências, no Credo Apostólico, são ao nascimento, à morte, à ressurreição, à ascensão e ao retorno de Jesus. Estas referências descrevem diferentes aspectos ou estados da existência de Jesus durante e depois da encarnação.

Teólogos falam tipicamente da vida de Jesus como que seguindo uma progressão de humilhação à exaltação. Ele nasceu de uma mulher camponesa, com a capa de sua humanidade ocultando sua divindade, entrando assim em sua humilhação. Durante toda a sua vida, houve um aprofundamento progressivo desta humilhação, à medida que ele se encaminhava para a cruz. Pessoas o rejeitaram, e ele foi zombado, açoitado, esbofeteado e, por fim, crucificado. Depois que a humilhação atingiu sua profundeza, houve uma explosão de exaltação, pela qual Deus o vindicou com a ressurreição e o cercou de glória em sua ascensão.

Concordo com esta estrutura geral, mas é importante notar que, na humilhação de Cristo, a glória esteve presente em momentos cruciais de sua vida.[1] Por exemplo, apesar das condições humildes de seu nascimento, o evento não se deu sem manifestação de glória. Nos arredores da vila de Belém, nos campos, a glória de Deus resplandeceu, e houve o maior

---

[1] Quanto a mais considerações sobre estes momentos cruciais durante a vida de Cristo, ver R. C. Sproul, *The Glory of Christ* (Phillipsburg, N. J.: P&R, 2003).

show de som e luz que o mundo havia conhecido até aquele momento, a aparição do coro de anjos (Lc 2.8-14). Até na visita dos magos, houve um elemento de glória atribuída ao bebê na manjedoura, pois os magos lhe deram tesouros magníficos (Mt 2.1-11).

O batismo de Jesus foi também um ato de humilhação. Ele se submeteu voluntariamente ao rito de purificação que Deus ordenara para pecadores, mas Jesus não era um pecador. Ele se humilhou para se tornar um com seu povo, para assumir a obrigação deles de obedecer a cada aspecto da lei. Ao mesmo tempo, em seu batismo, os céus se abriram e o Espírito Santo desceu sobre ele, como pomba (Mt 3.16).

Depois, encaminhando-se para o final de seu ministério terreno, depois de haver falado a seus discípulos sobre seu sofrimento e execução vindouros, somos informados:

> E foi transfigurado diante deles; o seu rosto resplandecia como o sol, e as suas vestes tornaram-se brancas como a luz. E eis que lhes apareceram Moisés e Elias, falando com ele. Então, disse Pedro a Jesus: Senhor, bom é estarmos aqui; se queres, farei aqui três tendas; uma será tua, outra para Moisés, outra para Elias. Falava ele ainda, quando uma nuvem luminosa os envolveu; e eis, vindo da nuvem, uma voz que dizia: Este é o meu Filho amado, em quem me comprazo; a ele ouvi. Ouvindo-a os discípulos, caíram de bruços, tomados de grande medo. Aproximando-se deles, tocou-lhes Jesus, dizendo: Erguei-vos e não temais! Então, eles, levantando os olhos, a ninguém viram, senão Jesus (Mt 17.2-8).

Mais tarde, João escreveu no prólogo de seu evangelho: "Vimos a sua glória, glória como do unigênito do Pai" (Jo 1.14). Pedro também fez referência à transfiguração em seus escritos: "Nós mesmos fomos testemunhas oculares da sua majestade, pois ele recebeu, da parte de Deus Pai, honra e glória, quando pela Glória Excelsa lhe foi enviada a seguinte voz: Este é o meu Filho amado, em quem me comprazo. Ora, esta voz, vinda do céu, nós a ouvimos quando estávamos com ele no monte santo" (2 Pe 1.16-18). No meio da progressão de Jesus da humilhação à exaltação, houve uma intervenção repentina, uma intromissão breve, em que a glória de Cristo oculta, escondida e encoberta irrompeu diante dos olhos de seus amigos íntimos, Pedro, Tiago e João.

Tendemos a pensar que nenhuma glória foi evidenciada na cruz, onde Jesus atingiu as profundezas de sua humilhação. A ideia comum é que no fim de sua humilhação, a linha de separação entre a humilhação e a exaltação aconteceu na ressurreição, mas não penso que isso seja correto. Se olhamos, por exemplo, a profecia em Isaías 53, sobre o Servo Sofredor, observamos: "Porquanto foi cortado da terra dos viventes; por causa da transgressão do meu povo, foi ele ferido. Designaram-lhe a sepultura com os perversos, mas com o rico esteve na sua morte, posto que nunca fez injustiça, nem dolo algum se achou em sua boca" (vv. 8-9).

Normalmente, os romanos lançavam os corpos de vítimas de crucificação na área de lixo fora de Jerusalém. O nome desse lugar era Geena, que depois se tornou uma metáfora para se referir ao próprio inferno. O lixo da cidade era levado todos os dias para o Geena, onde era acrescentado a um fogo que queimava perpetuamente. Essa imagem é usada para descrever o inferno, onde as chamas nunca se extinguem. No entanto, José de Arimateia fez um apelo especial a Pilatos, para dar a Jesus um sepultamento apropriado, de acordo com o costume do Antigo Testamento. Assim, a Palavra de Deus se cumpriu. Em vez de ser lançado na área de lixo, o corpo de Jesus seria ungido com especiarias preciosas e sepultado num túmulo de um homem rico, cumprindo a profecia de Isaías 53. Portanto, sua exaltação começou não na ressurreição, mas no momento de sua morte. O manto de humilhação foi levantado quando seu corpo foi tratado com grande cuidado.

Depois houve a grande manifestação de glória quando Deus sacudiu toda a terra e trouxe seu Filho de entre os mortos, a fim de indicar que estava completamente satisfeito com a obra de seu Filho. Em seu estado ressurreto, Jesus saiu do sepulcro com o mesmo corpo que fora colocado ali, mas esse corpo havia mudado. Fora glorificado. O Cristo ressurreto estava num estado de glória, que era uma amostra do novo corpo físico que desfrutaremos na ressurreição final, como Paulo explicou:

> Assim também é a ressurreição dos mortos. Semeia-se o corpo na corrupção, ressuscita na incorrupção. Semeia-se em desonra, ressuscita em glória. Semeia-se em fraqueza, ressuscita em poder. Semeia-se corpo natural, ressuscita corpo espiritual. Se há corpo natural, há também corpo espiritual. Pois assim está escrito: O primeiro homem, Adão, foi feito alma vivente. O último Adão, porém, é espírito vivificante (1 Co 15.42-45).

É assim que estaremos para sempre com o Senhor no céu.

REI DOS REIS

O alvo final do ministério terreno de Jesus não era a cruz nem a ressurreição. O alvo supremo é o seu retorno final e a consumação de seu reino. O alvo penúltimo, que já aconteceu, era sua ascensão.

Este é um dos conceitos mais incompreendidos em toda a Bíblia. Tendemos a pensar na ascensão como meramente Jesus subindo da terra ao céu. Ele ascendeu realmente no sentido de subir, mas houve uma peculiaridade em sua ascensão. No que diz respeito à ascensão de Jesus, Paulo escreveu: "Ora, que quer dizer subiu, senão que também havia descido até às regiões inferiores da terra? Aquele que desceu é também o mesmo que subiu acima de todos os céus, para encher todas as coisas" (Ef 4.9-10). A ascensão foi a elevação de Jesus à sua coroação. O Filho do Homem foi recebido no céu e coroado como Rei dos reis e Senhor dos senhores, e agora mesmo ele reina no ofício político mais elevado do universo. Cristo tem a posição de autoridade cósmica agora mesmo por causa de sua ascensão. Esta é a razão por que o Credo Apostólico diz: "Subiu ao céu e está sentado à direita de Deus, o Pai todo-poderoso, de onde há de vir para julgar os vivos e os mortos".

Precisamos acrescentar que Jesus ascendeu não somente para sentar-se à direita do Pai, em poder, mas também para entrar no santuário celestial, onde ele age como nosso Grande Sumo Sacerdote para sempre. No Antigo Testamento, o sumo sacerdote tinha a permissão de entrar no Santo dos Santos, apenas uma vez por ano, e, quando ele morria, outro homem se tornava o sumo sacerdote e assumia aquele dever. Mas nosso Sumo Sacerdote nunca morre; ele está no Santo dos Santos celestial intercedendo perpetuamente por seu povo. Ele está à direita de Deus, governando como nosso Rei e ministrando como nosso Sacerdote. A Escritura nos diz:

> Porque Davi não subiu aos céus, mas ele mesmo declara: Disse o Senhor ao meu Senhor: Assenta-te à minha direita, até que eu ponha os teus inimigos por estrado dos teus pés. Esteja absolutamente certa, pois, toda a casa de Israel de que a este Jesus, que vós crucificastes, Deus o fez Senhor e Cristo (At 2.34-36).

E o autor de Hebreus escreve:

> Assim, também Cristo a si mesmo não se glorificou para se tornar sumo sacerdote, mas o glorificou aquele que lhe disse: Tu és meu Filho, eu hoje te gerei; como em outro lugar também diz: Tu és sacerdote para sempre, segundo a ordem de Melquisedeque (Hb 5.5-6).

É desse lugar de exaltação que Cristo retornará em glória para consumar seu reino.

CAPÍTULO 27

OS OFÍCIOS DE CRISTO

Moisés foi o mediador da antiga aliança, e Cristo é o mediador da nova aliança. Um mediador é uma pessoa que está entre, um intermediário, alguém que permanece entre duas ou mais partes, mediando frequentemente uma disputa.

De um ponto de vista teológico, há um único Mediador entre Deus e o homem (1 Tm 2.5). Entretanto, há três tipos de mediadores no Antigo Testamento. Cada um deles foi escolhido por Deus para uma tarefa específica e capacitado pela unção do Espírito Santo a realizar a tarefa. Estes três ofícios mediadores eram profeta, sacerdote e rei.

JESUS, NOSSO PROFETA

No Antigo Testamento, o profeta era um porta-voz, um agente de revelação pelo qual Deus, em vez de falar diretamente do céu à congregação de Israel, colocava suas palavras nos lábios de homens. Quando o profeta se levantava diante do povo, Deus estava por trás dele, uma postura que indicava que o profeta falava em lugar de Deus. As mensagens dos profetas eram prefaciadas frequentemente por "Assim diz o Senhor..."

No Antigo Testamento, vemos uma luta vigorosa entre os profetas de Deus e os falsos profetas. Muitas pessoas seguiam os falsos profetas; eles eram muito populares. Os verdadeiros profetas eram odiados frequentemente. Jeremias e outros suportaram muita aflição porque o povo não queria ouvir a verdadeira Palavra de Deus. Quando Jeremias se queixou a Deus quanto à popularidade dos falsos profetas, Deus lhe disse: "O profeta que tem sonho conte-o como apenas sonho; mas aquele em quem está a minha palavra fale a minha palavra com verdade. Que tem a palha com o trigo? – diz o Senhor" (Jr 23.28). Com estas palavras, Deus estava dizendo: "Jeremias, pare de se preocupar com o que os falsos profetas fazem. Sua tarefa é ser meu porta-voz, e você é chamado a ser fiel em falar o que eu lhe disser". Assim, por meio dos profetas, Deus outorgava a sua Palavra.

No Novo Testamento, vemos que Cristo é o Profeta por excelência. Tendemos a enfatizar os ofícios de Cristo como Sacerdote e Rei, mas negligenciamos o seu ofício como Profeta. Há um entendimento progressivo a respeito de Jesus visto naqueles que se encontraram com ele. A mulher samaritana lhe disse: "Senhor... vejo que tu és profeta" (Jo 4.19). Isso foi quase um elogio, mas ela ainda não tinha chegado ao ápice de sua confissão, que aconteceu quando reconheceu a Jesus como o Messias (v. 29). Jesus não somente proclama a Palavra de Deus; ele é a Palavra de Deus (Jo 1.1). O autor de Hebreus escreve:

"Havendo Deus, outrora, falado, muitas vezes e de muitas maneiras, aos pais, pelos profetas, nestes últimos dias, nos falou pelo Filho, a quem constituiu herdeiro de todas as coisas, pelo qual também fez o universo" (1.1-2). Jesus disse: "Porque eu não tenho falado por mim mesmo, mas o Pai, que me enviou, esse me tem prescrito o que dizer e o que anunciar" (Jo 12.49). Jesus é o Profeta fiel do Novo Testamento.

Jesus não é apenas o sujeito da profecia; ele é o principal objeto da profecia. Ele não ensinou apenas sobre o futuro ou apenas declarou a Palavra de Deus. Jesus é a Palavra de Deus. E, como tal, ele é o foco de todo o ensino profético do Antigo Testamento.

JESUS, NOSSO SACERDOTE

Diferentemente dos profetas do Antigo Testamento, que ficavam de frente para o povo quando anunciavam a Palavra de Deus, os sacerdotes do Antigo Testamento ficavam de face voltada para Deus e as costas voltadas para o povo. Como o profeta, o sacerdote era um porta-voz, mas ele falava *pelo* povo e não *para* o povo. Fazia intercessão em favor do povo e orava por eles. Além disso, o sacerdote oferecia sacrifícios a Deus pelo povo. Os principais sacrifícios eram oferecidos no Dia da Expiação, pelo sumo sacerdote. Mas, antes que o sumo sacerdote fizesse os sacrifícios pelo povo, tinha de fazer sacrifícios por seu próprio pecado. Seu sacrifício, assim como o do povo, tinha de ser repetido anualmente.

Jesus é o nosso Sacerdote. O texto do Antigo Testamento citado frequentemente no Novo Testamento é o Salmo 110. Esse texto contém uma afirmação extraordinária sobre o caráter do Messias:

Disse o SENHOR ao meu senhor: Assenta-te à minha direita, até que eu ponha os teus inimigos debaixo dos teus pés. O SENHOR enviará de Sião o cetro do seu poder, dizendo: Domina entre os teus inimigos. Apresentar-se-á voluntariamente o teu povo, no dia do teu poder; com santos ornamentos, como o orvalho emergindo da aurora, serão os teus jovens. O SENHOR jurou e não se arrependerá: Tu és sacerdote para sempre, segundo a ordem de Melquisedeque (vv. 1-4).

No Novo Testamento, o autor de Hebreus dá muita atenção ao sacerdócio perfeito de Cristo. Uma das principais evidências da natureza do sacerdócio de Jesus é o fato de que ele não teve de fazer nenhum sacrifício por seu próprio pecado antes de entrar no templo. O sacrifício que ele ofereceu foi de uma vez por todas e não foi um sacrifício de animal. Cristo se ofereceu a si mesmo porque "é impossível que o sangue de touros e de bodes remova pecados" (Hb 10.4). Ele é Sacerdote para sempre, segundo a ordem de Melquisedeque, e continua sua obra mediadora até este momento – não por oferecer continuamente sacrifícios para satisfazer a justiça de Deus, mas por interceder por seu povo no Santo dos Santos celestial, dentro do templo celestial. Assim como Cristo é tanto o sujeito quanto o objeto da profecia, assim também ele é o sujeito e o objeto do sacerdócio. Ele é o Sacerdote perfeito e o mediador perfeito, agora e para sempre.

CRISTO, NOSSO REI

O terceiro ofício de Cristo é também indicado no Salmo 110: "Disse o SENHOR ao meu senhor: Assenta-te à minha direita" (v. 1). Isto é uma referência ao ofício de rei. Muitos têm dificuldade para conciliar o ofício de rei com o de um mediador, mas, se retornarmos às raízes do Antigo Testamento, veremos essa conciliação. O rei de Israel não era autônomo; não tinha em si mesmo autoridade absoluta. Recebia seu ofício de Deus. Seu chamado era de vice-regente, pelo que deveria manifestar a justiça e o governo de Deus mesmo. O rei era um mediador porque estava sob a lei de Deus, mas ajudava a estabelecer e manter a lei de Deus para o povo. Infelizmente, a história dos reis no Antigo Testamento está cheia de corrupção e fracasso daqueles monarcas em cumprir sua responsabilidade.

Achamos o mesmo princípio no Novo Testamento com respeito aos magistrados civis. A Bíblia admite duas esferas de operação – a igreja e o estado – que têm deveres diferentes, mas nunca as Escrituras afirmam a separação entre o estado e Deus, porque todos os governantes são designados por Deus. São ordenados para estabelecer e manter a retidão e a justiça, e são responsáveis para com Deus pela maneira como exercem seu governo.

Há alguns anos, fui convidado para falar no café inaugural do governador em Tallahassee, na Flórida. Naquela ocasião, lembrei solenemente ao governador que ser um governante é ser um ministro de Deus, e, visto que somente Deus pode tornar alguém um governador, ele o consideraria responsável pela maneira como governasse. Isso é verdade a respeito de qualquer governante em qualquer nação e em qualquer situação. No entanto, Deus vê um mundo governado por reis corruptos, que se desviam da retidão e da justiça.

CRISTOLOGIA

O modelo mais próximo do rei ideal no Antigo Testamento – o rei Davi – foi ele mesmo corrupto. Mas Davi introduziu a era de ouro monárquica em Israel, e, depois de sua morte, o povo ansiava por ver a restauração do reino davídico. Deus falou por meio do profeta Amós: "Naquele dia, levantarei o tabernáculo caído de Davi, repararei as suas brechas; e, levantando-o das suas ruínas, restaurá-lo-ei como fora nos dias da antiguidade" (Am 9.11).

No âmago da expectativa messiânica no Antigo Testamento, estava o anseio do povo para ter novamente um rei semelhante a Davi. No Salmo 110, Deus prometeu que seu Filho seria esse rei e que ele reinaria para sempre e sempre. Portanto, quando Cristo veio, foi anunciado como o recém-nascido Rei. De fato, ele foi crucificado por causa de suas afirmações quanto ao reinado. Ele disse a Pilatos: "O meu reino não é deste mundo. Se o meu reino fosse deste mundo, os meus ministros se empenhariam por mim, para que não fosse eu entregue aos judeus; mas agora o meu reino não é daqui" (Jo 18.36). Deus levou Cristo à sua coroação e o instalou à sua direita como o governante de todo o universo, como o Pastor e Rei cujo reino prosseguirá eternamente.

A única diferença entre o reino hoje e o reino que conheceremos no futuro é sua visibilidade. Jesus é Rei agora mesmo. Ele mantém o mais elevado ofício político no universo porque foi instalado nessa posição por Deus, o que é o cerne do Credo Apostólico: "[Ele] padeceu sob Pôncio Pilatos, foi crucificado, morto e sepultado... Ao terceiro dia, ressuscitou dos mortos. Subiu ao céu e está sentado à direita de Deus, o Pai todo-poderoso". Estar à direita de Deus é estar na posição de autoridade, pela qual ele governa não somente a igreja, mas também o mundo. É por essa razão que a igreja exclama: "Aleluia!" Nosso Messias é não somente nosso Profeta e Sacerdote, mas também nosso Rei.

CAPÍTULO 28

POR QUE CRISTO MORREU?

Neste capítulo e nos dois seguintes, voltaremos a atenção para a expiação, mas três capítulos breves não podem abordar apropriadamente a importância desta doutrina gloriosa.¹

Na Idade Média, Anselmo de Canterbury escreveu três monografias pelas quais ficou famoso. Duas eram no âmbito de apologética – o *Monológio* e o *Proslógio* – mas talvez seu livro mais famoso, *Cur Deus Homo* ("Por que Deus-Homem?"), sondou o mistério da expiação. Ele sondou o Novo Testamento para entender por que era necessário que Cristo se tornasse homem e o que realmente aconteceu no drama da expiação. Anselmo se preocupou com o propósito e o significado da expiação. Seu ensino tem causado uma

---

1 Quanto a um estudo mais profundo sobre a expiação, ver R. C. Sproul, *A Verdade da Cruz*, (São José dos Campos, SP: Editora Fiel, 2011).

influência enorme no entendimento da igreja quanto à cruz de Cristo.

O Novo Testamento usa várias metáforas que se referem à expiação e oferecem mais do que um ponto de consideração. A expiação é como um tapete de vários fios entretecidos. Em seguida, consideraremos esses fios.

ENTENDENDO A EXPIAÇÃO

Em alguns contextos, o Novo Testamento fala da cruz de Cristo como um ato de redenção. Em seu sentido mais básico, a redenção está relacionada a algum tipo de compra, uma transação comercial em que algo é comprado de outrem. O próprio Cristo faz referência à redenção de seu povo envolvendo um alto preço, ou seja, seu próprio sangue. Na cruz, no fim de seu sofrimento, ele clamou: "Está consumado!" (Jo 19.30); e a palavra traduzida por "consumado" era um termo comercial. Era usada quando alguém fazia um pagamento final numa série de prestações, assim como poderíamos carimbar "Totalmente Pago" em uma fatura final.

Relacionadas a esse conceito, existem vários tipos de teorias de "resgate". Uma das mais populares é a de que Cristo pagou um resgate a Satanás a fim de libertar seu povo do cativeiro do Maligno. Assim como alguém em nossos dias pode se inclinar a pagar um resgate a um sequestrador, assim também, conforme dizem, Cristo pagou um resgate ao príncipe deste mundo, que tinha o povo de Cristo como refém. No entanto, acho que esta teoria dá a Satanás mais autoridade do que ele realmente possui. Outros falam que Cristo pagou um resgate ao Pai por quitar um dívida devida a Deus; penso que essa é a opinião correta.

Intimamente relacionada ao aspecto de transação comercial, há a ideia de preço de uma noiva, do Antigo Testamento. O livro de Êxodo estabelece as normas e regulações para aqueles que entravam em casamento e para servos contratados. Para um homem ganhar a aprovação de casar, tinha de pagar um dote ao pai da noiva, principalmente para mostrar ao pai da noiva que tinha condições de sustentar uma esposa e filhos que resultariam da união. Semelhantemente, quando alguém se vendia como escravo para quitar uma dívida, se trouxesse consigo esposa e filhos, quando chegasse o tempo de sua liberdade, poderia levar consigo a esposa e os filhos. Mas, se entrasse na servidão como um homem solteiro, casasse com uma serva e tivesse filhos durante a servidão, não lhe era permitido levar a esposa e os filhos na ocasião de sua liberdade. A lei não tencionava ser cruel; tencionava garantir que o preço da noiva fosse pago.

O significado teológico é que Cristo tem uma noiva – a igreja – e o Novo Testamento, em seu ensino sobre a expiação, afirma que Cristo comprou sua noiva. Ele pagou o preço da noiva. De modo semelhante, ele pagou um preço para redimir escravos. O apóstolo Paulo escreve: "Não sois de vós mesmos... Porque fostes comprados por preço" (1 Co 6.19-20). O conceito de compra é central ao entendimento bíblico da expiação.

Outra opinião que tem sido enfatizada, especialmente no século XX pelos teólogos luteranos, é conhecida como *Christus victor*. Nessa opinião, a cruz foi uma vitória cósmica pela qual Cristo libertou cativos por dar um golpe mortal nas forças da impiedade, numa luta titânica entre o bem e o mal. Nesse respeito, a cruz foi o cumprimento da antiga maldição que Deus pronunciou sobre a serpente no Éden: "Porei inimizade entre ti e a mulher, entre a tua descendência e o seu descendente. Este te ferirá a cabeça, e tu lhe ferirás o calcanhar" (Gn 3.15).

De acordo com esta opinião, Cristo experimentou dor e sofrimento enquanto obteve vitória, mas seu sofrimento não foi nada em comparação ao sofrimento imposto ao príncipe do mal.

Há muitos aspectos a examinarmos quando consideramos a expiação, e algumas pessoas cometem o erro de focalizar-se exclusivamente num aspecto, tentando achar nele todo o significado da expiação. Precisamos reconhecer que todos os aspectos constituem uma obra de redenção complexa.

Teorias não ortodoxas quanto à expiação também surgiram. Uma das mais populares é a teoria governamental. Essa teoria sugere que Cristo não pagou na cruz o preço real pelo pecado da humanidade, mas que sua morte foi um substituto significativo da punição dos homens. O sofrimento de Cristo permitiu que Deus estendesse perdão enquanto demonstrava seu desprazer com o pecado e mantinha a justiça divina.

A TEORIA DE SATISFAÇÃO

A opinião sobre a expiação que tem cativado mais atenção desde o ensino de Anselmo é a teoria de satisfação. Esta teoria remonta à elaboração de Anselmo sobre a necessidade da expiação. O princípio que fundamenta a teoria de satisfação é a justiça de Deus.

Há algum tempo, falei com um homem que me disse acreditar em Deus, mas não no Deus cristão, porque é ridículo acreditar num Deus que exigiu um sacrifício de sangue para a reconciliação com os seres humanos. Ele perguntou: "Que tipo de Deus seria tão vingativo que exigiria esse tipo de coisa?" Eu respondi: "Um Deus justo". O homem não pôde aceitar isso. Pensava que um Deus verdadeiramente justo perdoaria unilateralmente os pecados das pessoas e não imporia uma exigência.

Muitos preferem pensar estritamente no amor, na graça e na misericórdia de Deus, e não gostam da ideia de que Deus é um Deus de justiça. No entanto, quando examinamos o entendimento bíblico de justiça, percebemos que a justiça está intimamente relacionada com a retidão e com a bondade. Justiça e retidão são distintos na Bíblia, mas nunca separados. Justiça é um elemento necessário à verdadeira retidão e, por extensão, é um elemento essencial à bondade. Minha discussão com o cético foi realmente a respeito da bondade de Deus. Ele não gostava da fé cristã porque achava que o cristianismo ensina sobre um Deus mau. Um Deus bom, em sua opinião, não exigiria punição pelo pecado. Mas, ao contrário, a expiação ilustra de forma dramática a bondade de Deus.

Quando Deus anunciou que derramaria seu julgamento sobre Sodoma e Gomorra, Abraão intercedeu em favor do povo. Abraão se preocupou com o fato de que Deus traria, em sua ira, danos a pessoas inocentes juntamente com os ímpios. Abraão fez uma pergunta cuja resposta só poderia ser sim: "Não fará justiça o Juiz de toda a terra?" (Gn 1.25). O pensamento de Abraão estava correto. Ele entendia que o supremo Juiz de todos os afazeres dos homens só faz o que é certo. Podemos obter consolo por saber que o Juiz do céu e da terra é correto sempre e em todos os lugares.

Quando Paulo explorou o mistério da cruz, ele disse que Deus tanto é justo quanto justificador (Rm 3.26). Podemos assimilar o significado disto por fazermos uma distinção entre tipos de dívida. Quando pecamos contra Deus, incorremos numa dívida moral. A lei de Deus impõe uma obrigação, e somos chamados a cumprir essa obrigação, que é a perfeição. Se pecamos pelo menos uma vez, nos tornamos devedores que não podem pagar a dívida.

É proveitoso distinguirmos entre dívida pecuniária e dívida moral. Uma dívida pecuniária é uma dívida em que uma quantia de dinheiro é devida numa transação. Imagine um rapazinho entrando numa sorveteria. Ele pede um sorvete; a atendente lhe traz o sorvete e lhe diz que o sorvete custa dois dólares. A face do rapazinho fica vermelha quando coloca a mão no bolso e percebe que tem apenas um dólar. Ele diz: "Minha mãe me deu apenas um dólar". O que você faria se estivesse observando isso? Provavelmente colocaria a mão em seu bolso, pegaria uma nota de um dólar e a daria à moça, dizendo: "Aqui, eu pagarei a outra metade do sorvete". O rapaz olha para você e diz: "Oh! Muito obrigado!" e segue seu caminho. Mas a atendente tem de aceitar o seu pagamento? A resposta é sim, porque a dívida foi incorrida financeiramente. Quando você coloca seu dinheiro na conta do rapazinho, isso é uma oferta legal, e a moça tem de aceitar o pagamento.

O resultado seria diferente se mudássemos a história. Imagine o rapazinho entrando na sorveteria novamente, mas, em vez de pedir um sorvete, espera até que a atendente vá para o fundo da sorveteria. Quando isso acontece, o rapazinho corre para trás do balcão, enche uma casquinha de sorvete e tenta sair correndo da loja. Você vê quando o dono da sorveteria pega o rapazinho e chama a polícia. Você se sente triste por causa do rapaz, por isso se dirige ao policial, dizendo: "Espere um minuto, senhor. Vamos esquecer isto. Eu pagarei o sorvete do menino". Então, você entrega dois dólares ao dono da sorveteria. O policial olha para o proprietário e pergunta: "Você quer fazer uma acusação formal"? Ele entende que o proprietário da sorveteria não está obrigado a aceitar seu pagamento pelo sorvete, porque este caso envolve mais do que uma transação financeira. Uma lei foi transgredida; uma dívida moral foi contraída. O dono da sorveteria é livre para aceitar ou para recusar o pagamento que você ofereceu.

Podemos considerar a expiação à luz dessa segunda ilustração. Não é uma ideia de um estranho de que o preço deve ser pago por um substituto; em vez disso, a expiação foi ideia do proprietário. Foi Deus, o Pai, quem enviou seu Filho ao mundo para pagar o preço por nossa culpa moral. O Pai disse ao Filho: "Eu aceitarei seu pagamento em favor destas pessoas culpadas que não podem pagar sua dívida".

Deus não negocia sua justiça. Ele não sacrifica sua retidão nem descarta sua integridade. Em essência, ele disse: "Eu me assegurarei de que o pecado seja punido". Isso é a justiça da cruz. A misericórdia da cruz é vista no fato de que Deus aceitou o pagamento feito por um substituto. As palavras de Paulo ficam claras: Deus é tanto justo quanto o Justificador de ímpios.

CAPÍTULO 29

EXPIAÇÃO VICÁRIA

Estudei em um seminário um tanto liberal. Em minha aula de homilética, que ensina alguém como pregar, o professor era mais um instrutor de palestras do que um teólogo; por isso, ao final do sermão de cada aluno, ele fazia uma crítica da apresentação e da organização, mas se refreava de qualquer crítica do conteúdo teológico. Um dia, porém, um aluno apresentou uma mensagem que pensei ser impactante sobre a expiação como satisfação vicária; mas, quando ele terminou, o professor de homilética ficou irado. E disse ao aluno: "Como você ousa pregar sobre a teoria de satisfação vicária da expiação nestes dias e nesta época!" Levantei a mão e perguntei: "Desculpe-me, mas o que há nestes dias e nesta época que tornou obsoleta a clássica doutrina bíblica da expiação?"

Esse é um exemplo da vigorosa e abundante resistência contra o ponto de vista clássico da expiação. Há aqueles que creem que é simplesmente bárbaro e pré-científico afirmar que um substituto teve de derramar seu sangue para satisfazer as exigências da justiça de Deus. Entretanto, a ideia de substituição está tão profundamente arraigada no conceito bíblico de redenção que eliminá-la de nossa teologia e de nossa cristologia é rejeitar completamente as Escrituras.

Certa vez, Karl Barth fez a observação de que, em sua opinião, a palavra grega mais importante no Novo Testamento é *huper*, que significa "em favor de". Entre os títulos que o Novo Testamento dá a Jesus, está "o último Adão" ou "o segundo Adão"; e isso nos diz que Cristo se tornou um representante por nós de uma maneira semelhante a Adão, que foi nosso primeiro representante. Na queda de um único homem, Adão, ruína e morte vieram ao mundo, e, por meio da obediência de outro Homem vieram redenção e vida eterna. Jesus foi o Adão bem-sucedido, que fez *em favor de* seu povo o que o primeiro Adão não fez.

REMOÇÃO DO PECADO

No Antigo Testamento, vemos o conceito de expiação desenvolvido em Israel por meio de um elaborado sistema de sacrifícios. No Dia de Expiação anual, os sacrifícios envolviam vários animais, como detalhado em Levítico 16. Depois que o sumo sacerdote fazia o sacrifício de um novilho para expiar seu próprio pecado, dois bodes eram trazidos, e sortes eram lançadas sobre eles. O procedimento referente a um dos bodes nos dá o conceito da expressão *bode expiatório*; o sumo sacerdote colocava as mãos sobre a cabeça do bode, simbolizando a transferência ou imputação dos pecados do povo para o bode. Em seguida, o

EXPIAÇÃO VICÁRIA

bode era levado para o deserto, para fora da presença da bênção de Deus; carregava os pecados do povo e os levava para longe. No entanto, isso era apenas uma parte da expiação; a outra parte era a imolação do segundo bode. O sangue do segundo bode era aspergido sobre o propiciatório, a tampa da arca da aliança. O propiciatório era chamado de "a cobertura de expiação", porque o sangue aspergido sobre ele indicava o meio pelo qual os pecados do povo eram expiados e o povo era reconciliado com Deus.

No Novo Testamento, somos lembrados de que esses animais substitutos usados no Dia de Expiação eram apenas sombras de uma realidade que viria posteriormente. O autor de Hebreus diz:

> Ora, visto que a lei tem a sombra dos bens vindouros, não a imagem real das coisas, nunca jamais pode tornar perfeitos os ofertantes, com os mesmos sacrifícios que, ano após ano, perpetuamente, eles oferecem. Doutra sorte, não teriam cessado de ser oferecidos, porquanto os que prestam culto, tendo sido purificados uma vez por todas, não mais teriam consciência de pecados? Entretanto, nesses sacrifícios faz-se recordação de pecados todos os anos, porque é impossível que o sangue de touros e de bodes remova pecados (Hb 10.1-4).

O valor desses sacrifícios expiatórios no Antigo Testamento estava na maneira como eles representavam a expiação autêntica que estava por vir. Em outras palavras, pessoas eram justificadas por crerem na promessa de Deus, por verem esses ritos como sombras de uma realidade futura. Elas recebiam expiação genuína somente com base em Cristo. Na cerimônia do Antigo Testamento, o conceito de substituição era central.

Meu amigo John Guest, um evangelista anglicano, pregou numa ocasião sobre a cruz de Cristo e fez esta pergunta: "Se Jesus tivesse vindo a terra e ferido seu dedo num prego, de modo a derramar um gota ou duas de sangue, isso teria sido suficiente para nos redimir? Se somos salvos pelo sangue de Cristo, isso não teria sido suficiente?" Guest estava formulando o argumento de que não é o sangue de Cristo como tal que nos salva. Para os israelitas, o derramamento do sangue significava a entrega da vida, porque a punição pelo pecado era a morte. O que era exigido como pagamento pela transgressão contra Deus era a vida do transgressor. No sistema de sacrifícios do Antigo Testamento, Deus estava dizendo ao povo de Israel: "Vocês cometeram ofensas capitais contra mim, e a lei exige a morte de vocês, mas eu aceitarei a morte de um substituto em lugar da morte de vocês, simbolizada pela morte de animais".

EXPIAÇÃO E PROPICIAÇÃO

As Escrituras falam sobre dois aspectos distintos desta ação vicária: *expiação* e *propiciação*. Expiação, que contém o prefixo *ex-*, o qual significa "fora de", é a remoção da culpa de alguém. É a dimensão horizontal da expiação. Este aspecto é visto no drama do bode expiatório. O pecado do povo era transferido para o bode, e, depois, o bode levava embora os pecados, quando era removido da presença de Deus e levado para o deserto longínquo. O salmista usa a linguagem de expiação: "Quanto dista o Oriente do Ocidente, assim afasta de nós as nossas transgressões" (Sl 103.12).

EXPIAÇÃO VICÁRIA

Na realidade, é claro que nossos pecados não são transferidos para um bode expiatório, mas para Cristo, que é o Cordeiro de Deus que tomou sobre si mesmo a nossa culpa. Ele se tornou o carregador de pecados, cumprindo assim as profecias relacionadas ao Servo do Senhor, achadas principalmente em Isaías 53: "Ele foi traspassado pelas nossas transgressões e moído pelas nossas iniquidades; o castigo que nos traz a paz estava sobre ele, e pelas suas pisaduras fomos sarados" (v. 5).

A propiciação envolve a dimensão vertical da expiação. No ato de propiciação, a ira justa de Deus é apaziguada, e sua justiça é satisfeita. A obrigação moral que devemos por nossos pecados é paga a Deus, que assim fica aplacado. Ele fica totalmente satisfeito com o preço que foi pago por nosso substituto. Se não temos um substituto, não pode haver expiação nem propiciação, porque não somos capazes de satisfazer as exigências da justiça de Deus. Se fôssemos, não haveria necessidade de expiação, mas, visto que não podemos pagar nossa dívida moral, há uma absoluta necessidade de um substituto.

Eu me vejo frequentemente em discussões com céticos que fazem perguntas sobre as reivindicações de verdade do cristianismo. Se respondo uma pergunta de modo que ficam satisfeitos, eles têm sempre outra pergunta engatilhada. Por fim, eu paro o ciclo interminável perguntando-lhes: "O que você faz com sua culpa?" Isto, geralmente, é o que acaba com a conversa, porque eles não têm nenhuma resposta, exceto alguma forma de negação da culpa. É trágico ouvir pessoas dizerem que não têm nenhuma culpa. Todos somos culpados diante de Deus. Precisamos tanto do aspecto vertical quanto do aspecto horizontal da expiação, e ambos envolvem um substituto.

ESTRUTURA DE ALIANÇA

A explicação da Bíblia quanto à expiação se acha em sua estrutura de aliança. As estipulações de aliança que Deus propõe – seus mandamentos – devem ser obedecidas. As alianças têm sanção dupla – recompensas por cumprir a lei e punições por transgredi-la. A linguagem usada na Escritura para expressar essa sanção dupla é bênção e maldição. Por exemplo, em Deuteronômio Deus falou ao povo:

> Bendito serás tu na cidade e bendito serás no campo. Bendito o fruto do teu ventre, e o fruto da tua terra, e o fruto dos teus animais, e as crias das tuas vacas e das tuas ovelhas. Bendito o teu cesto e a tua amassadeira. Bendito serás ao entrares e bendito, ao saíres (Dt 28.3-6).

Em sentido contrário:

> Será, porém, que, se não deres ouvidos à voz do SENHOR, teu Deus, não cuidando em cumprir todos os seus mandamentos e os seus estatutos que, hoje, te ordeno, então, virão todas estas maldições sobre ti e te alcançarão: Maldito serás tu na cidade e maldito serás no campo. Maldito o teu cesto e a tua amassadeira. Maldito o fruto do teu ventre, e o fruto da tua terra, e as crias das tuas vacas e das tuas ovelhas. Maldito serás ao entrares e maldito, ao saíres (Dt 28.15-19).

O tema de maldição é central ao conceito de aliança. Lemos no Antigo Testamento que os israelitas quebraram a aliança tanto coletiva quanto individualmente. Todos nós somos transgressores da aliança, e isso significa que todos estamos sob a maldição. O mundo é maldito; nosso labor é maldito; a serpente é maldita; o homem é maldito; a mulher é maldita. Estamos todos sob a maldição de Deus. A maldição da aliança não era algum tipo de feitiço vudu. Ser maldito de Deus significa estar excluído de sua presença e bênção.

Por outro lado, ser bendito de Deus no Antigo Testamento era estar perto dele, ter a luz de sua presença. Cristo cumpriu isto de maneira vicária. E Paulo ensinou isso dramaticamente: "Ora, tendo a Escritura previsto que Deus justificaria pela fé os gentios, preanunciou o evangelho a Abraão: Em ti, serão abençoados todos os povos" (Gl 3.8). Isto é o antigo evangelho, a promessa da bênção divina:

> De modo que os da fé são abençoados com o crente Abraão. Todos quantos, pois, são das obras da lei estão debaixo de maldição; porque está escrito: Maldito todo aquele que não permanece em todas as coisas escritas no livro da lei, para praticá-las. E é evidente que, pela lei, ninguém é justificado diante de Deus, porque o justo viverá pela fé. Ora, a lei não procede de fé, mas: Aquele que observar os seus preceitos por eles viverá. Cristo nos resgatou da maldição da lei, fazendo-se ele próprio maldição em nosso lugar (porque está escrito: Maldito todo aquele que for pendurado em madeiro). (vv. 9-13.)

Isso é o âmago da questão – Cristo nos redimiu da maldição da lei por tornar-se maldição por nós.

CRISTOLOGIA

Quando Paulo sonda as profundezas da expiação, chega ao conceito de maldição. O preço pelo pecado é experimentar a maldição de Deus. Cristo se tornou maldição. Foi entregue às mãos dos gentios. É significativo que ele não foi morto por seu próprio povo, mas por gentios, que eram considerados "povos impuros", que habitavam "fora do arraial". Jesus morreu fora de Jerusalém (o Gólgota era fora dos limites de Jerusalém). Ele tinha de ser levado para fora do arraial, contado entre os gentios e considerado impuro, e Deus mergulhou o mundo em trevas enquanto Cristo era crucificado, indicando que a luz da presença de Deus se retirara. Cristo bradou da cruz: "Deus meu, Deus meu, por que me desamparaste?" (Mt 27.46). Ele foi abandonado porque a penalidade do pecado é o abandono divino. Jesus foi cortado da terra dos viventes em nosso favor, para que não fôssemos cortados da presença de Deus.

CAPÍTULO 30

A EXTENSÃO DA EXPIAÇÃO

Os distintivos da teologia reformada são frequentemente resumidos com o uso do acróstico TULIP, a letra L representa o conceito de expiação limitada. Aqueles que aderem aos conceitos expressos em TULIP são chamados "calvinistas de cinco pontos". Os calvinistas de quatro pontos se opõe ao L, ao conceito de expiação limitada. Portanto, a área de disputa entre calvinistas de cinco e de quatro pontos tem a ver com a extensão da expiação. Em outras palavras, por quem Cristo morreu?

Há muita confusão sobre o que significa "expiação limitada". Historicamente, teólogos reformados não têm usado essa expressão. Têm manifestado uma preferência por "expiação definida", como distinta de "expiação indefinida", porque a questão não é o valor da expiação. O sacrifício que Cristo ofereceu ao Pai foi perfeito. Ele não poderia ter feito mais do que fez para realizar a redenção da humanidade.

CRISTOLOGIA

A expiação é resumida frequentemente com a frase "suficiente para todos e eficiente para alguns", significando que em sua eficácia ela foi limitada para certo grupo de pessoas, mas foi suficiente para cobrir os pecados de todo o mundo. Há pouca discordância sobre o fato de que a expiação não é aplicada eficazmente a todas as pessoas; portanto, essa frase define apenas a diferença entre o universalismo e o particularismo. Lida com a suficiência da morte de Cristo e não especificamente com a intenção de Deus na expiação.

O universalismo é a teoria de que Jesus morreu eficazmente pelos pecados de todas as pessoas. Portanto, todas as pessoas no universo serão salvas. Os universalistas afirmam que todas as pessoas são salvas por meio da eficácia da expiação de Cristo. O universalismo é, pelo menos nos círculos evangélicos, um ponto de vista extremamente mínimo. De fato, alguém que afirme ser universalista não pode também afirmar corretamente ser um evangélico, porque os evangélicos creem na realidade do inferno, onde há pessoas não regeneradas.

O particularismo diz que somente alguns são salvos. Há uma forte concordância dentro do evangelicalismo quanto ao particularismo, ou seja, o ponto de vista de que o efeito da cruz é aplicado somente a alguns. Isto não significa que um limite é colocado no valor ou mérito da expiação realizada por Cristo. Seu valor meritório é suficiente para cobrir os pecados de todas as pessoas, e qualquer pessoa que colocar sua confiança em Jesus Cristo receberá a plena medida de benefícios dessa expiação.

Também é importante entendermos que o evangelho deve ser pregado universalmente. Este é outro ponto de controvérsia, porque, embora o evangelho seja oferecido universalmente a todos que estão dentro do alcance de sua pregação, não é oferecido sem condições. É oferecido a qualquer que se arrependa e creia. É óbvio que o mérito da expiação de Cristo é dado a todos que se arrependem de seus pecados e creem. Portanto, a questão não diz respeito à *suficiência* da cruz; diz respeito ao seu *desígnio*.

O DESÍGNIO DA EXPIAÇÃO

A fim de considerarmos o desígnio da expiação, devemos primeiramente identificar o idealizador. Quem idealizou a expiação em primeiro lugar? Desde toda a eternidade, o Pai, o Filho e o Espírito Santo estavam em perfeita concordância sobre a criação e a redenção. Deus é o idealizador. É aquele que enviou Cristo ao mundo. Ele fez isso apenas na esperança de que algumas pessoas aproveitassem a oportunidade? Alguns dizem sim. Alguns dizem que Deus não tem nenhuma ideia acerca de quais pessoas farão isso, porque seu conhecimento é limitado pelas escolhas dos seres humanos. Essa maneira de pensar nega a Escritura, que diz: "Jesus sabia, desde o princípio, quais eram os que não criam e quem o havia de trair" (Jo 6.64). E Jesus disse: "Todo aquele que o Pai me dá, esse virá a mim; e o que vem a mim, de modo nenhum o lançarei fora" (Jo 6.37). Cristo estava ciente de que, enquanto se preparava para fazer a obra de redenção, estava fazendo-a em benefício daqueles que o Pai lhe dera; portanto, ela não seria uma realização inútil.

O problema do conceito de redenção hipotética é que Cristo poderia morrer hipoteticamente por *todos*, mas realmente por *nenhum* – ou seja, se ninguém aceitasse a oferta do evangelho.

Este é o ponto em que somos forçados a pensar na cruz em relação ao nosso entendimento do caráter de Deus. Se Deus planejou a expiação, se a cruz foi o plano de redenção feito por Deus, então isso é o que deveríamos esperar que acontecesse. A eficácia da cruz se realiza no grau exato que Deus tencionou originalmente.

Muitos acreditam que a salvação das pessoas depende, em última análise, do homem. Entretanto, ninguém está perdido fora da providência de Deus. No supremo desígnio e plano de redenção, nada depende de nós para sua eficácia. Depende somente de Deus. Essa é a questão. Em última análise, a salvação não é do homem, mas do Senhor.

A DOUTRINA DA ELEIÇÃO

Teólogos reformados dizem que uma pessoa tem de crer para receber os benefícios da cruz, mas a própria fé é um dom de Deus. Cristo cumpre o desígnio eterno de salvação para que toda pessoa por quem ele morre seja salva. Jesus morreu somente pelos eleitos. Ele não morreu por todos. Muitos se opõem a isto, ressaltando o ensino bíblico de que a morte de Cristo foi pelos pecados de todo o mundo (1 Jo 2.2). Sim, Cristo morreu por pessoas de todas *as partes* do mundo, que é a maneira como as Escrituras falam do "mundo". Em outras palavras, à luz de um ponto de vista bíblico, Jesus não morreu apenas por judeus. Ele morreu por judeus e gentios de todos os tipos. Jesus morreu por pessoas de toda tribo, língua e nação. Morreu por todos os eleitos, que incluem pessoas de todas as partes do mundo. Todavia, ele não morreu por não eleitos. Não morreu por Satanás. Não morreu por aqueles que, no decreto eterno de Deus, não são objetos especiais de seu favor de eleição.

A EXTENSÃO DA EXPIAÇÃO

Sustentar o conceito do L de TULIP é o teste que define quem crê realmente no que as outras letras representam. Pessoas dizem que creem na depravação total – o T –, mas não creem na expiação limitada. Dizem que creem na eleição incondicional – o U (em inglês) – significando que Deus escolheu soberanamente, desde toda a eternidade, aqueles que ele salvará motivado apenas por seu beneplácito, mas não sustentam a expiação limitada. No entanto, não podemos crer em um ponto e não crer no outro. Se cremos na eleição incondicional, que está fundamentada na soberana graça e misericórdia de Deus, desde toda a eternidade, então devemos ver também o propósito da cruz. O *valor* da cruz se estende universalmente, mas o *desígnio* e *propósito* de Deus para a cruz era salvar apenas alguns da humanidade caída ao satisfazer as exigências de sua justiça. Ele determinou aplicar a obra de seu Filho em benefício daqueles que escolheu desde a fundação do mundo.

A cruz sempre fez parte do eterno plano de redenção de Deus, e seu desígnio visa aos eleitos. É confortante saber que Cristo não morreu em vão e que a redenção realizada por ele será aplicada certamente àqueles que ele determinou salvar.

# PARTE CINCO

PNEUMATOLOGIA

CAPÍTULO 31

O ESPÍRITO SANTO NO ANTIGO TESTAMENTO

O acontecimento mais significativo de minha vida foi a minha conversão. Na ocasião, eu estava noivo e pronto para casar. Tentei explicar à minha noiva, em muitos detalhes, as circunstâncias de minha conversão a Cristo e o que isso significaria para nosso relacionamento. Nós nos comunicávamos principalmente por cartas, porque estudávamos em faculdades diferentes, e prosseguimos na discussão por vários meses. Senti que não estava chegando a lugar algum. Por fim, ela foi me visitar no campus, e decidi levá-la a uma reunião de oração. Gastei toda a manhã anterior de joelhos, orando por ela e pela ocasião. E, para minha grande alegria, ela se converteu a Cristo naquela reunião. E prosseguimos para o casamento. No dia da conversão de minha noiva, ela me disse: "Agora sei quem é o Espírito Santo". Considerei isso uma reação fascinante ao seu despertamento para Cristo, e, no decorrer dos anos, tenho pensado nessa afirmação. É significativo que minha noiva tenha dito: "Sei *quem* é o Espírito Santo", e não: "Sei *o que* é o Espírito Santo".

Um mal-entendido comum na percepção do mundo quanto ao cristianismo é que o Espírito Santo é um tipo de força impessoal ou simplesmente um poder ativo de Deus, em vez de uma verdadeira pessoa, um membro da Trindade divina. Mas Jesus e os apóstolos se referiram ao Espírito Santo como "ele". A Escritura nos mostra que o Espírito Santo tem vontade, conhecimento e afeições – todas as coisas que constituem a personalidade são atribuídas a ele.

Um grande ponto de confusão sobre o Espírito Santo diz respeito às diferenças entre sua atividade no Antigo Testamento e sua obra no Novo Testamento e na vida dos cristãos hoje. A atividade do Espírito Santo retrocede até à criação: "No princípio, criou Deus os céus e a terra. A terra, porém, estava sem forma e vazia; havia trevas sobre a face do abismo" (Gn 1.1-2a). Carl Sagan, em sua obra *Cosmos*, faz uma afirmação dogmática de que o universo é cosmos, não caos, e essa é a diferença entre ordem e confusão.[1] Em categorias bíblicas, é a diferença entre trevas completas e luz, entre um universo totalmente vazio de qualquer coisa significativa e um universo cheio e transbordante de frutos do Criador. Nos primeiros versículos do livro de Gênesis, achamos uma proclamação dramática de cosmos, mas o mundo era sem forma e havia trevas sobre a face do abismo.

No entanto, na cláusula seguinte de Gênesis 1.2, encontramos o Espírito Santo pela primeira vez: "E o Espírito de Deus pairava por sobre as águas". Outra palavra que traduz *pairar* é

---

1 Carl Sagan, *Cosmos* (New York: Ballantine, 1985).

envolver. Esta é a ideia que foi comunicada quando Deus enviou o anjo Gabriel para visitar a camponesa Maria em Nazaré, para lhe dizer que ela se tornaria mãe. Maria perguntou ao anjo: "Como será isto, pois não tenho relação com homem algum?" (Lc 1.34). O anjo respondeu: "Descerá sobre ti o Espírito Santo, e o poder do Altíssimo te envolverá com a sua sombra" (v. 35). O verbo usado para descrever a vinda do Espírito Santo sobre Maria tem a mesma conotação que o termo usado em Gênesis 1 para descrever o poder criativo do Espírito de Deus. O Espírito Santo veio ao mundo sem forma e pairou sobre ele ou o envolveu. Assim como a galinha envolve seus ovos a fim de produzir vida, assim também o Espírito produziu ordem, substância e luz. Conforme o Novo Testamento diz, Deus não é o autor de confusão (1 Co 14.33). Ele não gera o caos. O Espírito de Deus traz ordem a partir de desordem. Produz algo a partir de nada. Traz luz a partir das trevas.[2]

O ESPÍRITO DE PODER

Quando lemos o Antigo Testamento, não podemos deixar de ficar impressionados com a majestade de Deus e o seu poder. Quando acontece um terremoto ou um tornado varre as grandes planícies, vemos quadros de devastação e nos sentimos assombrados pelo poder da natureza. Mas essas coisas são nada quando comparadas com o poder transcendente do Senhor de toda a natureza. Seu poder excede o de qualquer coisa que acontece neste planeta. No Antigo Testamento vemos este poder manifesto primariamente pelo Espírito Santo, que na língua

---

[2] Quanto a mais considerações sobre a atividade do Espírito Santo, ver R. C. Sproul, *The Mistery of the Holy Spirit* (repr. Fearn, Ross-shire, England: Christian Focus, 2009).

grega é chamado o *dinamis* de Deus. A palavra *dinamis* é traduzida por "poder". É a palavra da qual obtemos a nossa palavra *dinamite*. O Espírito Santo é revelado como o Espírito de poder.

    Consideramos antes o ofício tríplice de Cristo – Profeta, Sacerdote e Rei. Todos estes eram ofícios de mediadores e eram ofícios *carismáticos*. Não eram somente ofícios carismáticos; os juízes, que precederam os reis na história de Israel, eram também líderes carismáticos. O vocábulo *carismático* vem da palavra grega *charisma*, que está ligada a capacitação. Aqueles que eram singularmente capacitados eram ungidos pelo Espírito Santo. Por exemplo, o Espírito Santo vinha sobre Sansão, e ele era capacitado a realizar feitos grandiosos. Isso também é verdade no que diz respeito a Gideão e aos profetas. O Espírito vinha sobre eles e lhes dava poder para ministrarem. O Espírito Santo também ungiu os sacerdotes e os reis para que realizassem sua obra.

    A pessoa mais dotada no Antigo Testamento foi Moisés, que recebeu capacitação para guiar o povo de Deus para fora do Egito. Contudo, Moisés previu um dia melhor, quando todo o povo de Deus seria ungido pelo seu Espírito. Em um momento no Antigo Testamento, depois que Deus livrou miraculosamente os israelitas do Egito, o povo começou a se queixar de que não tinha nada para comer, exceto o maná, o pão do céu que Deus lhes providenciava no deserto. Eles começaram a ter grande desejo "dos pepinos, dos melões, dos alhos silvestres, das cebolas e dos alhos" (Nm 11.5) que desfrutavam quando eram escravos no Egito. Sua queixa desagradou a Moisés, que também começou a queixar-se: "Eu sozinho não posso levar todo este povo, pois me é pesado demais. Se assim me tratas, mata-me de uma vez, eu te peço, se tenho achado favor aos teus olhos; e não me deixes ver a minha miséria" (vv. 14-15). Deus preferiu não matar Moisés; em vez disso, deu-lhe ajuda:

> Disse o SENHOR a Moisés: Ajunta-me setenta homens dos anciãos de Israel, que sabes serem anciãos e superintendentes do povo; e os trarás perante a tenda da congregação, para que assistam ali contigo. Então, descerei e ali falarei contigo; tirarei do Espírito que está sobre ti e o porei sobre eles; e contigo levarão a carga do povo, para que não a leves tu somente (vv. 16-17).

Assim, Deus outorgou aos setenta anciãos o mesmo Espírito que havia dado antes apenas a Moisés. Mas, nesse contexto, Moisés disse: "Tomara todo o povo do SENHOR fosse profeta, que o SENHOR lhes desse o seu Espírito!" (Nm 11.29).

Somente porque, no Antigo Testamento, o povo foi ungido pelo Espírito Santo e capacitado a fazer certas tarefas, isso não significa que eles haviam nascido de novo. Não eram necessariamente crentes. Vemos o Espírito Santo vir sobre o rei Saul e, depois, *se retirar* dele. Vemos a unção de Balaão e de outros que não intencionalmente deram profecias sob o poder e a inspiração do Espírito Santo, mas esses indivíduos não eram necessariamente crentes. No Antigo Testamento, a unção do Espírito Santo foi um dom especial dado principalmente a crentes, mas não somente a crentes. E a unção do Espírito não era o mesmo que o dom de regeneração.

Neste respeito, vemos algumas correspondências entre o Antigo e o Novo Testamento. No Antigo Testamento, a capacitação proveniente do Espírito Santo foi dada apenas a indivíduos isolados – os profetas, os sacerdotes, os reis, os juízes, os artistas e artesãos que foram chamados por Deus para fabricar os móveis e a decoração do tabernáculo. A primeira vez que lemos sobre o Espírito Santo enchendo uma pessoa foi no caso dos artesãos, os artistas que foram singularmente capacitados pelo Espírito para realizarem sua obra (Êx 28.3). O fato crucial é que nem todos no arraial, nem todo crente, tinha este dom. Moisés, porém, desejou que isso mudasse. E isso foi exatamente o que aconteceu no Pentecostes, no Novo Testamento (At 2).

CAPÍTULO 32

O ESPÍRITO SANTO NO NOVO TESTAMENTO

Quando Deus criou os seres humanos, ele não criou simplesmente estátuas inertes, como um artista faz quando dá outra forma a pedras ou argila. Quando Deus terminou de formar a figura que fizera do pó da terra, ele condescendeu em soprar nela para que o homem se tornasse um *ruah* vivente, um espírito vivente (Gn 2.7; 1 Co 15.45). Deus soprou sua própria vida no homem. Isso é um dos grandes mistérios – a própria vida.

Com base na Bíblia, sabemos que a fonte da vida é o Espírito Santo. Paulo disse que em Deus vivemos, nos movemos e existimos (At 17.28). Até um pagão não pode respirar sem o poder do Espírito Santo. Embora a Bíblia fale de Cristo como sendo concebido no ventre de Maria pelo poder do Espírito Santo, em um sentido mais *geral*, ninguém é concebido no ventre senão pelo Espírito Santo.

O ESPÍRITO DE VIDA

Tanto no hebraico quanto no grego, achamos um jogo de palavras com referência a *espírito*. A palavra grega *pneuma*, que é traduzida por "espírito", é também traduzida por "vento" ou "sopro". Há uma ligação íntima entre o Espírito de Deus e o sopro de vida. No entanto, o principal interesse do Novo Testamento no relacionamento do Espírito Santo com a vida não é a criação original da vida, mas a energia criadora necessária para a vida espiritual. Cristo disse: "Eu vim para que tenham vida e a tenham em abundância" (Jo 10.10). Aqui, Cristo não estava falando sobre *bios*, a palavra grega que expressa a ideia de "vida" ou "coisa viva". Cristo usou uma palavra diferente, *zōē*, porque estava se referindo a um tipo ou qualidade de vida específico, a vida espiritual que somente Deus pode trazer àqueles que estão espiritualmente mortos. Jesus falou estas palavras a pessoas que estavam biologicamente vivas, mas espiritualmente mortas, cujos sinais vitais estavam evidentes, mas estavam mortas para as coisas de Deus.

Cristo, como o Redentor, veio para nos dar vida; e a pessoa da Trindade que aplica a obra redentora de Cristo à nossa vida é o Espírito Santo. Portanto, quando consideramos a obra da Trindade, notamos que Deus, o Pai, iniciou o plano de redenção; Cristo realizou tudo que era necessário para efetuar a nossa redenção; e o Espírito Santo aplica a obra de Cristo a nós, tornando-a nossa, por transmitir vida nova a almas mortas, o que os teólogos chamam de "regeneração". O Novo Testamento enfatiza que a regeneração é a função do Espírito Santo.

O que é regeneração? O prefixo "*re*" significa "de novo". Portanto, regeneração é a repetição de algo original. Podemos repintar uma casa, mas fazer isso implica que ela fora pintada pelo menos uma vez antes. Assim também, a regeneração pode ocorrer somente se houve uma geração anterior.

Em termos bíblicos, a geração anterior é o nascimento físico do homem, mas, embora o homem nasça fisicamente vivo, ele nasce espiritualmente morto. Nascemos em um estado de corrupção. Paulo disse:

> Ele vos deu vida, estando vós mortos nos vossos delitos e pecados, nos quais andastes outrora, segundo o curso deste mundo, segundo o príncipe da potestade do ar, do espírito que agora atua nos filhos da desobediência; entre os quais também todos nós andamos outrora, segundo as inclinações da nossa carne, fazendo a vontade da carne e dos pensamentos; e éramos, por natureza, filhos da ira, como também os demais (Ef 2.1-3).

Aqui Paulo não está falando de morte física. A morte à qual Paulo se refere é a morte espiritual. O que Paulo ensina nestes versículos é contrário à opinião popular sobre o relacionamento entre Deus e o homem que permeia nossa sociedade e, até, nossas igrejas – a ideia de que por natureza somos todos filhos de Deus. Muitos acreditam que todas as pessoas fazem parte da família de Deus; mas ninguém nasce como cristão. Uma pessoa pode nascer em uma boa família, mas não nasce como um cristão. Todos são nascidos como um filho da ira. Por natureza, estamos separados de Deus, em inimizade com ele e mortos em nosso pecado.

Visto que somos naturalmente mortos para as coisas de Deus, a única maneira de nos tornarmos cristãos é por meio da obra do Espírito Santo, que nos vivifica espiritualmente. Em Efésios 2, Paulo está escrevendo sobre a regeneração, a ressurreição do espírito humano da morte espiritual. Quando Nicodemos, uma autoridade dos judeus, foi até Jesus, ele disse: "Rabi, sabemos que és Mestre vindo da parte de Deus; porque ninguém pode fazer estes sinais que tu fazes, se Deus não estiver com ele" (Jo 3.2). Nicodemos demonstrou certo discernimento nesta afirmação, mas ainda não entendia quem Jesus era. Por isso, Jesus lhe disse: "Em verdade, em verdade te digo que, se alguém não nascer de novo, não pode ver o reino de Deus" (v. 3). Nicodemos continuou a questionar o ensino de Jesus, por isso Jesus lhe disse: "Tu és mestre em Israel e não compreendes estas coisas?" (v. 10). Como um membro do Sinédrio, Nicodemos, um fariseu, era um teólogo e deveria saber dessas coisas, porque ensinava as Escrituras do Antigo Testamento. Em outras palavras, Jesus não estava introduzindo uma ideia nova. As pessoas do Antigo Testamento não eram salvas sem a regeneração. Abraão teve de ser nascido do Espírito Santo, como Davi e todos que já foram redimidos. A regeneração é uma exigência imprescindível à salvação.

Essa é a razão por que é redundante usarmos a expressão "cristão nascido de novo". Que outro tipo de cristão existe? De acordo com Jesus, não existem cristãos não nascidos de novo. A razão por que pessoas usam a expressão hoje é distinguir os verdadeiros crentes daqueles que afirmam que alguém pode ser redimido sem ser regenerado. A regeneração é um papel central do Espírito de Deus tanto no Antigo quanto no Novo Testamento. O Espírito é aquele que cria a nova vida, que nos dá o nascimento espiritual.

NUTRIDOR SANTO

O Espírito Santo não somente nos regenera, ele é também o principal nutridor dos cristãos. O Novo Testamento enfatiza o papel do Espírito Santo na santificação. É ele quem nos molda para chegarmos à conformidade com a imagem de Cristo e nos alimenta para atingirmos a maturidade espiritual. Portanto, o Espírito Santo não somente nos vivifica, dando-nos fé e vida espiritual, para sermos justificados, mas também nutre aqueles que ele ressuscitou da morte espiritual, durante sua vida – guiando, influenciando e agindo neles para produzir a transformação real de seu caráter, de pecadores para santos.

Observe que é o Espírito a quem está vinculado o título "Santo". Na Escritura, é claro que santidade é um atributo que pertence igualmente a cada membro da Trindade, mas é atribuído especificamente ao Espírito por causa de seu ministério, sua função principal no plano de redenção. O Espírito Santo é aquele que Deus envia para nos tornar santos.

Em estágios – começando com nossa regeneração e continuando durante a nossa vida no processo de santificação, até culminar em nossa glorificação –, o Espírito Santo realiza sua obra. O Espírito Santo inicia a mudança crucial em nosso caráter. Depois, ele fomenta a continuação desta obra em nossa vida e termina no final. Seu ministério é multifacetado. O Espírito Santo estava na criação original; e ele é o poder de recriação. Estava presente na criação original dando vida, e está presente agora dando vida espiritual. Está presente na santificação e estará presente na glorificação.

PNEUMATOLOGIA

MESTRE SANTO

Além disso, o Espírito Santo capacitava pessoas no Antigo Testamento. O Espírito Santo é aquele que inspirou as Escrituras Sagradas, a escrita da Bíblia. E ele não somente inspirou a redação original da Escritura, mas também a ilumina: "Assim, também as coisas de Deus, ninguém as conhece, senão o Espírito de Deus" (1 Co 2.11). Paulo nos diz que o Espírito Santo nos ajuda a entender a Escritura por derramar luz em nossa mente entenebrecida. Ele é o nosso mestre supremo da verdade de Deus. É aquele que nos convence de pecado e de justiça. O Espírito Santo é o nosso Paracleto, o ajudador que Cristo prometeu dar à sua igreja.

CAPÍTULO 33

O PARACLETO

Um assunto central em um dos discursos de Jesus é o ódio. Estamos acostumados com a centralidade do amor no ensino de Jesus, mas, no discurso do cenáculo, Jesus falou sobre o ódio que o mundo tem para com ele. Por causa desse ódio, Jesus foi zeloso em alertar seus discípulos quanto ao que deveriam esperar do mundo: "Se o mundo vos odeia, sabei que, primeiro do que a vós outros, me odiou a mim. Se vós fôsseis do mundo, o mundo amaria o que era seu; como, todavia, não sois do mundo, pelo contrário, dele vos escolhi, por isso, o mundo vos odeia" (Jo 15.18-19).

Anteriormente, neste discurso, Jesus havia feito a seus discípulos uma promessa de assistência divina em meio à perseguição e a todas as provações da vida cristã – o Consolador, ou Paracleto, a quem ele enviaria para estar com seus discípulos em meio a um mundo hostil.

OUTRO

Cristo apresentou o Paracleto desta maneira: "E eu rogarei ao Pai, e ele vos dará *outro* Consolador [Paracleto], a fim de que esteja para sempre convosco" (Jo 14.16 – ênfase acrescentada). Observe que o Espírito Santo é apresentado como "outro" Paracleto. Obviamente, para haver outro Paracleto, tinha de haver pelo menos um Paracleto anterior. Portanto, a palavra grega *paraklētos*, ou Paracleto, se refere em primeira instância não ao Espírito Santo e sim ao próprio Jesus. No Novo Testamento, Jesus é revelado como o Paracleto, e o Espírito Santo é o segundo Paracleto, o outro Paracleto, ao lado de Jesus. Há um grande significado nisto, não somente no que se relaciona a Jesus, mas também no que se relaciona à pessoa e à obra do Espírito Santo.

Em seu discurso, Jesus disse:

> Se eu não tivesse feito entre eles tais obras, quais nenhum outro fez, pecado não teriam; mas, agora, não somente têm eles visto, mas também odiado tanto a mim como a meu Pai. Isto, porém, é para que se cumpra a palavra escrita na sua lei: Odiaram-me sem motivo.
> Quando, porém, vier o Consolador, que eu vos enviarei da parte do Pai, o Espírito da verdade, que dele procede, esse dará testemunho de mim; e vós também testemunhareis, porque estais comigo desde o princípio.
> Tenho-vos dito estas coisas para que não vos escandalizeis. Eles vos expulsarão das sinagogas; mas vem a hora em que todo o que vos matar julgará com isso tributar culto a Deus. Isto farão porque não conhecem o Pai, nem a mim. Ora, estas coisas vos tenho dito para que, quando

a hora chegar, vos recordeis de que eu vo-las disse. Não vo-las disse desde o princípio, porque eu estava convosco (Jo 15.24-16.4).

OUTRO CONSOLADOR

O contexto deste discurso de Jesus sobre o envio do Consolador, o Espírito Santo, é ódio e perseguição antecipados. Historicamente, o ministério do Espírito Santo tem sido associado a consolo, e damos-lhe o título de "Consolador". Este é um aspecto em que ignoramos algo significativo sobre o ministério do Espírito.

O filósofo Frederick Nietzsche, do século XIX, foi muito crítico do impacto do cristianismo na civilização ocidental. Ele declarou que Deus estava morto, havendo morrido de piedade. Nietzsche detestava o que considerava ser a ética de fraqueza propagada pela igreja cristã na Europa Ocidental, com sua ênfase em humildade, paciência e bondade. Ele disse que a humanidade autêntica se acha apenas no "super-homem" que expressa "a vontade de poder". Uma pessoa autêntica, segundo Nietzsche, é alguém que, em última análise, é um vencedor. Ele reivindicou uma ética de força e machismo. Adolf Hitler distribuiu exemplares de livros de Nietzsche como presente de Natal para seus seguidores antes de subir ao poder na Alemanha.

Assim como Nietzsche entendeu erroneamente a ética cristã, assim também nossa cultura tem compreendido muito mal a referência de Jesus ao Espírito Santo como outro Paracleto, outro Consolador. Quando pensamos em alguém que traz consolo, temos em mente alguém que nos auxilia em meio ao sofrimento, alguém que enxuga as lágrimas de nossos olhos e dá consolação quando estamos abatidos. Mas isso não é o que Jesus tinha em mente. É claro que o Novo Testamento ensina realmente que Deus traz consolação ao seu povo. De fato, o nascimento de Cristo foi anunciado como a aparição da "consolação de Israel" (Lc 2.25). Portanto, não tenciono sugerir que o Espírito Santo não nos socorre em nosso sofrimento e aflição. Ele é realmente aquele que nos dá paz que excede todo o entendimento (Fp 4.7), mas essa não é a ideia que Jesus abordou nesta passagem.

A palavra *paracletos* vem da cultura grega. O prefixo *"para"* significa "ao lado de", ideia que achamos em palavras como *paraeclesiástico, paralegal* e *paramédico*. Observamos antes como alguém ou algo que é *para* está ao lado de outra coisa. A raiz da palavra *parakletos* vem do verbo *kalēo*, que significa "chamar". Portanto, *parakletos* significa, literalmente, alguém que é chamado para ficar ao lado de outra pessoa. Na cultura grega, um paracleto era um advogado familiar que vinha para defender membros da família acusados de um delito. O paracleto era o defensor, o fortalecedor, que assistia pessoas em tempos de problema.

OUTRO ADVOGADO

João usou a mesma palavra grega, *paraklētos*, em sua primeira epístola, mas grande parte das versões bíblicas não a traduzem por "consolador" ou "ajudador"; traduzem por "advogado": "Se, todavia, alguém pecar, temos Advogado [*paraklētos*] junto ao Pai, Jesus Cristo, o Justo" (1 Jo 2.1). É por isso que dizemos que Cristo foi o paracleto original. Não pensamos em Cristo como nosso Advogado, mas deveríamos. Um "advogado" tinha referência especial a alguém que pleiteava em favor de outra pessoa, e essa é a imagem que achamos no Novo Testamento com respeito a Jesus. A maravilha é que Jesus é tanto nosso Juiz como nosso Advogado. Quando formos a julgamento diante do Deus todo-poderoso, Cristo estará sentado na cadeira de Juiz, e, quando entrarmos no tribunal, descobriremos que o Juiz é também nosso Advogado. Jesus Cristo é nosso Advogado, nosso Paracleto que nos defenderá diante do Pai.

Também precisamos de um defensor em meio a este mundo hostil. Essa é a razão por que, no meio de seu discurso sobre ódio, perseguição e aflição, Jesus prometeu enviar outro Advogado. Ele prometeu o Espírito Santo, que será nosso advogado de família, atuando por nós como ajudador permanente. Ele nos encorajará, nos defenderá e nos fortalecerá em meio à batalha. A imagem de Consolador não é a de Alguém que vem para enxugar nossas lágrimas *depois* da batalha, e sim a de alguém que vem e nos dá forças e coragem *para* a batalha.

Esse é exatamente o sentido em que a palavra *Consolador* é mal compreendida em nossos dias. Jesus estava dizendo àqueles que enfrentariam adversidade e ódio que não ficassem desanimados, porque ele enviaria outro Consolador para fortalecê-los em meio ao que enfrentariam.

SANTIFICADOR

Paulo escreveu que em Cristo somos mais do que vencedores (Rm 8.37). A palavra que ele usou foi *hypernikōmen*, que, em latim, é *supervincemus* – "supervencedores". Não podemos deixar de pensar em Nietzsche quando lemos isso. Ele queria vencedores. Bem, verdadeiros vencedores são aqueles desenvolvidos pelo Espírito Santo.

PNEUMATOLOGIA

Uma das principais maneiras pelas quais ele nos fortalece para enfrentarmos o mundo é a verdade. Depois, no discurso do cenáculo, Jesus disse:

> Tenho ainda muito que vos dizer, mas vós não o podeis suportar agora; quando vier, porém, o Espírito da verdade, ele vos guiará a toda a verdade; porque não falará por si mesmo, mas dirá tudo o que tiver ouvido e vos anunciará as coisas que hão de vir. Ele me glorificará, porque há de receber do que é meu e vo-lo há de anunciar. Tudo quanto o Pai tem é meu; por isso é que vos disse que há de receber do que é meu e vo-lo há de anunciar (Jo 16.12-15).

Vemos novamente que o ministério do Espírito Santo é aplicar a obra de Cristo ao seu povo, e ele faz isto por santificar-nos, por revelar-nos a verdade de Deus e por vir a nós em fortalecimento. O discurso de Jesus no cenáculo (Jo 14-17) é uma porção extremamente importante do Novo Testamento. É a sessão final de ensino que Jesus teve com seus discípulos na noite em que foi traído, na véspera de sua execução. Nestes quatro capítulos do evangelho de João, recebemos mais informação sobre a pessoa e a obra do Espírito Santo do que recebemos em todo o resto do Novo Testamento.

Jesus estava preparando seus discípulos para sua partida iminente e ministrando-lhes em seu temor:

> Isto vos tenho dito, estando ainda convosco; mas o Consolador, o Espírito Santo, a quem o Pai enviará em meu nome, esse vos ensinará todas as coisas e vos fará lembrar

de tudo o que vos tenho dito. Deixo-vos a paz, a minha paz vos dou; não vo-la dou como a dá o mundo. Não se turbe o vosso coração, nem se atemorize (Jo 14.25-27).

Eles haviam sido fortalecidos e encorajados pela presença de Jesus, mas ele os deixaria. Mas não foram deixados a defender-se por si mesmos. O Espírito Santo estaria com eles para falar a verdade, encorajá-los e fazê-los serem fiéis em meio às dificuldades. Cristo cumpriu sua promessa no Dia de Pentecostes, quando enviou o Espírito Santo ao seu povo, a igreja. Portanto, quando a perseguição veio, a igreja de Cristo floresceu. Seu povo tinha plena consciência do fortalecimento que Cristo lhes dera contra um mundo hostil.

CAPÍTULO 34

O BATISMO DO ESPÍRITO SANTO

Nos últimos cinquenta anos, foram escritos mais livros sobre a pessoa e a obra do Espírito Santo do que em toda história anterior do cristianismo. Este tremendo despejamento de literatura se deve em grande parte ao chamado movimento carismático, que começou no século XIX e, depois, penetrou nas principais denominações em meados do século XX.

PENTECOSTALISMO

As raízes do movimento carismático se acham no pentecostalismo e na doutrina e ensino concernente ao batismo do Espírito Santo. Na teologia pentecostal original, o batismo do Espírito Santo e o fenômeno de falar em língua estão ligados a uma singular doutrina de santificação, um tipo de perfeccionismo expresso como "a segunda bênção" ou "a segunda obra de graça". Estes pentecostais acreditavam que a primeira obra de graça era a conversão e que havia igualmente uma segunda obra do Espírito, igualmente dramática, pela qual a pessoa teria santificação completa nesta vida. O pensamento era que alguém que experimentasse esta segunda bênção se tornava perfeita com respeito à obediência espiritual, e isso foi a razão por que o movimento chegou a ser chamado "perfeccionismo". Com o passar dos anos, os pentecostais têm exposto diferentes graus e tipos de perfeccionismo.

Com o passar do tempo, a doutrina pentecostal cruzou fronteiras denominacionais e causou impacto em quase todas as denominações. Tem havido uma tentativa para integrar a teologia do batismo do Espírito Santo ao cristianismo histórico, o que tem resultado em teologia neopentecostal. A principal diferença entre o pentecostalismo mais velho e o neopentecostalismo envolve o batismo do Espírito Santo. Os neopentecostais não consideram o batismo do Espírito Santo uma segunda obra de graça que cumpre propósitos santificadores. Em vez disso, é uma operação divina do Espírito que visa dotar e capacitar pessoas para o ministério. Neste sentido, ela se enquadra mais proximamente no conceito do Novo Testamento sobre a função do Espírito.

No entanto, há uma discordância entre as várias partes da teologia neopentecostal. Muitos hoje acreditam que o sinal indispensável de que alguém recebeu o batismo do Espírito Santo é falar em línguas. Eles afirmam que aqueles que não falam em línguas não receberam o batismo. Outros creem que falar em línguas pode ou não acompanhar a experiência do batismo do Espírito. Mas todos os neopentecostais creem que há um intervalo de tempo entre a conversão a Cristo e a recepção do batismo do Espírito Santo. Em outras palavras, uma pessoa pode ser um cristão e, apesar disso, não ter o batismo do Espírito Santo. Eles creem que todo cristão tem a possibilidade de ser batizado com o Espírito, mas nem todos o receberam.

A justificação bíblica para esta ideia de um intervalo de tempo entre a conversão e o batismo no Espírito se acha no livro de Atos, principalmente no relato sobre o Dia de Pentecostes. Em Atos 2, lemos:

> Ao cumprir-se o dia de Pentecostes, estavam todos reunidos no mesmo lugar; de repente, veio do céu um som, como de um vento impetuoso, e encheu toda a casa onde estavam assentados. E apareceram, distribuídas entre eles, línguas, como de fogo, e pousou uma sobre cada um deles. Todos ficaram cheios do Espírito Santo e passaram a falar em outras línguas, segundo o Espírito lhes concedia que falassem... Todos, atônitos e perplexos, interpelavam uns aos outros: Que quer isto dizer? (vv. 1-4, 12).

Lucas inclui em sua narrativa não somete uma descrição do que aconteceu, mas também uma explicação deste estranho fenômeno. A narração continua:

> Outros, porém, zombando, diziam: Estão embriagados! Então, se levantou Pedro, com os onze; e, erguendo a voz, advertiu-os nestes termos: Varões judeus e todos os habitantes de Jerusalém, tomai conhecimento disto e atentai nas minhas palavras. Estes homens não estão embriaga-

dos, como vindes pensando, sendo esta a terceira hora do dia. Mas o que ocorre é o que foi dito por intermédio do profeta Joel:

E acontecerá nos últimos dias, diz o Senhor, que derramarei do meu Espírito sobre toda a carne; vossos filhos e vossas filhas profetizarão, vossos jovens terão visões, e sonharão vossos velhos; até sobre os meus servos e sobre as minhas servas (vv. 13-18).

Quando Pedro interpretou o significado destes eventos no Dia de Pentecostes, indicou ao povo a profecia de Joel, no Antigo Testamento, na qual Joel falou sobre a vinda futura do reino de Deus, o tempo em que Deus derramaria seu Espírito Santo sobre toda a carne.

DERRAMADO SOBRE TODA A CARNE

Observamos num capítulo anterior que no Antigo Testamento a unção do Espírito foi restrita a certos indivíduos, como Moisés, e que, apesar disso, Deus distribuiu o Espírito a 70 anciãos na comunidade, os quais começaram a profetizar (Nm 11.24-25). Quando Josué ouviu os anciãos profetizando, disse a Moisés que os proibisse, mas este replicou: "Tens tu ciúmes por mim? Tomara todo o povo do SENHOR fosse profeta, que o SENHOR lhes desse o seu Espírito!" (v. 29). Moisés desejou que Deus desse seu Espírito a todo o povo da comunidade e orou por isso.

Quando chegamos a Joel, a oração de Moisés se torna uma profecia. Joel diz que virá o tempo em que Deus derramará seu Espírito sobre todo o povo de Deus. Não haverá mais tem e não tem o batismo do Espírito. Vemos no livro de Atos que Pedro entendeu os eventos do Pentecostes como o cumprimento da profecia de Joel, o que é totalmente contrário à ideia de que Deus dá seu Espírito a alguns crentes mas não a todos, como os pentecostais têm ensinado.

As pessoas que estavam reunidas no dia de Pentecostes eram judeus crentes de muitas províncias. Haviam se reunido para celebrar a festa de Pentecostes, estabelecida no Antigo Testamento, e, quando o Espírito caiu sobre os judeus crentes, caiu sobre *todos eles*. Cada um daqueles judeus crentes recebeu o derramamento do Espírito Santo. O Pentecostes marcou uma nova época no plano divino de redenção.

Vemos três episódios adicionais no livro de Atos que podemos considerar como "minipentecostes". Em Atos 8, lemos que o Espírito Santo foi dado aos crentes samaritanos:

> Ouvindo os apóstolos, que estavam em Jerusalém, que Samaria recebera a palavra de Deus, enviaram-lhe Pedro e João; os quais, descendo para lá, oraram por eles para que recebessem o Espírito Santo; porquanto não havia ainda descido sobre nenhum deles, mas somente haviam sido batizados em o nome do Senhor Jesus. Então, lhes impunham as mãos, e recebiam estes o Espírito Santo (vv. 14-17).

A passagem é usada para apoiar a ideia de um intervalo de tempo entre a conversão e o recebimento do Espírito; e certamente este foi o caso para os crentes samaritanos. Eles creram em Jesus, mas não tinham ainda recebido o Espírito Santo.

Depois, em Atos 10, vemos o que aconteceu na família de Cornélio:

PNEUMATOLOGIA

> Ainda Pedro falava estas coisas quando caiu o Espírito Santo sobre todos os que ouviam a palavra. E os fiéis que eram da circuncisão, que vieram com Pedro, admiraram-se, porque também sobre os gentios foi derramado o dom do Espírito Santo; pois os ouviam falando em línguas e engrandecendo a Deus (vv. 44-46).

Pedro estava visitando Cornélio, que é identificado em Atos como um homem temente a Deus, um crente gentio que se convertera ao judaísmo, mas permanecera não circuncidado. Pedro estava na casa de Cornélio quando o Espírito Santo caiu sobre aqueles gentios que temiam a Deus. Depois, Pedro os orientou a serem batizados: "Então, perguntou Pedro: Porventura, pode alguém recusar a água, para que não sejam batizados estes que, assim como nós, receberam o Espírito Santo? E ordenou que fossem batizados em nome de Jesus Cristo" (vv. 46-48). Estas pessoas tementes a Deus foram enxertadas na igreja do Novo Testamento; tornaram-se membros plenos da comunidade da nova aliança, porque Deus lhes deu o Espírito. Posteriormente, em Atos 19, vemos algo semelhante acontecendo com cristãos efésios. Eles também receberam o Espírito Santo.

Portanto, há quatro relatos de derramamento do Espírito Santo no livro de Atos. Há duas coisas importantes a observarmos nestes derramamentos. Primeira, todos os que estavam presentes nestes episódios receberam o Espírito Santo. Segunda, Lucas descreve quatro grupos distintos de pessoas: judeus, samaritanos, pessoas tementes a Deus e gentios. Do livro de Atos e das epístolas de Paulo, aprendemos que uma das maiores controvérsias nos primeiros anos da igreja cristã foi o lugar dos gentios no corpo de Cristo. Gentios eram separados da comunidade de Israel e alienados da aliança do Antigo Testamento, e, por causa disso, membresia parcial foi dada àqueles que eram tementes a Deus, nenhuma membresia foi dada a samaritanos, e os gentios eram considerados como estando fora do arraial. Por isso, quando o evangelho foi pregado a estes grupos, surgiu a questão a respeito do que fazer com aqueles dentre eles que se tornavam crentes. Eles deveriam ter membresia plena no corpo de Cristo?

Se examinamos a estrutura literária e o progresso do livro de Atos, vemos que Lucas traça a expansão da igreja apostólica começando com judeus e se expandindo a todas as nações, como Cristo delineou em suas palavras finais dirigidas aos discípulos: "Recebereis poder, ao descer sobre vós o Espírito Santo, e sereis minhas testemunhas tanto em Jerusalém como em toda a Judéia e Samaria e até aos confins da terra" (At 1.8).

Esse é o modo como o livro de Atos se desdobra. Quando cada segmento é alcançado – samaritanos, tementes a Deus e gentios – Deus confirma sua inclusão na igreja do Novo Testamento, com privilégios e membresia plenos, por dar-lhes seu Espírito.

Meu problema com a teologia pentecostal é que ela tem uma opinião inferior sobre o Pentecostes. O significado que o Novo Testamento dá ao Pentecostes é que o derramamento do Espírito Santo é para toda a igreja e, portanto, para todo crente. Como Paulo escreveu: "Pois, em um só Espírito, todos nós fomos batizados em um corpo, quer judeus, quer gregos, quer escravos, quer livres. E a todos nós foi dado beber de

PNEUMATOLOGIA

um só Espírito" (1 Co 12.13). A doutrina bíblica, em meu julgamento, não tem espaço para um conceito de cristãos que têm o batismo do Espírito Santo e cristãos que não o têm. O batismo vem com a conversão. Não é a mesma coisa que a conversão, mas o princípio é que todos os cristãos recebem o batismo do Espírito Santo.

CAPÍTULO 35

OS DONS DO ESPÍRITO

Muito debate se desencadeia quando o assunto dos dons do Espírito Santo é apresentado, especialmente o dom de falar em línguas. Certas questões sobre os dons tornam difícil chegar a uma posição dogmática.

Por exemplo, a *glossolalia*, ou o falar em línguas, que aconteceu na igreja de Corinto (descrito em 1 Co 12-14), foi idêntica ao que aconteceu no Pentecostes? A suposição ingênua é que são uma única e a mesma coisa, mas alguns eruditos têm sugerido que, talvez, pelo menos no Pentecostes, o milagre não esteve no *falar* e sim no *ouvir*; ou seja, foi um milagre de tradução. No Pentecostes, os que estavam reunidos procediam de regiões e contextos diferentes e foram capazes de entender as declarações dos judeus na assembleia. A Bíblia não é clara quanto a isso, que, portanto, continua sendo uma questão de debate. Uma questão relacionada é se o que aconteceu na comunidade de Corinto foi miraculoso, e, sendo isto verdade, se o falar em línguas relatado hoje é igualmente miraculoso ou se as pessoas têm uma capacidade natural de falar de modo ininteligível sob a influencia do Espírito Santo. O debate continua.

Outra questão associada aos dons, especialmente as línguas, é se Deus tencionava que elas continuassem através de toda a história do cristianismo. Há evidência extremamente escassa em favor disso. Os anais da história da igreja raramente mencionam a ocorrência de línguas. Alguns argumentam que esse silêncio tem significado escatológico. A ideia vem de "chuva temporã" e "chuva serôdia" profetizadas em Joel 2.23. De acordo com esta opinião, a "chuva temporã" foi o derramamento do Espírito na igreja do século I, e o avivamento de falar em línguas contemporâneo é a "chuva serôdia", um indicativo dos momentos finais da história de redenção antes do retorno de Cristo.

Há também a questão de se o falar em línguas é um indicador necessário de que uma pessoa foi batizada com o Espírito Santo.

O ENSINO DE PAULO AOS CORÍNTIOS

A consideração mais extensa sobre os dons do Espírito se acha em 1 Coríntios 12-14. Um dos capítulos mais populares de toda a Bíblia é 1 Coríntios 13, que chamamos "capítulo do amor", mas ele é popular principalmente devido ao fato de que é frequentemente tirado do contexto. O discurso do apóstolo Paulo sobre a supremacia do amor, em 1 Coríntios 13, começa desta maneira: "Ainda que eu fale as línguas dos homens e dos anjos, se não tiver amor, serei como o bronze que soa ou como o címbalo que retine" (1 Co 13.1). Entretanto, este ca-

OS DONS DO ESPÍRITO

pítulo faz parte de um discurso mais amplo que começa no capítulo 12: "A respeito dos dons espirituais, não quero, irmãos, que sejais ignorantes" (v. 1). Paulo deseja que o povo de Deus tenha conhecimento dos dons espirituais e os use de acordo com esse conhecimento. A igreja de Corinto foi uma das igrejas mais problemáticas com a qual Paulo lidou em seu ministério. Havia disputas internas e comportamentos errados que ocasionaram pelo menos duas cartas apostólicas cheias de repreensão e admoestação. No final do século I, Clemente, bispo de Roma, escreveu uma carta à igreja de Corinto para abordar estes mesmos problemas, que aparentemente não tinham sido resolvidos. Em sua carta, ele lembrou aos coríntios a instrução dada por Paulo:

> Sabeis que, outrora, quando éreis gentios, deixáveis conduzir-vos aos ídolos mudos, segundo éreis guiados. Por isso, vos faço compreender que ninguém que fala pelo Espírito de Deus afirma: Anátema, Jesus! Por outro lado, ninguém pode dizer: Senhor Jesus!, senão pelo Espírito Santo (1 Co 12.2-3).

Em seguida, Paulo inicia a instrução sobre os dons:

> Ora, os dons são diversos, mas o Espírito é o mesmo. E também há diversidade nos serviços, mas o Senhor é o mesmo. E há diversidade nas realizações, mas o mesmo Deus é quem opera tudo em todos. A manifestação do Espírito é concedida a cada um visando a um fim proveitoso. Porque a um é dada, mediante o Espírito, a palavra

da sabedoria; e a outro, segundo o mesmo Espírito, a palavra do conhecimento; a outro, no mesmo Espírito, a fé; e a outro, no mesmo Espírito, dons de curar; a outro, operações de milagres; a outro, profecia; a outro, discernimento de espíritos; a um, variedade de línguas; e a outro, capacidade para interpretá-las. Mas um só e o mesmo Espírito realiza todas estas coisas, distribuindo-as, como lhe apraz, a cada um, individualmente (vv. 4-11).

UMA DIVERSIDADE DE DONS

Não há qualquer razão para crermos que a lista de dons espirituais apresentada por Paulo seja exaustiva. Ele estava formulando o argumento de que o Espírito dá inúmeros dons ao povo de Deus. Por isso, a primeira coisa que aprendemos sobre os dons do Espírito Santo é que eles são diversos. Paulo também ensina que o propósito dos dons é a edificação de todo o corpo. No contexto desta abordagem dos dons espirituais, Paulo nos dá um rico discernimento quanto à própria natureza da igreja. Cristo criou a igreja e lhe deu estes dons do Espírito para edificar e fortalecer todo o corpo.

Paulo continua: "Porque, assim como o corpo é um e tem muitos membros, e todos os membros, sendo muitos, constituem um só corpo, assim também com respeito a Cristo. Pois, em um só Espírito, todos nós fomos batizados em um corpo, quer judeus, quer gregos, quer escravos, quer livres. E a todos nós foi dado beber de um só Espírito" (vv. 12-13). Esta é uma informação didática sobre o batismo do Espírito Santo. O tema de Paulo aqui é que todos os membros da igreja de Deus, judeus e gentios, foram capacitados pelo Espírito Santo para o ministério.

Este texto serviu de base para um princípio da Reforma – o sacerdócio de todos os crentes. Este princípio foi importante para Martinho Lutero, e, por causa de sua ênfase neste princípio, muitos acreditavam que ele estava procurando se livrar do clero. Isso não era verdade. O argumento de Lutero era que, embora certos indivíduos tivessem o ofício de pastor, presbítero ou diácono, o ministério da igreja não é restrito a um pequeno grupo de profissionais. Todo o corpo foi equipado pelo Espírito Santo para participar na missão da igreja.

UM CORPO

É significativo que, ao tratar dos dons do Espírito, Paulo o faz no contexto de igreja e segue a metáfora da igreja como o corpo de Cristo. A igreja é organizada e tem diversas partes, assim como o corpo humano tem diversas partes. Paulo desenvolve o ensino de que cada parte do corpo de Cristo tem uma tarefa específica a realizar e recebeu a capacidade de fazê-la a fim de ajudar a cumprir a missão completa da igreja, assim como as partes individuais do corpo humano têm funções específicas a cumprir para o bem-estar de todo o corpo:

> Porque também o corpo não é um só membro, mas muitos. Se disser o pé: Porque não sou mão, não sou do corpo; nem por isso deixa de ser do corpo. Se o ouvido disser: Porque não sou olho, não sou do corpo; nem por isso deixa de o ser. Se todo o corpo fosse olho, onde estaria o ouvido? Se todo fosse ouvido, onde, o olfato? Mas Deus dispôs os membros, colocando cada um deles no corpo, como lhe aprouve. Se todos, porém, fossem um só membro, onde estaria o corpo? (vv. 14-19).

PNEUMATOLOGIA

Aqui Paulo está usando uma velha forma de argumento, o argumento *reductio ad absurdum*, que leva o raciocínio humano à sua conclusão lógica e mostra que os resultados são absurdos. Está se dirigindo àqueles que desejavam fazer do dom de línguas o teste supremo de espiritualidade na vida da igreja. Paulo está dizendo: "Se vocês querem fazer das línguas o único dom importante na igreja, isso não é diferente de dizer que todo o corpo deve ser um olho. Isso nos daria uma visão acurada, mas seríamos surdos e mudos".

Paulo continua: "Ora, vós sois corpo de Cristo; e, individualmente, membros desse corpo. A uns estabeleceu Deus na igreja, primeiramente, apóstolos; em segundo lugar, profetas; em terceiro lugar, mestres; depois, operadores de milagres; depois, dons de curar, socorros, governos, variedades de línguas" (vv. 27-28). É significativo que o dom de línguas seja mencionado por último numa lista que começa com apóstolos, porque o ofício apostólico era o principal ofício de autoridade no Novo Testamento.

Em seguida, Paulo pergunta retoricamente: "São todos apóstolos?" (v. 29). De acordo com a estrutura do grego aqui, a única resposta que pode ser dada é não. "Ou, todos profetas?" De novo, a resposta tem de ser não. "São todos mestres?" A resposta tem de ser não. "Ou, operadores de milagres?" De novo, gramaticalmente, a resposta precisa ser não. "Têm todos dons de curar? Falam todos em outras línguas?" (vv. 29-30). De acordo com a estrutura do grego aqui, a resposta é óbvia. Portanto, é claro que nem todos no corpo de Cristo foram dotados com línguas. Depois, Paulo expressa um desejo apostólico de que todos falem em línguas (14.5), mas nem todos falam.

O DOM DE PROFECIA

Ele prossegue: "Entretanto, procurai, com zelo, os melhores dons. E eu passo a mostrar-vos ainda um caminho sobremodo excelente" (12.31). Essas são as palavras que precedem imediatamente o começo do capítulo 13: "Ainda que eu fale as línguas dos homens e dos anjos, se não tiver amor, serei como o bronze que soa ou como o címbalo que retine" (13.1). O apóstolo deixa claro que o dom de amor é muito mais importante para as pessoas do que estes dons mais espetaculares: "O amor jamais acaba; mas, havendo profecias, desaparecerão; havendo línguas, cessarão; havendo ciência, passará; porque, em parte, conhecemos e, em parte, profetizamos. Quando, porém, vier o que é perfeito, então, o que é em parte será aniquilado" (vv. 8-10).

Chegamos ao ponto crucial da instrução de Paulo no começo do capítulo 14: "Segui o amor e procurai, com zelo, os dons espirituais, mas principalmente que profetizeis" (v. 1). O que o apóstolo quer dizer com "profetizeis"? Está usando esta palavra no sentido específico de ser um agente de revelação, como o eram os profetas do Antigo Testamento e os apóstolos do Novo Testamento? Acho que não, e a vasta maioria de comentários sobre o Novo Testamento argumenta que, ao incentivar pessoas a profetizarem, Paulo tem em mente a capacidade de articular a verdade de Deus. Um pastor pregando e o cristão individual dando testemunho de sua fé são ações proféticas, mas não no sentido de dar nova revelação à comunidade de Deus, como o faziam os profetas do Antigo Testamento. Até no Antigo Testamento, houve uma distinção entre predizer e proclamar. A ênfase primária não está na predição do futuro e sim em falar a verdade de Deus; e creio que isto é o que Paulo está incentivando as pessoas a fazerem.

O DOM DE LÍNGUAS

Um argumento sobre o ensino de Paulo em 1 Coríntios ser diferente do que aconteceu no Pentecostes é que Paulo parece sugerir que falar em línguas é um tipo de linguagem de oração:

> Pois quem fala em outra língua não fala a homens, senão a Deus, visto que ninguém o entende, e em espírito fala mistérios. Mas o que profetiza fala aos homens, edificando, exortando e consolando. O que fala em outra língua a si mesmo se edifica, mas o que profetiza edifica a igreja. Eu quisera que vós todos falásseis em outras línguas; muito mais, porém, que profetizásseis; pois quem profetiza é superior ao que fala em outras línguas, salvo se as interpretar, para que a igreja receba edificação.
>
> Agora, porém, irmãos, se eu for ter convosco falando em outras línguas, em que vos aproveitarei, se vos não falar por meio de revelação, ou de ciência, ou de profecia, ou de doutrina? (14.2-6)

Em outras palavras, Paulo está dizendo que não há qualquer vantagem para o povo de Deus se o conteúdo inteligível da verdade de Deus não é comunicado às pessoas. O problema em relação às línguas, naquele tempo e agora, é que elas eram ininteligíveis; e isso faz muitos eruditos de Novo Testamento acreditarem que o fenômeno contemporâneo de línguas é apenas a capacidade humana de experimentar declaração estática sob a influência do Espírito Santo. Isso não nega que as pessoas estão se comunicando com o Espírito Santo quando se engajam nesta atividade; está apenas dizendo que não é exigida uma capacitação miraculosa para fazê-lo.

Um problema que enfrentamos no fenômeno de línguas é que há diversos relatos da prática entre as religiões e seitas pagãs, como o mormonismo. Há muitos que negam a deidade de Cristo e, apesar disso, afirmam ter esta capacidade; e não há nenhuma diferença discernível entre o que eles estão fazendo e o que cristãos estão fazendo em sua vida de oração sob a influência do Espírito Santo.

Paulo continua a abordagem por dar instruções restritas sobre como o dom de línguas deveria ser usado na igreja primitiva. Ele coloca a ênfase na ordem e não na desordem; e instrui que as reuniões não devem ser interrompidas por línguas, a menos que haja um intérprete presente, alguém que possa torná-las inteligíveis. Grande sensibilidade deve ser exercida quando um incrédulo entra na reunião e não tem a menor ideia do que está acontecendo.

Em resumo, Paulo não está dizendo que línguas são más e profecia é boa. Sua distinção não é entre bom e mau, e sim entre o bom e o melhor. Línguas são boas, mas profecia é melhor. Paulo está dizendo: "É bom que vocês queiram orar em línguas, mas desejem os dons mais elevados do Espírito para a edificação da igreja". A maior advertência para nós hoje é não exaltarmos este dom específico – ainda que seja a mesma coisa que aconteceu na comunidade de Corinto – ao nível de sinal de superespiritualidade ou capacitação especial dada por Deus.

CAPÍTULO 36

O FRUTO DO ESPÍRITO

Nosso interesse é aguçado quando algo extraordinário, incomum ou espetacular acontece em nosso meio. Os cristãos são atraídos especialmente a manifestações extraordinárias da presença de Deus. Por causa desta tendência para nos inclinarmos em direção ao que é empolgante, tendemos a focalizar-nos mais nos dons do Espírito do que no fruto do Espírito. Todavia, o principal alvo do Espírito Santo é aplicar os frutos do evangelho para cumprirmos o mandato de Deus: "Esta é a vontade de Deus: a vossa santificação" (1 Ts 4.3).

O maior sinal do progresso de um crente nas coisas de Deus não é uma manifestação espetacular de seus dons, não importando quais sejam esses dons. Alguém pode ser um pregador ou mestre talentoso, mas, apesar disso, demonstrar pouca evidência de crescimento em maturidade espiritual. Seremos avaliados no final de nossa vida não pelo número de dons que exibimos nem pelos talentos que Deus nos deu, e sim por quanto fruto produzimos como cristãos.

ANDAR NO ESPÍRITO

Paulo discute o fruto do Espírito em sua Epístola aos Gálatas e começa sua discussão desta maneira: "Digo, porém: andai no Espírito e jamais satisfareis à concupiscência da carne" (Gl 5.16). Este é um mandato apostólico. Como cristãos, somos chamados a andar no Espírito. Isso não significa que nossa tarefa primária é seguir misticismo ou atalhos à espiritualidade. No decorrer dos anos, inúmeros alunos têm me perguntado: "Dr. Sproul, como eu me torno mais espiritual?" ou "Como eu posso me tornar mais dotado?" Ouvi apenas um aluno me perguntar: "Como posso me tornar mais justo?" No entanto, Jesus mesmo disse: "Buscai, pois, em primeiro lugar, o seu reino e a sua justiça, e todas estas coisas vos serão acrescentadas" (Mt 6.33). Somos chamados a demonstrar crescimento espiritual, a andar no Espírito de Deus, e esta demonstração não é vista na manifestação dos dons e sim no fruto do Espírito Santo.

SARX

Paulo continua: "Andai no Espírito e jamais satisfareis à concupiscência da carne. Porque a carne milita contra o Espírito, e o Espírito, contra a carne, porque são opostos entre si; para que não façais o que, porventura, seja do vosso querer. Mas, se sois guiados pelo Espírito, não estais sob a lei" (Gl 5.16-18). Aqui Paulo oferece um contraste entre carne e espírito. A palavra grega traduzida por "carne" é *sarx*, e a palavra traduzida por "espírito" é *pneuma*. A palavra *soma*, que é geralmente traduzida por "corpo", funciona às vezes como sinônimo de *sarx*; em outras palavras, às vezes o vocábulo *sarx* se refere apenas ao caráter ou natureza física de nosso corpo.

No entanto, o Novo Testamento fala frequentemente de nossa natureza corrupta, nosso estado caído, como *sarx*. Numa ocasião, Paulo disse: "Se antes conhecemos Cristo segundo a carne, já agora não o conhecemos deste modo" (2 Co 5.16). A expressão usada aqui, *kata sarx*, significa "segundo a carne" ou "de acordo com a carne". Paulo estava dizendo que anteriormente tinha visto Cristo à luz de uma perspectiva ímpia, mundana. E, antes disso, Jesus dissera: "O que é nascido da carne é carne; e o que é nascido do Espírito é espírito" (Jo 3.6). Ele não estava falando sobre o nosso corpo físico e sim sobre a nossa natureza caída, que inclui não apenas nosso corpo, mas também nossa mente, nossa vontade e nosso coração.

Portanto, quando encontramos a palavra *sarx* no Novo Testamento, como sabemos se ela está se referindo à nossa natureza humana caída ou às nossas capacidades físicas? Em geral, em qualquer ocasião em que vemos *sarx*, ou "carne", discutida em contraste com *pneuma*, ou "espírito", o que está sendo discutido não é a diferença entre o corpo físico e o espírito, e sim a diferença entre a natureza corrupta, caída, e o novo homem, regenerado. Este é evidentemente o caso em Gálatas 5.

FRUTO PODRE

Antes de Paulo explicar o que significa ser guiado pelo Espírito e detalhar o fruto do Espírito, ele nos mostra o que o fruto do Espírito *não* é:

PNEUMATOLOGIA

> Ora, as obras da carne são conhecidas e são: prostituição, impureza, lascívia, idolatria, feitiçarias, inimizades, porfias, ciúmes, iras, discórdias, dissensões, facções, invejas, bebedices, glutonarias e coisas semelhantes a estas, a respeito das quais eu vos declaro, como já, outrora, vos preveni, que não herdarão o reino de Deus os que tais coisas praticam (Gl 5.19-21).

Esta é uma das passagens mais amedrontadoras na Bíblia, porque nos diz em termos inconfundíveis que aqueles que praticam essas coisas não herdarão o reino de Deus. Conhecemos pessoas que fizeram profissão de fé em Cristo, mas depois caíram em adultério, lutaram contra o abuso de álcool ou combateram o orgulho e a contenção por toda a vida. Podemos concluir que qualquer pessoa que cai em um desses pecados não tem nenhuma esperança de salvação, mas Paulo não está dizendo que, se alguém bebe uma vez, não irá para o céu. Está dizendo que, se estas coisas nos *definem*, se constituem nosso estilo de vida, isso é uma indicação de que estamos na carne e não no Espírito. Em outras palavras, ainda não somos regenerados e ainda não estamos incluídos no reino de Deus. Isto contradiz o antinomianismo, o qual afirma que pessoas podem ser regeneradas e nunca evidenciar qualquer progresso na vida cristã. Os antinomianos precisam ler esta porção de Gálatas, a fim de perceberem a solene advertência de Paulo. Se esses ou pecados semelhantes são sua prática regular e impenitente, você não herdará o reino de Deus.

FRUTO ESPIRITUAL

Em contraste com as obras da carne, Paulo apresenta o fruto do Espírito:

O FRUTO DO ESPÍRITO

> Mas o fruto do Espírito é: amor, alegria, paz, longanimidade, benignidade, bondade, fidelidade, mansidão, domínio próprio. Contra estas coisas não há lei. E os que são de Cristo Jesus crucificaram a carne, com as suas paixões e concupiscências.
> Se vivemos no Espírito, andemos também no Espírito. Não nos deixemos possuir de vanglória, provocando uns aos outros, tendo inveja uns dos outros (vv. 22-26).

Paulo está admoestando os crentes a não caírem nas obras da carne e a manifestarem o fruto do Espírito. Isso nos diz que os cristãos têm de batalhar contra a velha natureza. Há um elemento da carne que permanece no cristão e que precisa estar sob escrutínio constante da Palavra de Deus e sob a disciplina do Espírito Santo, para que sejamos convencidos de pecado, fujamos dele e procuremos cultivar o tipo oposto de prática. Aquilo que é cultivado produz fruto, e Jesus mesmo disse: "Pelos seus frutos os conhecereis" (Mt 7.20).

Como queremos ser lembrados? Queremos que seja dito que ganhamos muito dinheiro, que vencemos muitas lutas ou que fomos prodigiosos em feitos extraordinários? Ou queremos ser lembrados como pessoas que manifestaram amor, alegria, paz, paciência, benignidade, bondade, fidelidade, mansidão e domínio próprio? Estas são as coisas que Deus quer de nós. São as coisas que causam deleite em Deus, mas, apesar disso, não as tornamos prioridade em nossa vida. Por exemplo, todos somos cientes de que devemos ser mais amorosos. Embora muito tenha sido escrito sobre esse fruto específico, tendemos a possuir um entendimento superficial do que é o amor. Em sua dimensão espiritual, o amor está inseparavelmente relacionado aos outros frutos.

Há uma diferença entre o fruto do Espírito e os dons do Espírito. No que diz respeito aos dons do Espírito, o foco de Paulo é unidade e diversidade, mas esse não é o caso no que concerne ao fruto do Espírito. Quando ele ensina sobre os dons do Espírito, enfatiza que o Espírito distribui dons individuais a pessoas específicas para a edificação de toda a igreja. Um crente pode ter o dom de administração, enquanto outro crente pode ter o dom de contribuição, ensino ou socorro. Por outro lado, o fruto do Espírito, em toda a sua plenitude, é para ser manifestado na vida de todo crente.

Considere como deveriam ser alguns aspectos do fruto do Espírito da vida de crentes.

MANSIDÃO

Frequentemente, em nossos dias, a ideia de ser manso ou gentil está associada à falta de força, mas realmente uma pessoa mansa é alguém que tem força, mas restringe seu uso.

Certa vez tive uma conversa com um rapaz que fora promovido a uma posição de autoridade em uma organização. Seus subordinados queixavam-se de que ele era tirânico em sua administração. Ele me disse: "Eles não respeitam minha autoridade porque acham que sou muito jovem. Por isso, tenho de lhes mostrar quem é o chefe".

Eu lhe disse: "Você tem autoridade, e com essa autoridade você tem poder, e com esse poder vem um alto grau de responsabilidade. Um dos segredos de liderança é que, quando temos poder, podemos demonstrar graça. Não precisamos ser tirânicos. Quando alguém está inseguro de sua posição de poder, deixa de ser gentil".

A mansidão é parente da sensibilidade. Ser manso é usar menos força do que possível em determinada situação. Neste assunto, podemos obter uma sugestão de Jesus, porque ele foi bastante terno com os fracos e desamparados deste mundo. Foi gentil com uma mulher apanhada em adultério, embora outros estivessem prontos a criticá-la severamente (Jo 8.3-11). Mas, quando os poderosos dos dias de Jesus, os fariseus, vieram a Jesus tentando exercer sua força, ele respondeu com grande força. Em outras palavras, Jesus foi forte contra os fortes, firme contra os poderosos, mas gentil com os fracos. Temos uma tendência para pensar que devemos tratar a todos da mesma maneira, mas isso não é o que devemos fazer. Temos de aprender como monitorar e moderar nossa força. Essa é a maneira como manifestamos o fruto espiritual de mansidão.

ALEGRIA

Alegria deve ser uma marca da vida cristã. Como cristãos que andam no Espírito de Deus, não devemos ser resmungões. Entretanto, a alegria do Espírito não impede a tristeza ou a experiência de sofrimento e aflição. O fato é, como Paulo ensina noutra epístola, que devemos aprender a alegrar-nos em todas as coisas (Fp 4.4). A razão básica para nossa alegria é nosso relacionamento com Deus, pois sabemos que a redenção que temos em Cristo nunca é ameaçada pela perda de uma pessoa querida, a perda de bens, a perda de um emprego ou a perda de qualquer outra coisa. Podemos sofrer todos os tipos de reveses e aflições dolorosas, mas essas coisas não devem roubar de nós a alegria fundamental que temos em Cristo. Podemos nos alegrar em todas as coisas porque todas as outras coisas são insignificantes quando comparadas ao maravilhoso relacionamento que desfrutamos com nosso Pai celestial por meio da obra de Cristo em nosso favor. Mas esta alegria tem de ser cultivada. Quanto mais entendermos o nosso relacionamento com Deus, tanto mais entenderemos suas promessas em nossa vida, e tanto maior alegria experimentaremos.

LONGANIMIDADE

Todos os frutos que somos chamados a produzir imitam o próprio caráter de Deus. Deus é o autor de alegria, ele é bondoso e manso. E, se podemos dizer que alguém é longânimo (paciente), esse alguém é Deus. Ele é tardio para se irar. Não é apressado para julgar. Ele é tolerante e dá a seu povo tempo para que se volte para ele. Devemos imitar a Deus em sua longanimidade.

BONDADE

Bondade é uma virtude difícil de ser definida, mas há um sentido em que ela não precisa ser definida, porque todos sabem o que ela significa. Ser bondoso é apenas ser amoroso e atencioso para outros. Este fruto também deve caracterizar todo crente.

Com base neste breve olhar no fruto do Espírito, podemos ver a prioridade do Espírito Santo. Isto é o que Deus quer de nós. Não é tanto o que fazemos, é o que somos que agrada ou entristece o Espírito Santo.

CAPÍTULO 37

OS MILAGRES SÃO PARA HOJE?

Antes deixarmos nossa consideração sobre a pessoa e a obra do Espírito Santo, há mais um assunto que devemos abordar, um assunto muito debatido em nossos dias: os cristãos devem esperar milagres hoje, ou os milagres cessaram no fim da era apostólica? Uma pergunta relacionada é esta: Satanás e seus seguidores podem realizar milagres? Estas perguntas são levantadas no contexto dos chamados dons miraculosos do Espírito.

A maioria das pessoas na igreja evangélica contemporânea acredita que milagres acontecem e que Satanás e seus demônios têm o poder de realizar milagres. Aqueles que sustentam a opinião contrária, incluindo eu, são frequentemente mal compreendidos neste ponto. Consideraremos neste capítulo alguns dos problemas que envolvem estas questões e por que o cessacionismo histórico é a opinião dos reformados ortodoxos.

DEFININDO MILAGRES

Quando pessoas falam em milagres, nem sempre querem dizer a mesma coisa. Alguns dizem que qualquer resposta à oração é um milagre. Outros argumentam que qualquer obra sobrenatural, como a regeneração da alma humana, é um milagre. E alguns até chegam a dizer que qualquer coisa admirável ou fascinante, como o nascimento de um bebê, é um milagre. Mas bebês nascem todos os dias; não há nada extraordinário nisso. Se coisas ordinárias são realmente milagres, então milagres não devem ser julgados como extraordinários. A importância de milagres na Escritura está em seu caráter extraordinário.

Houve períodos na história bíblica em que aconteceram torrentes de milagres. O mais notável destes períodos, é claro, foi durante a vida de Jesus. A vida de Jesus foi acompanhada por uma abundância de milagres. No entanto, também vemos períodos de milagres durante a vida de Moisés e, depois, na vida de Elias. Apesar disso, durante a maioria dos períodos do Antigo Testamento, milagres estiveram ausentes. Eles não aconteceram em regularidade consistente.

Embora a palavra *milagre* ocorra com frequência nas traduções em português, ela não corresponde exatamente a qualquer palavra nas línguas originais. Teólogos inferem o conceito de milagres de três palavras no registro bíblico (especialmente no Novo Testamento): *poderes, maravilhas e sinais*. Milagres são manifestações de poder divino; inspiram pasmo e admiração; e são significativos. Ao descrever um milagre, João usou frequentemente a palavra *sēmeion*, que é traduzida por "sinal". Quando Jesus transformou água em vinho, na festa de casamento em Caná, João escreveu: "Com este, deu Jesus princípio a seus sinais em Caná da Galileia; manifestou a sua glória, e os seus discípulos creram nele" (Jo 2.11).

O PROPÓSITO DOS MILAGRES

Sinais apontam para algo além deles mesmos. Têm significado; eles significam algo. O que os chamados milagres ou sinais do Novo Testamento pretendiam significar? Para o que eles apontavam?

Obviamente, os sinais tinham valor importante no que realizavam. Jesus satisfez às necessidades do anfitrião do casamento quando fez vinho a partir de água; e certamente satisfez às necessidades de pessoas doentes quando as curou e de pais entristecidos quando ressuscitou seus filhos dentre os mortos. Mas qual era a importância destas coisas?

A fim de responder a essa pergunta, podemos considerar primeiramente Nicodemos. Quando foi até Jesus à noite, Nicodemos lhe disse: "Rabi, sabemos que és Mestre vindo da parte de Deus; porque ninguém pode fazer estes sinais que tu fazes, se Deus não estiver com ele" (Jo 3.2). Nicodemos estava dizendo que Jesus tinha de ser de Deus por causa dos sinais que ele realizava. Posteriormente, o próprio Jesus disse: "Crede-me que estou no Pai, e o Pai, em mim; crede ao menos por causa das mesmas obras" (Jo 14.11).

Para vermos esta ideia em sua plena medida, observemos uma advertência em Hebreus:

> Por esta razão, importa que nos apeguemos, com mais firmeza, às verdades ouvidas, para que delas jamais nos desviemos. Se, pois, se tornou firme a palavra falada por

PNEUMATOLOGIA

> meio de anjos, e toda transgressão ou desobediência recebeu justo castigo, como escaparemos nós, se negligenciarmos tão grande salvação? A qual, tendo sido anunciada inicialmente pelo Senhor, foi-nos depois confirmada pelos que a ouviram; dando Deus testemunho juntamente com eles, por sinais, prodígios e vários milagres e por distribuições do Espírito Santo, segundo a sua vontade (2.1-4).

O autor de Hebreus está dizendo que Deus confirma a verdade de sua Palavra por meio de milagres. Esse ponto é frequentemente muito negligenciado, mas tem implicações importantes. Se as Escrituras dizem que reconhecemos a verdade da Palavra de Deus porque seus autores foram confirmados por milagres, como é possível alguém que não é um agente de revelação realizar milagres? Se todos os tipos de pessoas podem fazer estas coisas, seus "sinais" não provam nada sobre a sua autoridade, nem provam se foram enviados como porta-vozes de Deus. Neste assunto, está em jogo a autoridade de Cristo, a autoridade dos apóstolos e autoridade da própria Bíblia.

Moisés foi chamado por Deus para se apresentar a Faraó e levar os israelitas para fora do Egito. Moisés vacilou diante da ordem e disse: "Mas eis que não crerão, nem acudirão à minha voz, pois dirão: O Senhor não te apareceu" (Êx 4.1). Por isso, Deus instruiu Moisés a lançar seu bordão na terra. Moisés o fez, e o bordão se tornou em serpente. Em seguida, Deus lhe falou que colocasse a mão no peito. Moisés fez isso, e sua mão se tornou leprosa. Deus estava planejando confirmar sua Palavra por meio de milagres; estes "sinais" seriam meios pelos quais Moisés demonstraria que era o porta-voz e líder designado por Deus.

A Igreja Católica Romana afirmava os milagres para argumentar contra os reformadores no século XVI. Roma dizia: "Nós temos milagres em nossa história, e esses milagres provam a veracidade da Igreja Católica. Onde estão os milagres de vocês? Como vocês podem confirmar a veracidade de suas afirmações, se não têm milagres?" Os reformadores respondiam: "Nós temos realmente milagres que provam nosso ensino, e eles estão registrados no Novo Testamento". Qualquer pessoa pode afirmar um milagre, mas somente os porta-vozes designados por Deus têm o poder real de realizar um milagre.

MILAGRES HOJE?

Hoje, muitas pessoas afirmam realizar milagres. Todavia, se elas realizam milagres no sentido bíblico, temos de concluir ou que seus ensinos são endossados por Deus, ou que essas obras não confirmam o verdadeiro ensino dos apóstolos. Por essa razão, devemos fazer uma distinção entre a palavra *milagre* no sentido restrito e *milagre* no sentido amplo. Teólogos são cuidadosos em definir a palavra *milagre* de modo restrito. *Milagre* no sentido amplo se refere à atividade sobrenatural de Deus na vida de seu povo – suas respostas a nossas orações, o derramamento de seu Espírito e a transformação de nossa alma. Certamente, estas atividades continuam a acontecer até hoje. No entanto, de acordo com a definição restrita usada pelos teólogos, um milagre é uma obra extraordinária realizada pelo poder imediato de Deus no mundo perceptível, um ato contra a natureza que somente Deus pode fazer, como trazer mortos à vida.

A maioria daqueles que sustentam a continuação de milagres hoje não chega a reivindicar o tipo de milagres que achamos na Bíblia, como ressuscitar mortos, mas há alguns que vão até esse ponto. Vemos ressurreições acontecendo hoje? Acho que não. A questão não é se Deus pode realizar ou realiza milagres; é se ele está fazendo isso hoje. Temos de fazer uma distinção entre a qualidade de milagres que alguns reivindicam fazer hoje e os milagres que achamos na Escritura. Os supostos milagres de hoje não são do tipo que somente Deus pode fazer.

SATANÁS E MILAGRES

Visto que somos advertidos na Escritura contra as astutas ciladas de Satanás, que realiza sinais e maravilhas mentirosas, a maioria dos evangélicos acredita que Satanás pode realizar milagres *genuínos*. Por exemplo, os magos do Egito realizaram atos extraordinários em seu confronto com Moisés, e esses atos são comumente atribuídos a poder e influência demoníacos. Entretanto, se Satanás pode realizar milagres *genuínos*, como sabemos que a Bíblia é a Palavra de Deus e como sabemos que Jesus é o Filho de Deus? Na Bíblia, milagres não provam a existência de Deus; eles confirmam a sua obra. Quando Paulo falou aos filósofos gregos em Atenas, disse que Cristo fora confirmado como o Filho de Deus por meio de sua ressurreição (At 17.31). Mas, como sabemos que a ressurreição não foi realizada por Satanás e como sabemos que Satanás não capacitou a Jesus para fazer todas as obras que ele fez? Essa foi a acusação que os fariseus levantaram contra Jesus.

Não creio que Satanás fez essas coisas, porque não creio que Satanás seja Deus ou que ele possa fazer coisas que somente Deus pode fazer. Jesus advertiu que Satanás pode realizar maravilhas e sinais mentirosos que são capazes de enganar até os eleitos (Mc 13.22). Mas o que é uma maravilha ou sinal mentiroso? Satanás não tem o poder que somente Deus tem, mas ele é mais sofisticado do que qualquer ser humano.

Os famosos mágicos de nossos dias não reivindicam fazer milagres. Eles deixam claro que seus truques são mera destreza de mão. Isso não se dava no mundo antigo. Os mágicos da antiguidade reivindicavam ter poderes sobrenaturais. Reivindicavam fazer mágica, mas era tudo trapaça. Os mágicos da corte de Faraó empregaram todos os truques que sabiam, mas acabaram suas façanhas em pouco tempo. Moisés continuou fazendo milagres, porque não era um mágico. Ele fora ungido com o poder de Deus para fazer o que nenhum mágico poderia fazer. De maneira semelhante, Satanás pode ser esperto e enganar pessoas, mas não pode fazer um milagre real no sentido restrito da palavra.

PARTE SEIS

SOTERIOLOGIA

CAPÍTULO 38

GRAÇA COMUM

A palavra *soteriologia* não é usada comumente na igreja, mas é uma palavra importante porque diz respeito à nossa salvação. A palavra *soteriologia* vem do verbo grego *sōzō*, que significa "salvar". A forma substantiva, *sōtēr*, significa "salvador".

As Escrituras falam da salvação em mais de uma maneira. Estamos acostumados a usar a palavra salvação ou a falar de "ser salvo" no sentido de ser redimido por Deus para a eternidade. Num sentido, a grande calamidade da qual somos salvos é Deus mesmo; ou seja, somos salvos de ter de encará-lo em sua ira no dia do juízo. Deus é, ao mesmo tempo, o Salvador e aquele de quem somos salvos.

No entanto, o verbo grego *sōzō* se refere a um ato de resgate de uma circunstância calamitosa. Alguém que é restaurado de uma doença que ameaça a vida é salvo. Alguém resgatado do cativeiro em batalha é salvo. Qualquer resgate de uma calamidade é um tipo de salvação.

O interesse central entre os teólogos reformados que estudam a salvação é o conceito de graça. G. C. Berkhouwer observou certa vez que a essência da teologia é graça. Desde o começo até ao fim, a salvação é do Senhor, não é algo que merecemos ou conquistamos. É dada gratuitamente a partir da misericórdia e do amor de Deus.

GRAÇA DEFINIDA

A princípio, temos de distinguir entre graça e justiça. Justiça é algo que merecemos ou ganhamos por nossas obras. Quando Paulo escreve sobre a salvação, deixa claro que, se a salvação é pelas obras, então não pode ser pela graça, mas, visto que é pela graça, não é por meio de obras. Justiça está relacionada a um padrão de mérito. Em contraste, graça é imerecida; ou seja, não é merecida nem conquistada. Em vez disso, graça é dada espontaneamente por Deus. Ele não está obrigado a dá-la, nem sob a exigência de fazer isso. O apóstolo Paulo cita o que Deus disse a Moisés: "Terei misericórdia de quem me aprouver ter misericórdia e compadecer-me-ei de quem me aprouver ter compaixão" (Rm 9.15). Graça é sempre uma prerrogativa divina, nunca uma exigência.

É crucial que entendamos isto, porque somos inclinados a pensar que Deus nos deve algo. Cremos frequentemente que, se Deus fosse realmente bom, ele nos daria uma vida melhor, de alguma maneira; mas, se pensamos que Deus nos deve algo, estamos realmente pensando sobre justiça, porque a graça nunca é devida. Deus não está obrigado a dar graça a nenhuma criatura. A definição clássica de graça é "favor imerecido". Quando Deus age de maneira favorável para conosco, quando por nosso mérito não temos nenhum direito a isso, essa atitude de Deus é sempre graça.

GRAÇA COMUM

Outra distinção importante é entre graça comum e graça especial. Graça especial envolve a redenção que Deus dá aos salvos. Por contraste, a graça comum é chamada "comum" porque é realmente universal. É a graça que Deus dá a todas as pessoas sem discriminação. Graça comum é a misericórdia e a bondade que Deus estende à raça humana. A Bíblia diz que, em sua providência, Deus envia chuvas sobre justos e injustos (Mt 5.45). E isto é um exemplo de graça comum. Pode haver dois agricultores na mesma cidade, um piedoso e comprometido com as coisas de Deus, e o outro tão pagão quanto lhe é possível ser. Ambos precisam de chuvas para a lavoura, e em sua bondade Deus rega a terra, e, assim, ambos os agricultores se beneficiam das chuvas. Nenhum dos agricultores merece a chuva para nutrir sua plantação, mas a chuva de Deus cai sobre ambos, não apenas sobre o homem piedoso.

A graça comum de Deus se estende além da chuva. Pessoas que não estão em comunhão com Deus gozam de muitos favores da parte dele. Mudanças nos padrões da vida humana que ocorreram no passar do tempo – qualidade de vida, aprimoramentos na área de saúde e melhor segurança – traçam o progresso da graça de Deus através da história. É claro que nem todos desfrutam do mesmo padrão de vida, e certamente o padrão básico de vida nos Estados Unidos é muito maior do que em outras partes do mundo. Apesar disso, até nessas outras áreas, a expectativa e a qualidade de vida tendem a ser significativamente melhor do que nos séculos passados. A vida se tornou mais fácil.

Muitos atribuem estes aprimoramentos à ciência ou à educação, mas também devemos levar em conta a influência da igreja cristã nos últimos 200 anos. Orfanatos foram iniciados pela comunidade cristã, bem como hospitais e escolas. Cristãos até impeliram o desenvolvimento da ciência em muitas maneiras. Crentes têm levado muito a sério a responsabilidade que Deus lhes deu para serem bons mordomos do planeta. Se traçarmos a história da influência da igreja em muitas esferas diferentes, veremos que, ao contrário dos que vituperam o impacto da religião no mundo, a qualidade geral de vida na terra melhorou amplamente por influência do cristianismo.

Somos chamados a imitar a Cristo; e isso é o que significa ser feito à imagem de Deus. Portanto, se Deus tem interesse no bem-estar geral da raça humana, os cristãos são também chamados a se interessarem pelo bem-estar geral da raça humana. De fato, Jesus diz que, se nosso próximo (ou até nosso inimigo) está nu, devemos vesti-lo; se está com fome, devemos alimentá-lo; se está com sede, devemos dar-lhe de beber; se está na prisão, devemos visitá-lo; se está doente, devemos assisti-lo (Mt 25.34-36). A parábola do bom samaritano (Lc 10.25-37) mostra a prioridade de Jesus no sentido de que a igreja se preocupe não somente com o âmbito da graça especial, mas também com o bem-estar geral da raça humana. Em outro texto do Novo Testamento, Tiago nos diz que a essência da verdadeira religião é cuidar de órfãos e de viúvas (Tg 1.27).

O liberalismo do século XIX rejeitou os aspectos sobrenaturais da fé cristã, incluindo o nascimento virginal, a ressurreição, a expiação e a deidade de Cristo. Os liberais tentaram permanecer práticos, com base numa perspectiva social, por criarem uma nova agenda para a igreja – o alcance humanitário. Começaram a enfatizar a agenda social às expensas da evangelização. Os cristãos ortodoxos tiveram de dobrar esforços em evangelização para compensar o repúdio do sobrenatural pela ala liberal. Como resultado, os evangélicos começaram a ver a preocupação social apenas como uma questão liberal e se focalizaram exclusivamente na salvação pessoal.

Ambos os lados estavam errados. A igreja é chamada não somente ao ministério da graça especial, mas também ao ministério da graça comum. Como cristãos, devemos nos preocupar com pobreza, fome e com o suprimento das necessidades básicas da vida, além da evangelização.

Quando a epidemia de Aids começou, muitos cristãos recusaram envolver-se em qualquer tipo de apoio às suas vítimas, porque viam a doença como consequência de pecado – vício em drogas e atividade homossexual. Entretanto, se achamos alguém doente e morrendo numa valeta, não lhe perguntamos como ele caiu naquela valeta. O amor de Cristo nos constrange a estender a mão e fazer o que pudermos para ajudá-lo. Esse é o ensino da parábola do bom samaritano. Ninguém é qualificado a receber o socorro ou a misericórdia de Deus. Se uma pessoa que tem Aids não é qualificada para ser ajudada pela misericórdia da igreja, eu também não o sou, nem você. Todos nós recebemos os benefícios da misericórdia com base em graça, e aqueles de nós que receberam graça incomum – graça especial – deveriam ser os primeiros a demonstrar misericórdia.

Quando um cristão pode unir esforços ou trabalhar lado a lado com pagãos, de religiões contrárias ou mesmo de religiões apóstatas? Francis Schaeffer disse, certa vez, que nas questões de graça comum o cristão deve trabalhar com todos os tipos de pessoas não cristãs. Quando eu marchar em favor dos direitos de bebês não nascidos, ficarei ao lado de quaisquer pessoas, se elas compartilharem o mesmo interesse. Essa é apenas uma arena em que devemos agir e ser apoiadores de pessoas. Entretanto, não ficarei lado a lado num culto de adoração com pessoas de uma seita satânica, nem me sentarei numa oração matinal com muçulmanos, porque esses eventos se enquadram na esfera de graça especial. Precisamos entender a diferença entre as duas.

GRAÇA ESPECIAL

Em Romanos 9, lemos estas palavras da parte de Deus: "Amei Jacó, porém me aborreci de Esaú" (v. 13). O que isto tem a ver com o nosso conceito popular de que Deus ama a todos incondicionalmente? Deus não ama a todos incondicionalmente; devemos fazer uma distinção entre o *amor de benevolência* de Deus e o *amor de complacência* de Deus, e nestas expressões o termo "de" define de que o amor surge.

O amor de benevolência tem a ver com o interesse geral pelo bem-estar dos seres humanos. Nesse sentido, podemos dizer acertadamente que Deus ama a todos, porque é benevolente para com todos. O amor de complacência de Deus é diferente. Quando pessoas hoje chamam alguém de "complacente", querem dizer geralmente que ele é arrogante ou presunçoso, mas não é isso que os teólogos querem dizer quando falam do amor de complacência de Deus. Os teólogos falam de complacência no sentido de satisfação ou deleite. O amor de complacência de Deus tem a ver com o seu amor redentor que é focalizado principalmente em seu Filho amado, mas transborda sobre aqueles que estão em Cristo. Deus tem um amor especial pelos redimidos, um amor que ele não tem pelo resto do mundo.

CAPÍTULO 39

ELEIÇÃO E REPROVAÇÃO

"**N**aqueles dias, foi publicado um decreto de César Augusto, convocando toda a população do império para recensear-se" (Lc 2.1). Esta sentença da narrativa de Lucas sobre o nascimento de Jesus chama atenção para a autoridade de César Augusto, que foi um dos mais poderosos governantes do mundo antigo. Quando um governante como César publicava um decreto, a ordem era imposta sobre todos os que estavam em seu domínio. O decreto de César foi a razão por que Jesus nasceu em Belém. No entanto, muito antes de César pensar em publicar um decreto que levaria José e Maria a Belém, Deus havia emitido um decreto de que o Messias nasceria ali. Acima e além dos decretos de reis e imperadores, permanece sempre o decreto do Deus onipotente.

Os teólogos se interessam nos decretos divinos porque sabemos que Deus é soberano. A soberania de Deus envolve sua autoridade e governo sobre todas as coisas que ele fez. Deus governa o universo, e, quando ele emite um decreto de acordo com seu conselho e plano eterno, esse decreto se cumpre.

PREDESTINAÇÃO

As Escrituras revelam muitos aspectos dos decretos eternos de Deus, que têm provocado muita controvérsia a respeito de seu plano de salvação, principalmente o decreto de eleição. Neste capítulo, examinamos a muito difícil doutrina da predestinação. A palavra *predestinação* causa mais discussão teológica do que qualquer palavra na Bíblia.

Quando começamos uma viagem, temos um destino tencionado, um lugar a que esperamos chegar em segurança. Às vezes, falamos de nosso "destino", pelo que pretendemos dizer nossa destinação final. Quando a Escritura liga a essa palavra o prefixo *pre*, que significa "de antemão" ou "em antecipação de", está indicando que Deus decretou um destino para seu povo. Paulo escreveu:

> Bendito o Deus e Pai de nosso Senhor Jesus Cristo, que nos tem abençoado com toda sorte de bênção espiritual nas regiões celestiais em Cristo, assim como nos escolheu, nele, antes da fundação do mundo, para sermos santos e irrepreensíveis perante ele; e em amor nos predestinou para ele, para a adoção de filhos, por meio de Jesus Cristo, segundo o beneplácito de sua vontade, para louvor da glória de sua graça, que ele nos concedeu gratuitamente no Amado (Ef 1.3-6).

ELEIÇÃO E REPROVAÇÃO

Quando Paulo introduz a ideia de predestinação e eleição nesta passagem, está falando de sermos abençoados. Paulo não via a predestinação divina em uma luz negativa; pelo contrário, a predestinação evocava nele um senso de exultação e gratidão. Ela o compelia a glorificar a Deus. Em outras palavras, o apóstolo via a doutrina da predestinação como uma bênção. Ela é realmente uma bênção que também deveria evocar em nós um senso de profunda gratidão e louvor.

Quando teólogos reformados falam sobre a doutrina da predestinação, a discussão inclui o que chamamos "doutrinas da graça". Com a doutrina da predestinação, talvez mais do que qualquer outra doutrina, somos confrontados com as profundezas e as riquezas da misericórdia e da graça do Deus todo-poderoso. Se separarmos nosso pensamento quanto à predestinação do contexto dessa bênção, nunca pararemos de lutar para compreender esta doutrina.

João Calvino, que é frequentemente considerado o principal defensor da doutrina de predestinação, disse que essa doutrina é tão misteriosa que precisa ser tratada com cuidado e humildade, porque pode ser facilmente distorcida ao ponto de obscurecer a integridade de Deus. Se abordada de maneira errada, a doutrina pode fazer Deus parecer um tirano que brinca com suas criaturas, que lança os dados, por assim dizer, com respeito à nossa salvação. Distorções desse tipo são muitas, e, se você tem dificuldade com esta doutrina, não está sozinho.[1] Por outro lado, creio que vale a pena nos empenharmos para compreendê-la, porque, quanto mais sondamos esta doutrina,

---

1 Quanto a mais informações sobre as nuanças envolvidas na doutrina da eleição, ver R. C. Sproul, *Chosen by God*, rev. ed. (Carol Stream, Ill.: Tyndale, 1994).

tanto mais chegamos a ver a magnificência de Deus e a doçura de sua graça e misericórdia.

Se temos de ser bíblicos em nossa teologia, devemos incluir algo da doutrina de predestinação, porque a Bíblia – não Agostinho, nem Lutero, nem Calvino – apresenta claramente o conceito. Não há nada na doutrina de predestinação ensinada por Calvino que não esteve primeiramente em Lutero, e não há nada na doutrina de predestinação ensinada por Lutero que não esteve primeiramente em Agostinho, e acho que é seguro dizer que não há nada na doutrina de predestinação ensinada por Agostinho que não esteve primeiramente nos ensinos de Paulo. Esta doutrina tem suas raízes não em teólogos da igreja, mas na Bíblia, que a apresenta explicitamente.

Em Efésios 1, Paulo diz que fomos abençoados com "toda sorte de bênção espiritual nas regiões celestiais em Cristo, assim como nos escolheu, nele, antes da fundação do mundo, para sermos santos e irrepreensíveis perante ele; e em amor nos predestinou para ele, para a adoção de filhos". A predestinação à qual Paulo se refere aqui está relacionada à eleição. *Predestinação* e *eleição* não são sinônimos, embora sejam intimamente relacionadas. Predestinação tem a ver com os decretos de Deus concernentes a qualquer coisa. Um tipo específico de predestinação é a eleição, que diz respeito a Deus escolher certas pessoas em Cristo para serem adotadas na família de Deus ou, em termos simples, serem salvas. À luz de um ponto de vista bíblico, Deus tem um plano de salvação em que, desde toda a eternidade, ele escolheu pessoas para serem adotadas em sua família.

A maioria das pessoas que lidam com a doutrina da predestinação e os decretos eternos de Deus concorda em que a eleição é para a salvação e em Cristo, mas há duas questões controversas que surgem neste ponto. A primeira envolve o que os teólogos chamam de "reprovação", que está relacionada com o lado negativo dos decretos divinos. A questão é apenas esta: se Deus decreta que alguns sejam escolhidos e eleitos por Deus para a salvação, isso não significa que alguns *não* são escolhidos e, portanto, estão na classe dos não eleitos ou reprovados? É neste ponto que entra a doutrina da dupla predestinação. A outra questão controversa envolve as bases sobre as quais Deus faz a escolha de eleger pessoas para salvação.

O PONTO DE VISTA DE PRESCIÊNCIA

A versão popular da predestinação é chamada "ponto de vista de presciência". A palavra *presciência* contém a palavra *ciência*, que vem da palavra latina que significa conhecimento, com o prefixo *pre*, que significa "de antemão" ou "antecipadamente". O ponto de vista de presciência afirma que a eleição de Deus se baseia, em última análise, em seu conhecimento prévio do que pessoas farão ou não farão. De acordo com este ponto de vista, Deus olhou, desde a eternidade passada, pelos corredores do tempo e viu quem aceitaria a Cristo e quem o rejeitaria, e, com base nesse conhecimento prévio, Deus escolheu adotar aqueles que ele sabia fariam a escolha correta. Portanto, em última análise, Deus escolhe com base em seu conhecimento do fato que nós o escolheríamos. Em minha opinião, isso não explica a doutrina bíblica da predestinação. Francamente, acho que esse ponto de vista nega o ensino bíblico, porque, conforme entendo as Escrituras, a Bíblia está dizendo que escolhemos a Deus porque ele nos escolheu primeiro. Além disso, a Escritura ensina que a predestinação é baseada unicamente no beneplácito da vontade de Deus.

Paulo diz em Efésios: "E em amor nos predestinou para ele, para a adoção de filhos, por meio de Jesus Cristo, segundo o beneplácito de sua vontade" (1.5). Aqui aprendemos por que Deus faz o que faz – para a sua própria glória. O alvo final dos decretos de Deus é a sua própria glória, e as decisões e escolhas que ele faz em seu plano de salvação se baseiam no beneplácito de sua vontade.

A objeção típica a este ensino é esta: "Se Deus escolhe um e não outro independentemente do que as pessoas fazem, ele não está sendo caprichoso e tirânico?" Paulo diz que a escolha vem do bom prazer da vontade de Deus; não há algo como o mau prazer da vontade de Deus. O que Deus escolhe está baseado em sua retidão e bondade íntimas. Deus não faz uma escolha má ou qualquer coisa má; é por essa razão que Paulo louva a Deus por seu plano de salvação.

A MISERICÓRDIA DE DEUS

O que Paulo indica em Efésios 1, ele o desenvolve mais completamente em sua Epístola aos Romanos, em especial em Romanos 8 e 9:

> E não ela somente, mas também Rebeca, ao conceber de um só, Isaque, nosso pai. E ainda não eram os gêmeos nascidos, nem tinham praticado o bem ou o mal (para que o propósito de Deus, quanto à eleição, prevalecesse, não por obras, mas por aquele que chama), já fora dito a ela: O mais velho será servo do mais moço. Como está escrito: Amei Jacó, porém me aborreci de Esaú (Rm 9.10-13).

ELEIÇÃO E REPROVAÇÃO

Paulo está dizendo aqui que Deus fez uma decisão de redimir Jacó, mas não Esaú. Ambos eram filhos da mesma família; de fato, eram gêmeos. Antes de serem nascidos, antes de fazer qualquer bem ou mal, Deus declarou que daria seu benevolente e complacente amor a um e o reteria do outro.

Paulo continua: "Que diremos, pois? Há injustiça da parte de Deus?" (v. 14a). Paulo está formulando um ponto crucial. Quando pessoas aprendem que a predestinação está arraigada no beneplácito soberano de Deus, elas levantam frequentemente uma pergunta sobre a justiça de Deus. Paulo antecipa esta objeção; ele mesmo faz retoricamente a pergunta. Em seguida, oferece sua resposta inequívoca: "De modo nenhum!" (v. 14b). Depois, Paulo nos lembra o ensino do Antigo Testamento: "Pois ele diz a Moisés: Terei misericórdia de quem me aprouver ter misericórdia e compadecer-me-ei de quem me aprouver ter compaixão" (v. 15). Paulo ressalta que é prerrogativa soberana de Deus conceder sua graça e misericórdia a quem ele escolher concedê-la.

Quando consideramos a justiça de Deus num capítulo anterior, notamos que tudo que está fora da categoria de justiça é não justiça. Tanto a injustiça quanto a misericórdia estão fora da categoria de justiça, embora injustiça seja má e misericórdia não o seja. Quando Deus considerou uma raça de seres humanos caídos e corrompidos em rebelião contra ele, decretou que concederia misericórdia para alguns e justiça para outros. Esaú recebeu justiça; Jacó recebeu graça; nenhum dos dois recebeu injustiça. Deus nunca pune pessoas inocentes, mas redime pessoas culpadas. Deus não redime todas elas, e não está sob nenhuma obrigação de redimir qualquer delas. A coisa maravilhosa é que ele redime alguns.

SOTERIOLOGIA

Em seguida, Paulo apresenta a sua conclusão: "Assim, pois, não depende de quem quer ou de quem corre, mas de usar Deus a sua misericórdia. Porque a Escritura diz a Faraó: Para isto mesmo te levantei, para mostrar em ti o meu poder e para que o meu nome seja anunciado por toda a terra. Logo, tem ele misericórdia de quem quer e também endurece a quem lhe apraz" (vv. 16, 18). Paulo não poderia ter sido mais claro em dizer que nossa eleição não se baseia em nosso correr, nosso fazer, nosso escolher ou nosso querer; a eleição se baseia, em última análise, na soberana vontade de Deus.

CAPÍTULO 40

CHAMADA EFICAZ

Quando discutimos a predestinação ou eleição e a soberana graça divina, devemos encarar a questão do que Deus realmente faz quando intervém numa vida para trazer a pessoa à fé. Historicamente, a escola calvinista e agostiniana diz que a eleição é puramente a atividade soberana de Deus, enquanto a escola arminiana ou semipelagiana vê um empreendimento cooperativo entre o homem e Deus. Ambos os lados – calvinismo e arminianismo – concordam em que a graça é uma necessidade absoluta para a salvação. Mas diferem quanto ao grau em que a graça é necessária. Quando um pecador sai da morte espiritual para a vida espiritual, esse passo é realizado por *monergismo* ou por *sinergismo*? A controvérsia entre calvinismo e arminianismo, ou entre agostinianismo e semipelagianismo, se reduz a estas duas palavras e seus significados.

SOTERIOLOGIA

MONERGISMO, NÃO SINERGISMO

A palavra monergismo contém o prefixo *mon*, que significa "um", e a palavra *ergon*, que significa "obra", portanto *monergismo* indica que somente uma pessoa faz a obra. Sinergismo contém o prefixo *sin*, que significa "com", portanto *sinergismo* tem a ver com cooperação, com duas ou mais pessoas trabalhando juntas. Tomás de Aquino formulou a questão desta maneira: a graça da regeneração é graça operativa ou graça cooperativa? Em outras palavras, quando o Espírito Santo regenera um pecador, ele contribui somente com algum poder, para que o pecador acrescente algo de sua própria energia ou poder, a fim de produzir o efeito desejado, ou a regeneração é uma obra unilateral de Deus? Em outras palavras, Deus muda sozinho o coração do pecador ou a mudança de coração depende da vontade do pecador para ser mudado?

Paulo escreve:

> Ele vos deu vida, estando vós mortos nos vossos delitos e pecados, nos quais andastes outrora, segundo o curso deste mundo, segundo o príncipe da potestade do ar, do espírito que agora atua nos filhos da desobediência; entre os quais também todos nós andamos outrora, segundo as inclinações da nossa carne, fazendo a vontade da carne e dos pensamentos; e éramos, por natureza, filhos da ira, como também os demais (Ef 2.1-3).

Nesta passagem, Paulo estava lembrando os crentes em Éfeso o seu estado antes de Cristo. Eles eram mortos – espiritualmente mortos. Pessoas mortas não podem cooperar. No evangelho de João, lemos que Lázaro estava morto havia quatro dias, antes de Jesus ressuscitá-lo. O único poder no universo que poderia retirar aquele cadáver do sepulcro era o poder de Deus. Cristo não convidou Lázaro a sair do sepulcro; não esperou que Lázaro cooperasse. Ele disse: "Lázaro, vem para fora!", e, por meio do poder desse imperativo, aquilo que estava morto se tornou vivo (Jo 11.43). Lázaro cooperou por andar para fora do sepulcro, mas não houve cooperação envolvida em sua transição da morte para a vida.

De modo semelhante, Paulo diz aos Efésios que estamos numa condição de morte espiritual. Por natureza, somos filhos da ira, e, de acordo com Jesus, ninguém vem a ele se o Pai não o trouxer (Jo 6.44).

Paulo continua:

> Mas Deus, sendo rico em misericórdia, por causa do grande amor com que nos amou, e estando nós mortos em nossos delitos, nos deu vida juntamente com Cristo, – pela graça sois salvos, e, juntamente com ele, nos ressuscitou, e nos fez assentar nos lugares celestiais em Cristo Jesus; para mostrar, nos séculos vindouros, a suprema riqueza da sua graça, em bondade para conosco, em Cristo Jesus (Ef 2.4-7).

Em nossa carne, não podemos fazer nada; sozinhos nunca escolheríamos as coisas de Deus. Embora estejamos numa condição de morte espiritual, andando de acordo com o curso deste mundo e obedecendo às paixões de nossa carne, Deus nos vivifica. Depois que Deus nos vivifica, passamos a ter fé, mas o primeiro passo é algo que Deus faz sozinho. Ele não cochicha em nosso ouvido: "Você gostaria de cooperar comigo?" Pelo contrário, Deus intervém, por meio de seu Espírito Santo, para mudar a disposição do coração de pessoas espiritualmente mortas.

Desde o parágrafo inicial de sua carta aos efésios, na qual ele descreve a doçura da predestinação, até este ponto, em que mostra a abundante riqueza da graça de Deus, em bondade para conosco, em Cristo Jesus, Paulo exalta as maravilhas da graça divina. Depois, Paulo diz novamente: "Porque pela graça sois salvos, mediante a fé; e isto não vem de vós; é dom de Deus; não de obras, para que ninguém se glorie. Pois somos feitura dele, criados em Cristo Jesus para boas obras, as quais Deus de antemão preparou para que andássemos nelas" (Ef 2.8-10).

DUPLA PREDESTINAÇÃO

Paulo escreve que somos salvos pela graça, por meio da fé, "e isto não vem de vós". Gramaticalmente, o antecedente de "isto" inclui a palavra "fé". Somos justificados pela fé, mas até a fé que temos não é algo que produzimos. Não vem de uma natureza caída. É o resultado da atividade criadora de Deus, e isso é o que os teólogos reformados querem dizer quando falam de regeneração monergística. Deus intervém no coração dos eleitos e muda a disposição de sua alma. Ele cria a fé em corações que não têm fé.

A ideia de regeneração monergística é repugnante para semipelagianos, os quais dizem que o Espírito Santo não viria e mudaria unilateralmente o coração de pessoas, contra a vontade delas. Mas a vontade humana caída é sempre e em todos os lugares contrária a Deus; por isso, a única maneira pela qual uma pessoa escolherá a Cristo espontaneamente é se Deus intervir para torná-la disposta, por recriar sua alma. Deus ressuscita pessoas da morte espiritual e lhes dá vida espiritual, para que não somente possam querer e queiram a Cristo, mas também façam isso espontaneamente. Por trás da regeneração, há a mudança de coração pela qual os indispostos são tornados dispostos pelo Espírito de Deus. Na regeneração, aqueles que odiavam as coisas de Deus recebem uma disposição totalmente nova, um novo coração. Isso é exatamente o que Jesus disse – se alguém não nascer de novo, não pode ver o reino de Deus, nem entrar nele (Jo 3.1-5).

A diferença básica entre a teologia reformada e a teologia não reformada é a ordem da salvação no que diz respeito à fé e à regeneração. A grande maioria de cristãos evangélicos professos acredita que a fé vem antes da regeneração. Em outras palavras, para uma pessoa ser nascida de novo, ela precisa crer. Uma pessoa tem de escolher a Cristo antes de acontecer o novo nascimento. Se isso fosse verdade, não teríamos nenhuma esperança de salvação, porque a pessoa espiritualmente morta, em inimizade com Deus, não pode escolher a Cristo. Também não podemos mudar o coração dos outros por meio da evangelização. Podemos apresentar o evangelho; podemos argumentar em favor do evangelho e tentar sermos convincentes. Mas somente Deus pode mudar o coração. Visto que somente Deus tem o poder para mudar a natureza de uma alma humana, devemos dizer que a regeneração precede a fé. Isso é a essência da teologia reformada. O Espírito Santo muda a disposição da alma antes de uma pessoa vir à fé.

No que diz respeito a crer, isso significa que Deus crê por nós? Não, somos aqueles que fazem o crer. Escolhemos a Cristo? Sim, escolhemos a Cristo. Respondemos ao evangelho. Nossa vontade é mudada de modo que as coisas que odiávamos agora amamos e corremos para o Filho. Deus nos dá, em nossa alma, o desejo por Cristo. É uma distorção da opinião bíblica dizer que o homem natural está tentando desesperadamente achar a Deus, mas Deus não permitirá que alguns o achem porque não estão em sua lista. Ninguém tenta vir a Cristo sem a graça especial de Deus.

Ambos os lados na disputa concordam em que a graça é uma condição necessária. Discordam apenas quanto a monergismo e sinergismo, se a graça da regeneração é eficaz ou, usando uma linguagem mais popular, irresistível. Aqueles que dizem que temos o poder de recusá-la estão enredados numa teologia desesperançosa, que não leva a sério o ponto de vista bíblico sobre a natureza radical da queda humana. Somos incapazes de converter a nós mesmos ou até de cooperar com Deus nesta questão. Qualquer cooperação pressupõe que uma mudança já aconteceu, pois, se a mudança não acontecer, ninguém cooperará. Aqueles que creem que o homem coopera na regeneração sustentam uma forma de justiça de obras. Como poderia ser o contrário, se alguém pode entrar no reino por fazer a resposta "certa"? Isto é uma negação do evangelho. Não há nenhuma justiça humana na regeneração do homem.

A CORRENTE DE OURO

Os teólogos se referem à "corrente de ouro da salvação":

> Sabemos que todas as coisas cooperam para o bem daqueles que amam a Deus, daqueles que são chamados

> segundo o seu propósito. Porquanto aos que de antemão conheceu, também os predestinou para serem conformes à imagem de seu Filho, a fim de que ele seja o primogênito entre muitos irmãos. E aos que predestinou, a esses também chamou; e aos que chamou, a esses também justificou; e aos que justificou, a esses também glorificou (Rm 8.28-30).

Há uma corrente aqui, uma sequência, que começa com presciência. Em seguida, vem predestinação, chamada, justificação e glorificação. Esta é uma afirmação elíptica – algo é admitido, mas não explicitado. É a palavra *todos*. Todos os que Deus conheceu de antemão, ele os predestinou; todos os que predestinou, também os chamou; todos os que chamou, também os justificou; e todos os que Deus justificou são glorificados.

Alguns ressaltam que a presciência antecede os outros passos nesta corrente de ouro, e isso é a razão por que eles sustentam um ponto de vista de presciência sobre a eleição. Mas a predestinação, não importando que ponto de vista você mantenha, tem de começar com presciência, porque Deus não pode predestinar qualquer pessoa que ele não conheça de antemão. Isto exige que a corrente comece com presciência. Todos que são conhecidos de antemão são predestinados, e todos os predestinados são chamados. Aqui Paulo não tem em mente qualquer pessoa no mundo, mas apenas os predestinados, que são conhecidos de antemão e chamados.

O ensino é que todos os que são chamados são justificados, e isso significa que todos os que são chamados recebem fé, o que, por sua vez, significa que o texto não pode estar falando daquilo que os teólogos designam de "chamada externa do evangelho", que é dirigida a todos. O texto fala da chamada interna, a chamada operativa, a obra do Espírito Santo que muda eficazmente o coração. A chamada eficaz do Espírito Santo faz acontecer em nosso coração o que Deus propôs fazer desde a fundação do mundo. *Todos* os que foram predestinados são chamados eficazmente pelo Espírito Santo; e *todos* os que são justificados são glorificados. Se aplicássemos as categorias arminianas a esta corrente de ouro, teríamos de dizer que *alguns* que foram conhecidos de antemão são predestinados; *alguns* que são predestinados são chamados; *alguns* que são chamados são justificados; e *alguns* que são justificados são glorificados. Nesse caso, todo o texto significaria nada.

CAPÍTULO 41

JUSTIFICAÇÃO SOMENTE PELA FÉ

A doutrina da justificação tem causado grande controvérsia na história do cristianismo. Provocou a Reforma Protestante, quando os reformadores tomaram sua posição em favor de *sola fide* ou a justificação somente pela fé. Martinho Lutero afirmava que a doutrina da justificação somente pela fé é o artigo do qual dependem a prosperidade ou a ruína da igreja, e João Calvino concordava com ele. Eles tinham opiniões firmes sobre esta doutrina porque entendiam, com base na Escritura, que nada menos do que o próprio evangelho está em jogo quando a justificação é debatida.

A doutrina da justificação diz respeito à situação mais grave de seres humanos caídos – sua exposição à justiça de Deus. Deus é justo, mas nós não somos. Como Davi orou: "Se observares, Senhor, iniquidades, quem, Senhor, subsistirá?" (Sl 130.3). É óbvio que esta é uma pergunta retórica;

ninguém pode resistir ao escrutínio divino. Se Deus tomasse a sua régua de justiça e a usasse para avaliar a nossa vida, pereceríamos, porque não somos justos. A maioria de nós pensamos que, se nos empenharmos para ser pessoas boas, isso será suficiente quando comparecermos diante do julgamento de Deus. O grande mito da cultura popular, que entrou na igreja, é que pessoas podem *ganhar por mérito* o favor de Deus, embora a Escritura afirme claramente que, por obras da lei, ninguém será justificado (Gl 2.16). Somos devedores que não podem pagar sua dívida.

É por essa razão que o evangelho é chamado "boas novas". Como Paulo escreveu sobre o evangelho: "Não me envergonho do evangelho, porque é o poder de Deus para a salvação de todo aquele que crê, primeiro do judeu e também do grego; visto que a justiça de Deus se revela no evangelho, de fé em fé, como está escrito: O justo viverá por fé" (Rm 1.16-17). Em última análise, a justificação é um pronunciamento legal feito por Deus. Em outras palavras, a justificação só pode ocorrer quando Deus, que é ele mesmo justo, se torna o justificador por decretar que alguém é justo aos olhos dele.

SIMUL IUSTIS ET PECCATOR

O debate no século XVI se focalizou em se Deus espera que pessoas se tornem justas antes de declará-las justas, ou se ele as declara justas aos seus olhos enquanto ainda são pecadores. Lutero propôs uma fórmula que tem sobrevivido desde o tempo do debate. Ele disse que somos *simul iustus et peccator*, que significa "ao mesmo tempo justo e pecador". Lutero estava dizendo que uma pessoa justificada é simultaneamente justa e pecadora. Somos justos por virtude da obra de Cristo, mas ainda não fomos aperfeiçoados, por isso, ainda pecamos.

A Igreja Católica Romana argumenta que o ensino de Lutero era uma ficção legal. Os teólogos católicos romanos perguntam: como Deus pode declarar pessoas justas quando ainda são pecadoras? Isso seria indigno de Deus. Em lugar disso, Roma argumenta em favor do que é chamado "justificação analítica". Eles concordam em que a justificação acontece quando Deus declara alguém justo. No entanto, para Roma, Deus não declarará uma pessoa justa enquanto essa pessoa não for, de fato, justa. Os protestantes respondem dizendo que não há nada de ficcional quando Deus declara uma pessoa justa. Essa pessoa é justa aos olhos de Deus por virtude da obra real de Jesus Cristo, que não é ficcional.

A CAUSA INSTRUMENTAL

Dizemos que a justificação é somente pela fé, e a palavra *pela* nesta sentença era parte da controvérsia do século XVI. *Pela* se refere ao meio pelo qual algo chega a acontecer. Portanto, a controvérsia dizia respeito à causa instrumental da justificação. Hoje não falamos muito sobre causas instrumentais. De fato, essa linguagem remonta à Grécia antiga, ao tempo em que o filósofo Aristóteles fez distinção entre vários tipos de causas: material, formal, final, eficiente e instrumental. Como ilustração, Aristóteles usava a criação de uma estátua por um escultor. O escultor molda o seu bloco de pedra. A causa material para a estátua é a matéria da qual a escultura é produzida, a própria pedra. A causa instrumental, o meio pelo qual o rústico bloco de pedra é transformado numa estátua magnífica, é o martelo e o cinzel. Esta foi a linguagem usada no debate do século XVI.

INFUSÃO OU IMPUTAÇÃO

A Igreja Católica Romana dizia que a causa instrumental da justificação é o sacramento do batismo. O batismo confere sacramentalmente ao recipiente a graça da justificação; em outras palavras, a justiça de Cristo é derramada na alma daquele que recebe o batismo. Esse derramamento de graça na alma é chamado "infusão". Portanto, Roma não crê que pessoas são justificadas sem a graça ou a fé, mas que a justificação vem como resultado de uma infusão de graça pela qual a justiça humana se torna possível.

Então, disse Roma, para que as pessoas se tornem justas, elas têm de cooperar com a graça infundida. Têm de concordar com essa graça em tal grau que a justiça seja alcançada. Enquanto as pessoas se guardarem de cometer pecados mortais, permanecem num estado de justificadas. Entretanto, de acordo com Roma, o pecado mortal é tão mau que destrói a graça justificadora que a alma possui. Portanto, aqueles que cometem um pecado mortal perdem a graça da justificação. Mas nem tudo está perdido. Um pecador pode ser restaurado ao estado de justificação por meio do sacramento de penitência, que a Igreja de Roma define como a segunda tábua de justificação para aqueles que fizeram um "naufrágio" de sua fé. Essa é a razão por que pessoas vão à confissão, que é parte do sacramento de penitência. Quando uma pessoa confessa seus pecados, ela recebe absolvição, depois da qual tem de realizar obras de satisfação que ganham o que Roma chama de "mérito congruente". Obras de mérito congruente são integrais ao sacramento de penitência, porque estas obras de satisfação tornam apropriado, ou congruente, que Deus restaure o pecador ao estado de graça.

JUSTIFICAÇÃO SOMENTE PELA FÉ

Assim, Roma tem realmente duas causas instrumentais de justificação: o batismo e a penitência.

Em oposição a este ponto de vista, os reformadores protestantes argumentaram que a única causa instrumental da justificação é a fé. Logo que pessoas abraçam a Cristo pela fé, o mérito de Cristo é transferido para elas. Enquanto Roma sustenta a justificação por infusão, os protestantes sustentam a justificação por imputação. A Igreja Católica Romana diz que Deus declara alguém justo somente por virtude de sua cooperação com a graça infundida de Cristo. Para os protestantes, a base da justificação permanece exclusivamente na justiça de Cristo – não a justiça de Cristo *em* nós, mas a justiça de Cristo *por* nós, a justiça que Cristo realizou em sua obediência perfeita à lei de Deus. Esta justiça, a primeira parte da base da justificação, é aplicada a todos os que colocam sua confiança em Cristo. A outra parte da base da justificação é a perfeita satisfação de Cristo às sanções negativas da lei em sua morte sacrificial, na cruz.

Isto significa que somos salvos não somente pela morte de Jesus, mas também por sua vida. Uma dupla transferência acontece, uma dupla imputação. Como o Cordeiro de Deus, Cristo foi à cruz e sofreu a ira de Deus, mas não por qualquer pecado que Deus achou nele. Cristo tomou voluntariamente sobre si mesmo os nossos pecados. Ele se tornou o carregador de pecados quando Deus, o Pai, transferiu ou atribuiu nossos pecados a ele. Isso é imputação – uma transferência legal. Cristo assumiu nossa culpa em sua própria pessoa. Nossa culpa foi imputada a Cristo. A outra transferência acontece quando Deus imputa a nós a justiça de Cristo.

SOTERIOLOGIA

Quando Lutero dizia que a justificação é somente pela fé, queria dizer que a justificação é somente *por meio de Cristo*, por meio do que ele realizou para satisfazer as exigências da justiça de Deus. A imputação envolve a transferência da justiça de outra pessoa. A infusão envolve uma implantação de justiça que é inerente ou existe em nós.

Portanto, a causa instrumental da justificação, de acordo com Roma, são os sacramentos de batismo e de penitência. E, para os protestantes, a causa instrumental da justificação é a fé sozinha. Além disso, o ponto de vista católico romano sobre a justificação se fundamenta em infusão, mas o ponto de vista protestante se fundamenta em imputação.

ANALÍTICO OU SINTÉTICO

Outra diferença é que o ponto de vista católico romano quanto à justificação é analítico, enquanto o ponto de vista da Reforma é sintético. Uma afirmação analítica é uma afirmação que é verdadeira por definição. Por exemplo, "um solteiro é um homem não casado". O predicado "homem não casado" não acrescenta nenhuma informação nova sobre o sujeito da frase, "um solteiro", por isso a afirmação é verdadeira por definição. No entanto, se dizemos: "O solteiro é um homem rico", dissemos ou predicamos algo sobre o solteiro que não se acha no sujeito, porque nem todos os solteiros são ricos. Nesse caso, temos uma afirmação sintética.

A Igreja Católica Romana diz que Deus não declara pessoas justas, enquanto elas não *são* justas. Os protestantes dizem que pessoas são justas sinteticamente, porque algo é acrescentado a elas, a justiça de Cristo. Portanto, para os católicos, a justiça tem de ser *inerente*, enquanto para os protestantes a justiça é *extra nos*, ou seja, "fora de nós". Falando corretamente, a justiça não é nossa própria. É contada como nossa apenas quando abraçamos a Cristo pela fé.

As maravilhosas boas novas do evangelho é que não temos de esperar até que tenhamos sido purificados de todas as impurezas no purgatório. No momento em que colocamos nossa confiança em Jesus Cristo, tudo que ele é e tudo que ele possui se tornam nosso; e somos transportados imediatamente para um estado de reconciliação com Deus.

CAPÍTULO 42

FÉ SALVADORA

Vimos no capítulo anterior que as causas instrumentais da justificação, de acordo com a Igreja Católica Romana, são os sacramentos de batismo e de penitência, mas para os protestantes a causa instrumental é somente a fé. Além disso, o ponto de vista católico romano quanto à justificação se fundamenta numa infusão de justiça, enquanto o ponto de vista protestante se fundamenta na imputação da justiça de Cristo. Muitos creem que os católicos romanos minimizam a importância da fé, mas isso não é verdade. A Igreja Católica Romana insiste na necessidade da fé para a justificação; mas sustenta que a fé por si mesma não é suficiente para justificar alguém. Precisa haver também as obras. A diferença real é, portanto, que Roma crê em fé mais obras, em graça mais méritos, enquanto os reformados declaram que a justificação é somente pela fé e somente pela graça.

SOTERIOLOGIA

A fé é essencial ao cristianismo. O Novo Testamento chama, repetidamente, pessoas a crerem no Senhor Jesus Cristo. Há um corpo definido de conteúdo em que se deve crer, que é parte e parcela de nossa atividade religiosa. No tempo da Reforma, o debate envolvia a *natureza* da fé salvadora. O que é fé salvadora? A ideia de justificação somente pela fé sugere a muitas pessoas um antinomianismo levemente oculto que afirma que pessoas podem viver do modo que desejarem, contanto que creiam nas coisas certas. Entretanto, Tiago escreveu: "Meus irmãos, qual é o proveito, se alguém disser que tem fé, mas não tiver obras? Pode, acaso, semelhante fé salvá-lo?... Assim, também a fé, se não tiver obras, por si só está morta" (2.14, 17). Lutero disse que o tipo de fé que justifica é *fides viva*, uma "fé viva", uma fé que, inevitável, necessária e imediatamente, produz o fruto de justiça. A justificação é somente pela fé, mas não por uma fé que está sozinha. Uma fé sem qualquer fruto de justiça não é fé verdadeira.

Para a Igreja Católica Romana, fé mais obras é igual a justificação. Para os antinomianos, fé menos obras é igual a justificação. Para os reformadores protestantes, fé é igual a justificação mais obras. Em outras palavras, as obras são o fruto necessário da fé verdadeira. As obras não são levadas em conta na declaração de Deus de que somos justos aos seus olhos; elas não fazem parte das bases da decisão de Deus para declarar-nos justos.

ELEMENTOS ESSENCIAIS DA FÉ SALVADORA

Quais são os elementos que constituem a fé salvadora? Os reformadores protestantes reconheceram que a fé bíblica tem três aspectos essenciais: *notitia, assensus* e *fiducia*.

FÉ SALVADORA

Notitia se refere ao conteúdo da fé, as coisas que cremos. Há certas coisas que temos de crer a respeito de Cristo: que ele é o Filho de Deus, que ele é o Salvador, que ele proveu uma expiação e assim por diante.

Assensus é a convicção de que o conteúdo de nossa fé é verdadeiro. Uma pessoa pode saber a respeito da fé cristã e, apesar disso, crer que tal conteúdo não é verdadeiro. Podemos ter uma dúvida ou outra misturada com nossa fé, mas precisa haver certo nível de afirmação e convicção intelectual, se temos de ser salvos. Antes que uma pessoa possa crer realmente em Jesus Cristo, ela tem de crer que Cristo é realmente o Salvador, que ele é quem afirmou ser. A fé genuína diz que o conteúdo, a *notitia*, é verdadeiro.

Fiducia se refere à confiança e dependência pessoal. Saber e crer no conteúdo da fé cristã não é suficiente, pois até os demônios fazem isso (Tg 2.19). A fé é eficaz somente se o indivíduo confia pessoalmente apenas em Cristo para a salvação. Uma coisa é alguém dar assentimento intelectual a uma proposição, mas outra coisa bem diferente é colocar sua confiança pessoal em tal proposição. Podemos dizer que cremos na justificação somente pela fé, mas, apesar disso, continuarmos pensando que iremos ao céu por causa de nossas realizações, nossas obras ou nosso esforço. É fácil introduzirmos a doutrina da justificação somente pela fé em nossa mente, mas é difícil colocá-la no coração de modo que nos prendamos *somente* a Cristo para salvação.

Há outro elemento em *fiducia* além de confiança, e esse elemento é afeição. Uma pessoa não regenerada nunca virá a Jesus, porque não quer a Jesus. Em sua mente e coração, ela está fundamentalmente em inimizade com Deus. Enquanto uma pessoa é hostil para com Cristo, ela não tem nenhuma afeição por ele. Satanás é um caso assim. Satanás conhece a verdade, mas odeia a verdade. Ele não tem nenhuma inclinação para adorar a Deus porque não ama a Deus. Somos assim por natureza. Somos mortos em nosso pecado. Andamos de acordo com os poderes deste mundo e satisfazemos as concupiscências da carne. Até que o Espírito Santo nos mude, temos um coração de pedra. Um coração não regenerado é um coração sem afeições por Cristo; é tanto sem vida quanto sem amor. O Espírito Santo muda a disposição de nosso coração para que vejamos a doçura de Cristo e o abracemos. Nenhum de nós ama a Cristo perfeitamente, mas não podemos amá-lo se o Espírito Santo não mudar o nosso coração de pedra e transformá-lo num coração de carne.

FRUTOS DA CONVERSÃO

Tradicionalmente, os teólogos têm reconhecido vários elementos que acompanham a fé salvadora. Estes elementos são chamados "frutos da conversão". Consideraremos alguns deles.

ARREPENDIMENTO

Quando alguém é trazido à fé, por ação do Espírito Santo, ele sofre a conversão. Sua vida sofre uma reviravolta. Esta reviravolta é chamada "arrependimento", sendo um fruto imediato da fé genuína. Alguns incluem o arrependimento como parte da fé genuína. Entretanto, a Bíblia faz distinção entre arrependimento e crença. Não podemos ter afeição por Cristo enquanto não reconhecemos e admitimos que somos pecadores e necessitamos desesperadamente da obra de Cristo em nosso favor. O arrependimento inclui um ódio ao nosso pecado, que vem com a nova afeição que recebemos de Deus.

Fico inquieto quando pastores dizem: "Venha a Jesus, e todos os seus problemas serão resolvidos". Minha vida não era complicada até que me tornei um cristão. Antes de eu ser um cristão, seguia uma rua de mão única. Ainda sou tentado pelo curso deste mundo, mas Deus plantou em meu coração afeição por Cristo e confiança nele. Sim, parte de nós ainda ama o pecado, mas o verdadeiro arrependimento envolve uma tristeza santa por havermos ofendido a Deus e uma resolução de nos livrarmos de nosso pecado. O arrependimento não significa vitória total sobre o pecado. Se vitória total fosse exigida, ninguém seria salvo. O arrependimento é mudar de direção, ter uma percepção diferente do pecado. A palavra grega traduzida por "arrependimento", *metanoia*, significa literalmente "uma mudança de mente". Antes, nós racionalizávamos o nosso pecado, mas agora compreendemos que o pecado é uma coisa má; temos uma maneira de pensar diferente quanto ao pecado.

ADOÇÃO

Quando Deus nos declara justos em Jesus Cristo, ele nos adota em sua família. Seu único filho verdadeiro é Cristo, mas Cristo se torna nosso irmão mais velho, por virtude de adoção. Ninguém nasce na família de Deus. Por natureza, somos filhos da ira, não filhos de Deus; portanto, Deus não é nosso Pai por natureza. Podemos ter a Deus como nosso Pai somente se ele nos adotar, e Deus nos adotará somente por meio da obra de seu Filho. Mas, quando colocamos nossa fé e confiança em Cristo, Deus não somente nos declara justos, ele também nos declara filhos e filhas por adoção.

PAZ

Paulo escreveu aos cristãos em Roma: "Justificados, pois, mediante a fé, temos paz com Deus por meio de nosso Senhor Jesus Cristo" (Rm 5.1). O primeiro fruto da justificação é paz com Deus. Éramos inimigos, mas a guerra acabou. Deus declara um tratado de paz com todos os que colocam sua fé em Cristo. Quando Deus faz isso, não entramos numa trégua instável, de tal modo que, na primeira vez que fizermos algo errado, Deus começará a brandir a espada. Esta paz é inquebrável e eterna, porque foi ganha pela perfeita justiça de Cristo.

ACESSO A DEUS

Paulo também escreveu: "Por intermédio de quem [Cristo] obtivemos igualmente acesso, pela fé, a esta graça na qual estamos firmes; e gloriamo-nos na esperança da glória de Deus" (Rm 5.2). Outro fruto é acesso a Deus. Deus não permite que seus inimigos tenham um relacionamento íntimo com ele, mas, quando somos reconciliados com Deus, por meio de Cristo, temos acesso à sua presença e temos alegria na glória de quem ele é.

CAPÍTULO 43

ADOÇÃO E UNIÃO COM CRISTO

Em sua primeira epístola, o apóstolo João faz uma afirmação de admiração apostólica: "Vede que grande amor nos tem concedido o Pai, a ponto de sermos chamados filhos de Deus; e, de fato, somos filhos de Deus. Por essa razão, o mundo não nos conhece, porquanto não o conheceu a ele mesmo. Amados, agora, somos filhos de Deus" (1 Jo 3.1-2). Não podemos deixar de perceber um senso de admiração no escrito de João. O fato de que somos filhos de Deus é algo que tendemos a considerar normal, mas a igreja apostólica nunca fazia isso.

FILHOS DE DEUS

Vivemos numa cultura que tem sido altamente influenciada pelo interesse do século XIX no estudo de religiões mundiais. Como resultado do melhoramento da capacidade de locomoção, pessoas obtiveram conhecimento de religiões que antes desconheciam. Houve um grande interesse, especialmente na Alemanha, no estudo de religião comparativa. De fato, religião comparativa se tornou uma nova disciplina acadêmica. Durante este período, antropologistas, sociólogos e teólogos examinaram as religiões do mundo e procuraram achar o âmago de cada uma delas para destilar sua essência e descobrir semelhanças entre hindus, muçulmanos, judeus, cristãos, budistas e outros.

Entre esses eruditos, estava Adolf von Harnack, que escreveu um livro intitulado *Das Wesen des Christentums* (A Essência do Cristianismo). Neste livro, ele procurou reduzir o cristianismo ao denominador comum mais básico que ele compartilha com outras religiões. Harnack disse que a essência da fé cristã se acha em duas premissas: a paternidade universal de Deus e a irmandade universal do homem. O problema nesta conclusão é que nenhum dos dois conceitos é encontrado na Bíblia. Embora Deus seja o Criador de todas as pessoas, a paternidade de Deus é um conceito radical no Novo Testamento. Esta é a razão por que João expressa uma atitude de admiração quando diz: "Vede que grande amor nos tem concedido o Pai, a ponto de sermos chamados filhos de Deus".

Outro erudito alemão, Joachim Jeremias, fez um estudo do conceito bíblico da paternidade de Deus. Ele notou que entre o povo judeu da antiguidade os filhos eram instruídos nas maneiras apropriadas de se dirigirem a Deus. E a palavra "Pai" estava notoriamente ausente na extensa lista de títulos aprovados. Por contraste, quando chegamos ao Novo Testamento, vemos que em quase toda oração que Jesus pronunciou, ele se dirigiu a Deus de maneira direta chamando-o "Pai". Jeremias prosseguiu e disse que fora da comunidade cristã a primeira referência impressa que pôde achar de um judeu se dirigindo a Deus como "Pai" era do século XI AD, na Itália. Em outras palavras, a atitude de Jesus em dirigir-se a Deus como "Pai" era um afastamento radical do costume judaico, um fato que enraiveceu os fariseus porque a consideraram como uma afirmação de divindade.

Hoje, orar a Deus como "Pai" não é mais considerado radical. Ainda mais admirável é o fato de que Jesus, ao ensinar a Oração do Pai Nosso, instruiu seus discípulos a dirigirem suas orações ao Pai (Mt 6.9). Portanto, Jesus não somente se dirigia a Deus como "Pai", ele estendeu o privilégio aos seus discípulos.

O movimento Nova Era tem causado tal impacto na igreja em anos recentes, que alguns ministros ensinam que um verdadeiro cristão é uma encarnação de Deus como Jesus o era. Esse ensino nega a singularidade de Cristo em sua encarnação. Cristãos que expõem esta ideia compreenderam a importância de serem filhos de Deus, mas levaram-na a um extremo que obscurece a singularidade da filiação de Cristo.

A filiação de Cristo é central ao Novo Testamento. Há três referências no Novo Testamento a Deus, o Pai, falando audivelmente do céu; e, em duas dessas ocasiões, ele declara a filiação de Jesus: "Este é meu filho amado, em quem me comprazo" (Mt 3.17; ver também Mt 17.5; Jo 12.28). Portanto, devemos ser cuidadosos em proteger a singularidade de filiação de Jesus. De fato, ele é chamado *monogenēs*, o "unigênito" do Pai. O único que pode reivindicar o direito de ser chamado um filho de Deus inerentemente, ou naturalmente, é o próprio Jesus.

SOTERIOLOGIA

> O verbo estava no mundo, o mundo foi feito por intermédio dele, mas o mundo não o conheceu. Veio para o que era seu, e os seus não o receberam. Mas, a todos quantos o receberam, deu-lhes o poder de serem feitos filhos de Deus, a saber, aos que creem no seu nome; os quais não nasceram do sangue, nem da vontade da carne, nem da vontade do homem, mas de Deus (Jo 1.10-13).

A palavra grega traduzida por "poder", no versículo 12, é uma palavra significativa que expressa a ideia de "autoridade". É a mesma palavra usada a respeito de Jesus por seus contemporâneos, quando disseram que ele "os ensinava como quem tem autoridade e não como os escribas" (Mc 1.22). Autoridade extraordinária nos foi dada em recebermos o poder de chamarmos a Deus de "Pai".

Portanto, aprendemos aqui que ser filho de Deus é um dom. Não é algo merecido ou recebido por nascimento natural. Como o recebemos? Paulo nos diz:

> Assim, pois, irmãos, somos devedores não à carne, como se constrangidos a viver segundo a carne. Porque, se viverdes segundo a carne, caminhais para a morte; mas, se pelo Espírito mortificardes os feitos do corpo, certamente vivereis. Pois todos os que são guiados pelo Espírito de Deus são filhos de Deus. Porque não recebestes o espírito de escravidão, para viverdes, outra vez, atemorizados, mas recebeste o espírito de adoção, baseados no qual clamamos: Aba, Pai. O próprio Espírito testifica com o nosso espírito que somos filhos de Deus. Ora, se somos filhos,

somos também herdeiros, herdeiros de Deus e coerdeiros com Cristo; se com ele sofremos, também com ele seremos glorificados (Rm 8.12-17).

DIREITOS DE ADOÇÃO

Somos filhos de Deus por adoção, que é fruto de nossa justificação. Quando somos reconciliados com Deus, ele nos traz à sua família. A igreja é uma família que tem um Pai e um Filho, e todos os demais que estão na família são adotados. Esta é a razão por que olhamos para Cristo como nosso irmão mais velho. Fomos feitos herdeiros de Deus e coerdeiros com Cristo. O verdadeiro Filho de Deus torna disponível tudo que ele recebeu em sua herança. Ele compartilha com seus irmãos e irmãs todo o seu legado.

Isso é algo que nunca devemos considerar normal. Sempre que oramos "Pai nosso", devemos tremer com admiração de que nós, dentre todas as pessoas, somos chamados "filhos de Deus". Não há membros de segunda classe na família de Deus. Distinguimos corretamente entre o Filho de Deus natural e os filhos de Deus adotados; mas, quando a adoção acontece, não há nenhuma diferença no *status* dos membros da família de Deus. Ele dá a todos os seus filhos plena medida da herança que pertence ao seu Filho natural.

Em nossa adoção como filhos, desfrutamos também da união mística com a pessoa de Cristo. Quando descrevemos algo como "místico", estamos dizendo que ele transcende o natural e, em certo sentido, o inefável. Podemos entender isso por meio de um estudo de duas preposições gregas, *en* e *eis*, que são, ambas, traduzidas por "em". A distinção técnica entre estas duas palavras é importante. A preposição *en* significa "em" ou "dentro de", enquanto a preposição *eis* significa "para dentro de". Quando o Novo Testamento nos chama a crer no Senhor Jesus, somos chamados não somente a crer em algo a respeito dele, mas também a crer *em* ele.

Se estamos fora de um edifício, para entrarmos, temos de passar por uma porta. Quando fazemos a transição, quando cruzamos a porta, indo do lado de fora para o lado de dentro, estamos no interior do edifício. Entrar é o *eis*, e, uma vez que estamos dentro, estamos *en*. A distinção é importante porque o Novo Testamento nos diz que não somente devemos crer *em* Cristo, mas também que aqueles que têm fé genuína estão *em* Cristo. Nós estamos em Cristo, e Cristo está em nós. Há uma união espiritual entre cada crente e o próprio Cristo.

Além disso, somos todos parte da comunhão mística dos santos. Esta comunhão mística é o fundamento para a comunhão espiritual transcendente que cada cristão desfruta com todos os outros cristãos. E tem um impacto restringente em nós. Se você e eu estamos ambos em Cristo, a união que compartilhamos transcende nossas dificuldades relacionais. Isto não é apenas um conceito teórico; o vínculo dessa família é um vínculo mais forte do que o que desfrutamos com nossa família biológica. Este é o fruto de nossa adoção.

CAPÍTULO 44

SANTIFICAÇÃO

Quando eu era um jovem crente, ouvia frequentemente a pregação de rádio de Robert J. Lamont. Posteriormente, quando eu estava no seminário, tive oportunidade de conhecer o Dr. Lamont, e, na ocasião, ele me perguntou, brincando: "Então, o que há agora em sua mente parcialmente santificada?"

As boas novas da fé cristã nos dizem que somos não somente justificados pela justiça de outra Pessoa, mas também que não temos de esperar até que sejamos totalmente santificados para que Deus nos aceite em sua presença. A santificação, por mais parcial que seja nesta vida, é real. É o processo pelo qual aqueles que são declarados justos são tornados santos. Nosso *status* diante de Deus se baseia tão somente na justiça de outra Pessoa; mas, no momento em que somos justificados, uma mudança real é efetuada em nós pelo Espírito Santo, de modo que somos levados crescentemente à conformidade com Cristo. A mudança de nossa natureza em direção à santidade e à retidão começa imediatamente.

SANTIFICAÇÃO GARANTIDA

Notamos antes que a justificação é somente pela fé, mas não pela fé que é sozinha. Em outras palavras, se a verdadeira fé está presente, há uma mudança na natureza do crente que se manifesta em boas obras. O fruto de santificação é tanto uma necessidade quanto uma consequência inevitável da justificação. Esta verdade serve como uma advertência para aqueles que sustentam o ponto de vista de que é possível uma pessoa ser convertida a Cristo e, ainda assim, nunca produzir bom fruto ou mudança de comportamento. Esta é a ideia do "crente carnal".

É claro, em certo sentido, que cristãos *são* carnais durante sua vida; ou seja, nesta vida nunca vencemos completamente o impacto da carne. Temos de lutar com a carne até entrarmos na glória. No entanto, se alguém está completamente na carne, de modo que não há nenhuma evidência de mudança em sua natureza, este indivíduo não é um cristão carnal e sim um não cristão carnal. Alguns evangelistas são tão zelosos em manter alto o número de convertidos, que detestam levar em conta que algumas pessoas fazem falsas profissões de fé. Mas, se alguém faz uma profissão de fé e, ainda assim, não mostra qualquer fruto disso, não há conversão real. Somos justificados não por uma *profissão* de fé, mas pela *possessão* da fé. Onde há fé verdadeira, o fruto dessa fé começa a aparecer imediatamente. É impossível uma pessoa convertida permanecer não mudada. A própria presença da nova natureza – a presença e o poder do Espírito

Santo habitando em nós – indica que somos realmente mudados e que somos pessoas que estão mudando.

Ao mesmo tempo, a santificação não progride em uma linha uniforme desde o começo da conversão até que cheguemos ao lar, na glória. Para a maioria de nós, há um crescimento permanente na vida cristã, mas há picos e vales. Pode haver ocasiões em que um cristão tem uma queda radical em pecado detestável. De fato, os cristãos podem cair em pecados ofensivos que os levam a sofrer a disciplina da igreja e talvez a excomunhão. Às vezes, esse último passo de disciplina, a excomunhão, é necessário para restaurar à fé um crente que caiu em pecado. Havendo dito isso, à medida que nos movemos da infância espiritual para a maturidade espiritual, os picos e vales tendem a ficar suaves. Nossos altos espirituais são menos intensos, como o são também nossos mergulhos às profundezas. Ficamos, por assim dizer, mais estáveis em nosso crescimento e comunhão cristã.

DESENVOLVENDO O QUE DEUS OPERA EM NÓS

Há muitas igrejas que ensinam formas de perfeccionismo, e bem ligados a esses pontos de vista estão movimentos que prometem uma transição instantânea de santificação por meio de uma experiência de vida mais profunda ou de uma comunhão mais profunda com o Espírito Santo. Ainda que muitos adeptos desses movimentos não ensinem o perfeccionismo total, eles falam realmente em dois tipos de cristãos: aqueles que seguem um padrão de crescimento normal e aqueles que têm um avanço repentino em sua santificação por

SOTERIOLOGIA

meio de uma experiência mais profunda com o Espírito Santo. Certamente, não quero dissuadir ninguém de seguir um andar mais profundo com o Espírito Santo; isso é algo que devemos procurar em todo o tempo. No entanto, a Escritura não ensina, em passagem alguma, que devemos esperar uma cura instantânea do pecado ou uma vida cristã vitoriosa por meio de uma dose especial do Espírito Santo.

Thomas à Kempis, que escreveu *A Imitação de Cristo*, um clássico sobre a santificação, disse que uma coisa rara é um cristão acabar com um simples mau hábito no decurso de uma vida inteira. Há ocasiões em que todo cristão se pergunta: "Como posso ser um cristão se ainda luto com minha carne?" Se temos andado com Deus por longo tempo, podemos achar conforto em olhar para o decorrer de nossa vida cristã e reconhecer que Deus nos tem moldado e nos tem dado progresso real na fé cristã. Todavia, ser moldado e levado à maturidade espiritual é uma experiência de longa duração. Tendemos a buscar satisfação instantânea. Queremos saber como podemos ser santificados em três passos fáceis, mas não existem três passos fáceis. A santificação é um processo que dura a vida toda e envolve uma enorme quantidade de labor intenso.

Paulo escreveu: "Assim, pois, amados meus, como sempre obedecestes, não só na minha presença, porém, muito mais agora, na minha ausência, desenvolvei a vossa salvação com temor e tremor; porque Deus é quem efetua em vós tanto o querer como o realizar, segundo a sua boa vontade" (Fp 2.12-13). Ele não queria dizer que devemos ficar num estado de ansiedade paralisante. Em vez disso, estava descrevendo uma atmosfera em que devemos desenvolver nossa salvação. Não podemos simplesmente relaxar na busca da santificação, deixar-nos levar enquanto o Espírito Santo nos leva. Devemos tentar agradar a Deus.

As boas novas, como Paulo destaca, é que podemos fazer isso porque Deus está operando em nós tanto o querer como o realizar. Esta é uma arena em que há um genuíno sinergismo, uma cooperação. A santificação é um processo cooperativo em que Deus opera e nós operamos. Uma das principais tarefas do Espírito Santo é a aplicação de nossa redenção; ele produz em nossa alma o fruto de nossa justificação. O Espírito Santo trabalha em nós para mudar nossa natureza, e nós cooperamos com ele.

OPINIÕES HERÉTICAS SOBRE A SANTIFICAÇÃO

Isso desperta o fantasma de dois pares de heresias inquietantes que têm ameaçado a igreja através da história. O primeiro destes pares é ativismo e quietismo. Ativismo é a heresia de justiça própria em que pessoas tentam obter a santificação por seus próprios esforços. O erro de quietismo foi introduzido pelos místicos franceses no século XVII. Os proponentes do quietismo sustentam que a santificação é exclusivamente a obra do Espírito Santo. Os cristãos não precisam se exercitar quanto à santificação; precisam apenas ficar quietos e sair do caminho, enquanto o Espírito Santo faz toda a obra. Em essência, eles dizem: "Fique quieto, deixe Deus agir". Certamente há tempos em que é importante ficarmos quietos. Se nos apegamos estritamente à nossa força e não dependemos da ajuda do Espírito Santo, então, é tempo de ficarmos quietos. Mas não devemos abraçar um tipo de quietismo que procura deixar Deus fazer toda a obra.

SOTERIOLOGIA

Um segundo par de heresias que segue a doutrina da santificação é antinomianismo e legalismo. Poucas igrejas não têm sido severamente afligidas por uma ou outra destas distorções e, às vezes, até por ambas. Os legalistas vêm a lei de Deus como tão importante para a santificação que fazem acréscimos à lei. A fim de auxiliarem a sua santificação, eles tentam estabelecer leis em áreas da vida nas quais Deus nos deixou livres. Tendem a criar regras e normas, tais como proibir os cristãos de dançar ou de assistir a filmes. Nas áreas em que Deus não estabeleceu leis, os legalistas colocam os outros em algemas e substituem inevitavelmente a genuína lei de Deus por leis criadas por homens.

O outro extremo é o antinomianismo, o qual afirma que a lei de Deus não tem nenhuma importância para a vida cristã. Os antinomianos dizem que, porque os cristãos estão sob a graça, não têm nenhuma necessidade de obedecer à lei de Deus. Esta heresia é muito abundante. De fato, vivemos numa época de antinomianismo predominante na igreja. Uma pessoa verdadeiramente piedosa entende que não está mais em servidão à lei, mas, apesar disso, ama a lei de Deus e medita nela dia e noite, porque encontra ali o que é agradável a Deus e o que reflete o seu caráter. Em vez de fugir da lei, aquele que é diligente na busca de retidão e santidade se torna um estudante sério da lei de Deus.

CAPÍTULO 45

PERSEVERANÇA DOS SANTOS

Pessoas verdadeiramente salvas podem perder sua salvação? Essa é uma pergunta que me tem sido dirigida com frequência, especialmente por aqueles que observam jovens renunciando a fé em que foram criados. Entretanto, os que têm a fé verdadeira não podem perdê-la; os que perdem sua fé nunca a tiveram. Como João escreveu: "Eles saíram de nosso meio; entretanto, não eram dos nossos; porque, se tivessem sido dos nossos, teriam permanecido conosco; todavia, eles se foram para que ficasse manifesto que nenhum deles é dos nossos" (1 Jo 2.19).

Há pessoas que fazem uma profissão de fé e se tornam profundamente envolvidos na vida da igreja ou de alguma organização cristã, somente para depois abandonarem a igreja e negarem a fé que professavam. Há ministérios que são habilidosos em tornar o cristianismo atraente para que pessoas se unam em grandes números, mas aqueles que se unem fazem isso sem lidarem com Cristo ou com o problema do pecado. Jesus contou uma parábola que está diretamente relacionada com este fenômeno:

> Eis que o semeador saiu a semear. E, ao semear, uma parte caiu à beira do caminho, e, vindo as aves, a comeram. Outra parte caiu em solo rochoso, onde a terra era pouca, e logo nasceu, visto não ser profunda a terra. Saindo, porém, o sol, a queimou; e, porque não tinha raiz, secou-se. Outra caiu entre os espinhos, e os espinhos cresceram e a sufocaram. Outra, enfim, caiu em boa terra e deu fruto: a cem, a sessenta e a trinta por um (Mt 13.3-8).

O principal ensino da parábola é que apenas a semente semeada em boa terra permanecerá. E essa boa terra é a alma transformada que foi regenerada pelo Espírito Santo.

DUAS OPINIÕES

A doutrina da perseverança dos santos se refere diretamente à pergunta "Os cristãos perdem ou não a sua salvação?" A resposta dada pela Igreja Católica Romana é sim. Os teólogos católicos romanos afirmam que pessoas podem perder e perdem sua salvação por cometerem pecado mortal, que, como notamos em capítulo anterior, é um pecado que mata ou destrói a graça justificadora na alma, tornando necessário que o pecador seja justificado de novo por meio do sacramento de penitência. Se o pecador não for justificado de novo, ele pode perder sua salvação e ir para o inferno. Muitos semipelagianos também creem que pessoas podem perder sua salvação.

PERSEVERANÇA DOS SANTOS

Os reformados creem na perseverança dos santos como dedução lógica da doutrina da eleição. Se Deus elege pessoas desde toda a eternidade, os eleitos permanecerão eleitos para sempre. Todavia, embora a doutrina da perseverança dos santos seja uma consequência natural da doutrina da eleição, é perigoso construir uma teologia com base apenas em inferências ou conclusões lógicas de uma única doutrina.

Paulo escreveu aos filipenses:

> Dou graças ao meu Deus por tudo que recordo de vós, fazendo sempre, com alegria, súplicas por todos vós, em todas as minhas orações, pela vossa cooperação no evangelho, desde o primeiro dia até agora. Estou plenamente certo de que aquele que começou boa obra em vós há de completá-la até ao Dia de Cristo Jesus (Fp 1.3-6).

Nesta passagem, Paulo expressa sua confiança apostólica de que o que Cristo começou ele terminará. Cristo é chamado "Autor e Consumador da fé" (Hb 12.2). Somos a feitura de Cristo. E, quando Cristo molda uma pessoa em conformidade com sua imagem, ele não tem de lançar fora o produto no final.

A SALVAÇÃO PODE SER PERDIDA?

Há, porém, na Escritura passagens que parecem indicar que pessoas podem perder sua salvação. Paulo mesmo disse: "Mas esmurro o meu corpo e o reduzo à escravidão, para que, tendo pregado a outros, não venha eu mesmo a ser desqualificado" (1 Co 9.27). Outro texto importante na Escritura que se relaciona com a possibilidade de perda da salvação está no livro de Hebreus:

SOTERIOLOGIA

> Por isso, pondo de parte os princípios elementares da doutrina de Cristo, deixemo-nos levar para o que é perfeito, não lançando, de novo, a base do arrependimento de obras mortas e da fé em Deus, o ensino de batismos e da imposição de mãos, da ressurreição dos mortos e do juízo eterno. Isso faremos, se Deus permitir. É impossível, pois, que aqueles que uma vez foram iluminados, e provaram o dom celestial, e se tornaram participantes do Espírito Santo, e provaram a boa palavra de Deus e os poderes do mundo vindouro, e caíram, sim, é impossível outra vez renová-los para arrependimento, visto que, de novo, estão crucificando para si mesmos o Filho de Deus e expondo-o à ignomínia (Hb 6.1-6).

Aqui, temos uma advertência solene: é impossível restaurar à salvação aqueles que crucificaram a Cristo de novo. Este texto tem causado grande quantidade de consternação. Parece ir contra a essência de tudo o que o Novo Testamento ensina sobre Deus preservar os seus santos.

Muitos acreditam que o autor de Hebreus tinha em mente membros não regenerados da igreja. Jesus disse que sua igreja ficaria cheia tanto de trigo quanto de joio, um corpo misto (Mt 13.24-40). Pessoas se unem à igreja e depois a repudiam; nesse sentido, elas se tornam apóstatas. Afastam-se de sua profissão de fé original. Mas ainda permanece a questão de se o autor estava falando de pessoas cuja profissão de fé original era genuína ou de pessoas que estavam dentro da comunidade da aliança e nunca haviam sido verdadeiramente convertidas.

PERSEVERANÇA DOS SANTOS

Pessoas são descritas como "aqueles que uma vez foram iluminados", mas iluminados em que grau? "Foram iluminados" poderia incluir os não convertidos que frequentavam a igreja e ouviam a leitura e a pregação da Escritura. Hebreus se refere aos que foram iluminados como aqueles que "provaram o dom celestial, e se tornaram participantes do Espírito Santo, e provaram a boa palavra de Deus". Isso se aplica a frequentadores de igreja, independentemente da conversão. Frequentadores de igreja provam literalmente as ordenanças e ouvem a Palavra de Deus – eles são imergidos nos caminhos da fé cristã. Por isso, os "iluminados" poderiam ter sido membros da igreja que não eram convertidos.

No entanto, eu creio que o autor de Hebreus não está descrevendo simples membros de igreja e sim crentes verdadeiros, porque alguém que se arrepende no sentido verdadeiro é uma pessoa regenerada. Há um falso arrependimento, como o de Esaú, no Antigo Testamento, mas o arrependimento genuíno traz renovação genuína como fruto da regeneração. Portanto, visto que a epístola diz que é impossível renovar pessoas de novo para arrependimento, ela indica claramente que houve um tempo em que essas pessoas *foram* renovadas por arrependimento, indicando por meio disso que crentes estão em vista.

Entretanto, também não creio que esta passagem destrói a doutrina da perseverança dos santos. Devemos considerar por que o autor apresenta esta advertência solene. Não sabemos quem escreveu a Epístola aos Hebreus ou por que ela foi escrita, mas a igreja para a qual ela foi escrita enfrentava um problema sério. Eruditos têm especulado que o problema era perseguição, e, por causa dessa ameaça, crentes estavam ne-

SOTERIOLOGIA

gando a fé. Isso é uma possibilidade. Além disso, a igreja do século I confrontava-se com a heresia dos judaizantes, que dividia a igreja primitiva. A carta de Paulo aos gálatas trata desta questão, como o fazem outros livros do Novo Testamento. Os judaizantes insistiam em que os convertidos gentios tinha de abraçar o judaísmo do Antigo Testamento, incluindo a circuncisão. Paulo lutou ousadamente contra esse ensino. Ele escreveu aos cristãos da Galácia:

> Todos quantos, pois, são das obras da lei estão debaixo de maldição; porque está escrito: Maldito todo aquele que não permanece em todas as coisas escritas no Livro da lei, para praticá-las. E é evidente que, pela lei, ninguém é justificado diante de Deus, porque o justo viverá pela fé. Ora, a lei não procede de fé, mas: Aquele que observar os seus preceitos por eles viverá. Cristo nos resgatou da maldição da lei, fazendo-se ele próprio maldição em nosso lugar (porque está escrito: Maldito todo aquele que for pendurado em madeiro), para que a bênção de Abraão chegasse aos gentios, em Jesus Cristo, a fim de que recebêssemos, pela fé, o Espírito prometido (Gl 3.10-13).

A comunidade apostólica argumentava bem numa forma *reductio ad absurdum*; em outras palavras, eles levavam as premissas de seus oponentes às suas conclusões lógicas, para mostrar que elas levavam apenas ao absurdo. Se a heresia dos judaizantes está em vista em Hebreus 6, o autor de Hebreus está escrevendo de maneira semelhante à que Paulo empregou ao escrever aos cristãos da Galácia. Ele está dizendo que, se os seus leitores queriam retornar à circuncisão, estavam em essência rejeitando a obra completa de Cristo, e, se rejeitassem a obra completa de Cristo, como poderiam eles ser salvos? Não teriam como ser salvos e ficariam sem qualquer meio de ser restaurados. Acho que o escritor de Hebreus está dando esse tipo de argumento *reductio ad absurdum*. Acho que pode ser detectado no versículo 9: "Quanto a vós outros, todavia, ó amados, estamos persuadidos das coisas que são melhores e pertencentes à salvação, *ainda que falamos desta maneira*" (Hb 6.9 – ênfase acrescentada). O autor deixa claro neste versículo que suas palavras concernentes à salvação são uma maneira de falar. Em última análise, ele está confiante de coisas melhores para eles, coisas que acompanham a salvação, e o que acompanha a salvação é a perseverança.

GUARDADOS POR CRISTO

Qualquer cristão é capaz de uma queda séria e radical. A questão é se um verdadeiro crente pode ter uma queda completa e final. Judas era membro da comunidade de apóstolos, um discípulo de Jesus Cristo, mas Judas traiu a Cristo por 30 moedas de prata e se enforcou. Jesus disse que Judas era um diabo (Jo 6.70). Jesus predisse sua traição: "Ditas estas coisas, angustiou-se Jesus em espírito e afirmou: Em verdade, em verdade vos digo que um dentre vós me trairá" (Jo 13.21). Depois, ele identificou Judas como o traidor, dizendo-lhe: "O que pretendes fazer, faze-o depressa" (v. 27). Ao mesmo tempo, Jesus predisse a traição de Pedro, sobre a qual Pedro protestou fortemente. Jesus olhou para ele e disse: "Simão, Simão, eis que Satanás vos reclamou para vos peneirar como trigo! Eu, porém, roguei por ti, para que a tua fé não desfaleça; tu, pois, quando te converteres, fortalece os teus irmãos" (Lc 22.31-32). Jesus não disse a Simão Pedro: "Se tu te converteres". Ele disse: "*Quando* te converteres". Simão pertencia a Cristo. Ele caiu radicalmente, mas a obra intercessora de Cristo foi tal que Simão não se perdeu.

Em sua Oração Sumo Sacerdotal, Jesus orou não somente por seus discípulos, mas também por todos os que creriam nele – incluindo nós – para que não se perdessem (Jo 17.11, 15, 24). Nossa confiança na perseverança dos santos não descansa na carne. Não devemos ser como Pedro, o qual teve tanta confiança em sua própria força que protestou dizendo que jamais negaria seu Senhor. A única razão por que podemos perseverar é que Deus nos preserva. Se fôssemos deixados à mercê de nós mesmos, poderíamos cair a qualquer momento. Satanás poderia nos peneirar como trigo. Nossa confiança na conclusão de nossa salvação descansa na promessa de Deus em completar o que ele mesmo começou. Descansa na eficácia de nosso Grande Sumo Sacerdote, que intercede por nós cada dia. Ele nos preservará.

PARTE SETE

ECLESIOLOGIA

CAPÍTULO 46

FIGURAS BÍBLICAS DA IGREJA

Eclesiologia é uma subdivisão da teologia sistemática. Trata da natureza, função e missão da igreja. Podemos começar a entender estes aspectos da igreja por examinarmos a palavra grega *kyriakon*, da qual obtemos a palavra inglesa *church* (igreja). As palavras que significam "igreja" em outras línguas – *kirk*, em escocês; *kerk*, em holandês; e *kirche*, em alemão – todas se derivam da mesma raiz. *Kyriakon* se refere àqueles que são posse ou pertencem ao *kyrios*, o Senhor.

Ekklēsia é outra palavra grega traduzida por "igreja". A palavra *ekklēsia* é formada do prefixo *ek*, que significa "fora de" ou "procedente de", e de uma forma do verbo *kaleō*, que significa "chamar". Portanto, *ekklēsia* significa "os chamados para fora".

A igreja nem sempre reflete o que o seu nome significa. Isto acontece porque, como disse Agostinho, a igreja é um *corpus per mixtum*, um corpo misto. Neste mundo, a igreja é formada de uma combinação de trigo e joio, e, embora a igreja seja chamada a seguir a pureza, Cristo advertiu contra a disciplina exageradamente zelosa que, ao procurar remover o joio, pode causar dano ao trigo (Mt 13.24-30).

Jesus também disse: "Muitos, naquele dia, hão de dizer-me: Senhor, Senhor! Porventura, não temos nós profetizado em teu nome, e em teu nome não expelimos demônios, e em teu nome não fizemos muitos milagres? Então, lhes direi explicitamente: nunca vos conheci. Apartai-vos de mim, os que praticais a iniquidade" (Mt 7.22-23). Foi por isso que Agostinho fez distinção entre a igreja visível e a igreja invisível.

A IGREJA INVISÍVEL

Os teólogos usam a expressão *igreja invisível* para se referirem àqueles que constituem a igreja de Jesus Cristo, ou seja, aqueles que são verdadeiramente regenerados. Por contraste, a *igreja visível* é o conjunto de todos aqueles que afirmam estar num estado de graça e que se identificam com a igreja. A igreja invisível é chamada assim porque, conforme a Escritura, podemos avaliar a profissão de fé dos outros e seu compromisso com Cristo somente com base em aparências exteriores. Se alguém me diz que é um cristão, eu tenho de admitir que ele está falando a verdade. Não sou capaz de ler o seu coração. O estado real de sua alma está além de minha capacidade de sondagem.

No entanto, o que é invisível para nós é nitidamente visível para Deus. Somos limitados às aparências exteriores. Deus pode realmente perscrutar o coração. Para ele, não há nada invisível em relação à igreja; tudo é claro e visível para Deus. Devemos evitar a suposição de que a igreja visível e a igreja invisível são entidades separadas. Como Agostinho comentou, a igreja invisível se acha substancialmente dentro da igreja visível. Assim, a igreja invisível é constituída de verdadeiros crentes que estão dentro da igreja visível.

Agostinho também ressaltou que há verdadeiros crentes, membros da igreja invisível, que, por várias razões, podem não estar no rol de membros de igrejas institucionais. Às vezes, um crente é providencialmente impedido de unir-se à igreja visível. Ele pode, por exemplo, se tornar um crente e morrer sem ter a oportunidade de unir-se a uma igreja. Esse foi o caso do ladrão na cruz, mencionado no evangelho de Lucas (23.32-43). De modo semelhante, alguns podem ser impedidos de unir-se a uma igreja porque estão isolados de outros crentes.

Ainda outros podem estar fora da igreja apenas porque são infiéis em sua responsabilidade como cristãos. Por uma razão ou outra, eles se privam voluntariamente de unir-se a uma igreja. Muitos cristãos, especialmente em nossa cultura contemporânea, estão tão frustrados com a igreja institucional, que decidiram não fazer parte da membresia de uma igreja. Todavia, essa é uma transgressão séria contra o Senhor Jesus Cristo, que estabeleceu a igreja visível, deu-lhe uma missão e nos chamou para fazer parte dela. Alguns que são novos na fé não chegaram à compreensão de que estão numa igreja visível e de que é seu dever fazer parte dela. Eles não entendem a importância de pertencer a uma igreja e, por isso, não frequentam igrejas, mas, apesar disso, são crentes. Entretanto, se alguém aprende que lhe é exigido estar numa igreja, mas persiste em permanecer fora, então podemos questionar apropriadamente se tal pessoa é realmente um cristão.

Alguns cristãos não pertencem a uma igreja visível porque foram excomungados. A excomunhão, a remoção de alguém da comunhão da igreja, é o passo final no processo de disciplina eclesiástica. Uma vez que alguém tenha chegado a este passo final, ele deve ser considerado, pela igreja, como um incrédulo. Em última análise, só há um pecado pelo qual alguém pode ser excomungado: o pecado de impenitência. Se um pecador se arrepende durante os estágios anteriores da disciplina eclesiástica, pode manter sua comunhão na igreja visível. O último passo, a excomunhão, é realizado somente se ele recusar arrepender-se. Teoricamente, os cristãos podem cair em pecados graves e persistir nele em todo o processo de disciplina eclesiástica, de tal modo que a única coisa que os faz perceber a realidade é a excomunhão. Isso é, na verdade, o próprio propósito da excomunhão.

O fato é que a igreja invisível, o corpo coletivo do verdadeiro povo de Deus, existe substancialmente dentro da igreja visível; e é nosso dever como aqueles que pertencem ao Senhor fazer parte dela.

AS RAÍZES DA IGREJA

A igreja tem suas raízes lá no jardim do Éden. Adão e Eva, na adoração direta que ofereciam ao seu Criador, eram a igreja. Alguns têm traçado a igreja até depois da queda, até Abel. Por exemplo, Yves Congar, um teólogo católico romano do século XX, escreveu uma obra intitulada *Ecclesia ab Abel*, ou seja, A Igreja desde Abel. Nessa obra, Congar argumentou que a igreja não começou no Novo Testamento; na realidade, ela começou bem cedo, quando vemos Caim e Abel, os filhos de Adão, em adoração (Gn 4); e o autor de Hebreus indica que Abel fez sua oferta pela fé (Hb 11.4).

Se tivesse escrito essa obra, eu a teria intitulado *A Igreja desde Adão*, porque creio que o conceito da igreja pode ser traçado até antes de Caim e Abel, até aos seus pais, que desfrutaram de comunhão na presença imediata de Deus, o que certamente incluía adoração. Onde acharmos pessoas que creem em Deus para sua salvação por meio de Cristo (ou, no caso dos santos do Antigo Testamento, na promessa de Cristo), ali achamos a igreja.

CAPÍTULO 47

A IGREJA: UNA E SANTA

A igreja consiste das pessoas que Deus uniu em Cristo. O Novo Testamento não aprova o individualismo. É claro que ninguém é salvo pela fé de outra pessoa, porque, nesse aspecto, a fé é altamente individual. Entretanto, Deus salva indivíduos para estabelecer um corpo unificado. Assim como havia um corpo unificado no Antigo Testamento, Israel, assim também há um corpo de pessoas no Novo Testamento – a igreja.

O Novo Testamento usa várias metáforas para descrever a igreja. Um das metáforas é o corpo humano, a qual exploramos brevemente quando estudamos o ministério do Espírito Santo. Nem todos têm a mesma tarefa e os mesmos dons. Estes são variáveis para que haja saúde orgânica em todo o corpo.

A igreja também é descrita no Novo Testamento como o *laos theou*, "o povo de Deus". Obtemos a palavra *laicidade* da palavra grega *laos*.

ECLESIOLOGIA

Quando Jesus e os apóstolos falaram sobre a natureza da igreja, usaram, às vezes, a metáfora de um edifício. A igreja não é um edifício, mas a igreja é *como* um edifício que tem um alicerce, pilares e paredes. A vasta maioria dos cristãos crê que Jesus Cristo é o alicerce da igreja, mas isso é incorreto. Cristo é a pedra angular. O alicerce são os apóstolos e os profetas (Ef 2.20). O restante da igreja é constituído de pedras individuais (vv. 21-22; 1 Pe 2.5). Cada crente em Cristo que é parte da igreja visível é uma pedra no edifício da igreja de Deus.

A igreja também formulou maneiras de descrever a si mesma. Estas descrições se acham, principalmente, no Credo de Niceia (325 AD). O credo define a igreja por meio de quatro características – una, santa, católica e apostólica. Embora estas palavras sejam usadas raramente em nossos dias, em especial no protestantismo evangélico, elas nos dão uma maravilhosa descrição da igreja. Neste capítulo, consideraremos as duas primeiras – única e santa.

A IGREJA É UNA

O chamado movimento ecumênico tem feito, em décadas recentes, um esforço intenso para juntar denominações discrepantes em uma instituição cristã mundial. Este esforço tem sido motivado pela fragmentação e desintegração da igreja visível, unificada. Nos Estados Unidos, há mais de 200 denominações protestantes distintas. Por causa disso, muitos creem que a igreja pode reconquistar sua eficácia apenas se ela se unir para se comunicar com o mundo em unidade.

O movimento ecumênico acha motivação adicional na oração de Cristo em favor da igreja: "Eu lhes tenho transmitido a glória que me tens dado, para que sejam um, como nós o somos; eu neles, e tu em mim, a fim de que sejam aperfeiçoados na unidade, para que o mundo conheça que tu me enviaste e os amaste, como também amaste a mim" (Jo 17.22-23).

O fato de que hoje há uma falta de unidade na igreja visível é muito escandaloso porque parece contradizer o desejo do cabeça da igreja, o Senhor Jesus Cristo.

No entanto, a falta de unidade não significa que não há unidade da verdadeira igreja; também não significa que Cristo falhou como nosso intercessor. Isto é claro se adotamos o conceito de igreja invisível como Agostinho o explicou. Há realmente unidade genuína da igreja, e essa unidade se acha na comunhão invisível que existe além das linhas denominacionais, a comunhão dos santos. Há uma comunhão indissolúvel, uma unidade espiritual, entre todos os verdadeiros cristãos por virtude de sua união comum com Cristo.

Portanto, a oração de Cristo foi respondida. Todos os cristãos desfrutam de uma unidade de missão na qual temos um único Senhor, uma única fé, um único batismo (Ef 4.4-5). Certamente há falta de unidade na igreja visível, mas isso não é tão importante quanto a realidade da unidade que desfrutamos por virtude da comunhão que compartilhamos em Cristo.

Há sempre pessoas insatisfeitas que querem sair do corpo principal e começar algo novo. Devemos ser conscientes a respeito de procurarmos preservar a unidade com outros cristãos professos. É claro que há ocasiões em que devemos romper a comunhão com outros grupos ou instituições, mas em geral devemos procurar estar em união com tantos cristãos professos quanto nos for possível. Igrejas se dividem muito facilmente por causa de muitas coisas, mas frequentemente elas se dividem por causa de questões insignificantes ou permanecem juntas, apesar das divisões, por causa de assuntos essenciais. Não devemos negociar os assuntos essenciais do evangelho, mas também não devemos viver em discordância por causa de questões menores.

A IGREJA É SANTA

A igreja é também santa, embora, à luz de outra perspectiva, ela seja a instituição mais corrupta da terra. Podemos ver apropriadamente a igreja como corrupta se levarmos em conta como a corrupção é medida. A Escritura nos diz: "Aquele, porém, que não soube a vontade do seu senhor e fez coisas dignas de reprovação levará poucos açoites. Mas àquele a quem muito foi dado, muito lhe será exigido; e àquele a quem muito se confia, muito mais lhe pedirão" (Lc 12.48). Nenhuma instituição tem sido tão dotada quanto a igreja. Nenhuma instituição recebeu uma missão mais sagrada. Quando falhamos em obedecer essa missão, o resultado é corrupção.

O significado básico da palavra *santo* é "separado" ou "consagrado", que está ligado diretamente ao significado da palavra *ekklēsia*, que significa "os chamados para fora". A igreja consiste de pessoas que foram chamadas para fora e separados para uma tarefa santa. A igreja é santa porque tem uma vocação sagrada.

É importante notar que a igreja é a única instituição na história do mundo a quem Deus garantiu, em última análise, que não falhará. As grandes instituições do mundo surgem e desaparecem, mas a igreja de Jesus Cristo permanecerá. Jesus disse sobre a igreja que "as portas do inferno não prevalecerão contra ela" (Mt 16.18). No mundo antigo, portas eram mecanismo de defesa; portanto, baseada na referência de Jesus, a igreja é chamada a atacar as fortalezas de Satanás, e essas fortalezas não podem resistir ao poder que foi investido na igreja.

A igreja é santa também porque é formada de pessoas nas quais o Espírito Santo habita. A igreja é a instituição do Espírito Santo. Certamente, o Espírito opera na vida de pessoas em muitas outras instituições, mas a igreja é o ponto focal do ministério do Espírito. Os meios de graça divinos não estão restritos à igreja visível, mas estão concentrados nela. Nem toda pessoa que estava no arraial visível de Israel era salva; como Paulo escreveu: "Nem todos os de Israel são, de fato, israelitas" (Rm 9.6). Mas ele também escreveu: "Qual é, pois, a vantagem do judeu? Ou qual a utilidade da circuncisão? Muita, sob todos os aspectos. Principalmente porque aos judeus foram confiados os oráculos de Deus" (Rm 3.1-2). A igreja tem a pregação da Palavra de Deus, a celebração das ordenanças e a adoração a Deus em reuniões coletivas. São nestas coisas que os cristãos se unem em comunhão. Visto que este é o principal domínio do Espírito Santo e o lugar em que os santos se reúnem, a igreja pode ser chamada "santa".

CAPÍTULO 48

A IGREJA: CATÓLICA E APOSTÓLICA

Há alguns anos, enquanto eu viajava com minha esposa e dois amigos pela Europa Oriental, nosso trem parou quando entramos na Romênia. Um oficial pediu nossos passaportes, os quais lhe entregamos. Quando viu a Bíblia entre nossos pertences, ele disse: "Vocês não são americanos!" Ficamos um pouco confusos porque os passaportes nos identificavam claramente como cidadãos americanos. O oficial pediu a Bíblia, e nós lhe demos. Abriu-a e leu-a em Efésios 2.19: "Assim, já não sois estrangeiros e peregrinos, mas concidadãos dos santos, e sois da família de Deus". Ele era cristão, também, e, quando descobriu a conexão que tinha conosco, aprovou alegremente nossa passagem pela Romênia.

A IGREJA É CATÓLICA

Esse incidente nos mostrou a realidade humana de um terceiro atributo da igreja – ela é católica, ou seja, universal. Este é o terceiro dos quatro atributos da igreja definidos no Concílio de Niceia, no século IV. O Concílio de Niceia (ver Apêndice) declara que a verdadeira igreja é única, santa, católica e apostólica. Consideramos os dois primeiros atributos no capítulo anterior. Neste capítulo, consideraremos o terceiro e o quarto atributo.

A igreja católica – a igreja universal – é diferente da Igreja Católica Romana. Na América, a designação "católico romano" é abreviada em apenas "católico". Portanto, quando pessoas se referem à "Igreja Católica", querem dizer a Igreja Católica Romana. Mas tecnicamente o termo católico não se refere a uma instituição específica, e sim à igreja de Jesus Cristo que inclui todas as nações, tribos e povos.

Muitas igrejas protestantes têm limites nacionais ou regionais, enquanto a Igreja Católica Romana não tem. Seus membros em todo o mundo são todos unidos sob a liderança de Roma. Roma exclui os protestantes de seu conceito sobre a verdadeira igreja por causa da fragmentação dos protestantes. No entanto, a igreja universal é a igreja visível. A igreja de Jesus Cristo se estende por todo o mundo, como a encontrei na fronteira da Romênia.

A IGREJA É APOSTÓLICA

A verdadeira igreja é também apostólica. No capítulo anterior, vimos que o fundamento da igreja são os profetas e os apóstolos. Quando Cristo estabeleceu a comunidade da aliança do Novo Testamento, ele deu primeiramente o ofício de apóstolos (Ef 4.11). A autoridade primária da infante comunidade cristã estava investida nos apóstolos. O título "apóstolo" vem da palavra grega *apostolos*, que significa "aquele que é enviado".

A IGREJA: CATÓLICA E APOSTÓLICA

Na cultura grega antiga, um apóstolo era um emissário ou delegado enviado por um rei ou por alguma outra autoridade. O apóstolo levava consigo a autoridade delegada do rei. Era um porta-voz em favor daquele a quem representava.

Tendemos a usar as palavras *apóstolos* e *discípulos* de maneira intercambiável, mas há uma diferença significativa entre elas. Com exceção do apóstolo Paulo, todos os apóstolos no Novo Testamento eram primeiramente discípulos, mas nem todos os discípulos se tornaram apóstolos. Jesus tinha muito mais discípulos do que os doze que conhecemos dos evangelhos. A certa altura de seu ministério, Jesus enviou seus discípulos numa missão específica (Lc 10). A palavra grega traduzida por "discípulo", *mathētēs*, significa "aluno" ou "aprendiz". Discípulos eram aqueles que se reuniam ao redor de Jesus para estudar em sua escola rabínica. Eles o chamavam "Rabi" e o seguiam de lugar a lugar à medida que ele ensinava. Entretanto, perto do fim do ministério terreno de Jesus, ele escolheu dentre seu corpo de discípulos um número seleto para serem apóstolos (Mt 10). A estes Jesus transferiu sua autoridade e disse: "Quem vos recebe a mim me recebe; e quem me recebe recebe aquele que me enviou" (Mt 10.40).

Bem cedo na existência da igreja, surgiram grupos heréticos que tentaram suplantar a autoridade dos apóstolos. Um desses grupos, os gnósticos, tentaram reivindicar para si mesmos a autoridade apostólica, enquanto, ao mesmo tempo, afirmavam lealdade a Jesus. Mas não eram apóstolos genuínos.

O primeiro e o principal Apóstolo do Novo Testamento foi o próprio Jesus. Ele foi enviado pelo Pai e autorizado a falar em nome do Pai, como ele mesmo testemunhou: "Toda a autoridade me foi dada no céu e na terra" (Mt 28.18) e: "Eu não tenho falado por mim mesmo, mas o Pai, que me enviou, esse me tem prescrito o que dizer e o que anunciar" (Jo 12.49). Quando os fariseus tentaram rejeitar a autoridade de Jesus, ele lhes disse:

> Se eu me glorifico a mim mesmo, a minha glória nada é; quem me glorifica é meu Pai, o qual vós dizeis que é vosso Deus. Entretanto, vós não o tendes conhecido; eu, porém, o conheço. Se eu disser que não o conheço, serei como vós: mentiroso; mas eu o conheço e guardo a sua palavra. Abraão, vosso pai, alegrou-se por ver o meu dia, viu-o e regozijou-se (Jo 8.54-56).

Em outras palavras, uma pessoa não pode amar o Pai e, ao mesmo tempo, odiar o Filho. E foi o Filho quem delegou sua autoridade a seus apóstolos. Irineu de Lion (130-202 AD), um apologista da igreja primitiva, usou este mesmo argumento contra os hereges de seus dias, quando disse que rejeitar os apóstolos era rejeitar Aquele que os comissionara, ou seja, Cristo. Houve uma sequência de autoridade de Deus para Cristo e de Cristo para os apóstolos.

A autoridade apostólica tem sido atacada muito mais em nossos dias, principalmente por feministas que argumentam contra os ensinos de Paulo e também por eruditos da alta crítica que professam lealdade a Cristo, enquanto rejeitam a autoridade da Escritura Sagrada.

Certa vez, um pastor que conheço retornava para casa, em Los Angeles. E, enquanto estava no avião, um terremoto atingiu a Califórnia. Depois de chegar em casa, ele foi à igreja para avaliar os danos. Ficou aliviado ao ver que o prédio ainda estava de pé e tudo no interior parecia intacto. Contudo, pouco tempo depois, quando peritos foram para examinar os danos, descobriram que o alicerce se movera debaixo do prédio. Como resultado, a igreja foi declarada inabitável. Exteriormente, o prédio parecia estar muito bem, mas não estava. O alicerce fora abalado e, por isso, o prédio não era mais estável.

Essa situação ilustra o assunto referente à natureza apostólica da igreja. Quando pessoas afirmam que a igreja tem autoridade, mas rejeitam a Bíblia, elas estão rejeitando a própria igreja porque estão rejeitando um dos quatro atributos da igreja, ou seja, seu caráter apostólico. Se atacamos a autoridade dos apóstolos, atacamos o próprio cerne e alma da igreja. Como disse o salmista: "Ora, destruídos os fundamentos, que poderá fazer o justo?" (Sl 11.3).

Nestes últimos dois séculos, a teologia liberal, com sua rejeição categórica da inspiração e da autoridade da Bíblia, tem causado um impacto na igreja visível quase ao ponto de destruí-la. Em alguns países, as igrejas estão quase vazias; menos do que 2% da população frequenta os cultos. Isto se deve amplamente ao abandono da autoridade apostólica em favor de um foco em interesses sociais, tornando a igreja indistinguível de qualquer número de outras instituições. A autoridade apostólica, que significa autoridade bíblica, é o fundamento da igreja.

AS MARCAS DE UMA IGREJA VERDADEIRA

Durante a Reforma, o protestantismo se fragmentou em diversos grupos. Havia igrejas reformadas na Suíça, na Holanda e na Escócia; havia a Igreja Anglicana na Inglaterra, a luterana na Alemanha e na Escandinávia; havia os huguenotes na França, e assim por diante. Enquanto isso, Roma declarava ser a igreja verdadeira. Foi nesse tempo que os protestantes começaram a se referir a *uma* igreja verdadeira, em vez de à igreja verdadeira. Os reformadores disseram que, assim como uma determinada congregação é uma mistura de trigo e joio, assim também nenhuma denominação é infalível; cada uma delas contém algum grau de erro ou corrupção. Por isso, os reformadores definiram três marcas essenciais de uma igreja verdadeira.

A primeira marca é que a igreja professa o evangelho. Se uma igreja nega qualquer doutrina essencial do evangelho, como a deidade de Cristo, a expiação ou a justificação somente pela fé, ela não é mais uma igreja. Os reformadores excluíram a Igreja Católica Romana porque, embora ela afirme a deidade de Cristo e a expiação, rejeita a justificação somente pela fé. Por isso, os reformadores disseram, Roma não era mais uma igreja verdadeira.

A segunda marca é que os sacramentos (as ordenanças) – o batismo e a Ceia do Senhor – são ministrados corretamente. Os reformadores reconheceram as diferenças entre os cristãos quanto à presença de Cristo na Ceia do Senhor e o modo de batismo, mas disseram que a celebração das ordenanças com regularidade é um elemento necessário de uma igreja verdadeira. Alguns rejeitaram de tal modo a ênfase da Igreja Católica Romana nas ordenanças, que procuraram estabelecer igrejas sem as ordenanças. Mas os reformadores argumentavam que as ordenanças foram designadas por Cristo para a edificação do povo de Deus, e, por isso, a igreja tem o dever de manter a observação apropriada das ordenanças.

A IGREJA: CATÓLICA E APOSTÓLICA

A terceira marca de uma igreja verdadeira é a disciplina, o que exige alguma forma de governo eclesiástico. Uma igreja tem a responsabilidade de nutrição espiritual de seus membros, cuidando para que pessoas cresçam na fé e se tornem cada vez mais santificadas. Portanto, a disciplina é necessária para impedir que a igreja seja contaminada com impurezas e corrupção. Se o clero de uma igreja específica nega continuamente a deidade de Cristo, mas a igreja não os repreende, nem os remove, essa igreja deixou de ser uma igreja legítima.

CAPÍTULO 49

ADORAÇÃO NA IGREJA

O Novo Testamento nos dá um vislumbre do santuário no próprio céu, e ouvimos o cântico dos seres viventes, dos anciãos e da hoste angelical. João descreve a cena:

> Digno é o Cordeiro que foi morto de receber o poder, e riqueza, e sabedoria, e força, e honra, e glória, e louvor. Então, ouvi que toda criatura que há no céu e sobre a terra, debaixo da terra e sobre o mar, e tudo o que neles há, estava dizendo: Àquele que está sentado no trono e ao Cordeiro, seja o louvor, e a honra, e a glória, e o domínio pelos séculos dos séculos. E os quatro seres viventes respondiam: Amém! Também os anciãos prostraram-se e adoraram (Ap 5.12-14).

Nesta passagem, encontramos algo extraordinário, mas é algo com o que todos os cristãos deveriam ser capazes de se identificar – adoração pura. Como criaturas feitas à imagem de Deus, fomos planejados para adorar nosso Criador, mas nos afastamos desse propósito devido à nossa natureza humana pecaminosa. Mas, quando o Espírito de Deus vivifica pessoas, dando-lhes vida espiritual, elas passam a ter uma nova capacidade para adoração. Em sua alma, todos os cristãos têm um anseio por achar uma maneira de expressar adoração a Deus.

Não é por acaso que a adoração é um dos propósitos centrais da igreja. Quando o povo de Deus se reúne numa assembleia comum, o propósito é adorar. Pessoas vão frequentemente à igreja primariamente em busca de comunhão, educação cristã ou edificação, mas a razão primária por que devemos estar na igreja é unir-nos com outros crentes para adorar o Senhor.

COM HONRA E ADORAÇÃO

Adorar é atribuir dignidade e valor a Deus. Por exemplo, o cântico em Apocalipse atribui dignidade à pessoa de Cristo e ao que ele fez. Atribuir dignidade significa "honrar". Honramos aqueles que se comprovaram dignos de observação e afirmação específicas. Eles atingiram algo que consideramos valioso.

Em sentido contrário, em Romanos 1, Paulo fala da revelação da ira de Deus contra a raça humana. O mundo está exposto à ira de Deus porque, embora ele tenha manifestado seu eterno poder e divindade às suas criaturas, o homem se recusa a honrar a Deus como Deus. Em nosso estado caído, nos recusamos a adorar a Deus; retemos dele a honra que ele merece. Paulo escreve que, em vez de honrarmos a Deus, nós trocamos a verdade de Deus por mentira, adorando e servindo à criatura em vez do Criador (vv. 18-25). Apreciamos receber honras e estar em celebrações em que seres humanos são honrados por feitos prodigiosos. Pessoas se alegram em conceder todo tipo de honra e glória a outras pessoas, mas fracassam no que diz respeito a dar honra a quem ela é mais devida – a Deus, o ser de valor e dignidade supremos.

Descrevemos a experiência de adoração com palavras como *exaltação* ou *louvor*. Falamos em música de louvor e oferta de louvor, que têm suas raízes na história bíblica, especialmente no Antigo Testamento, no qual um elemento primário de adoração era a oferta de sacrifícios. Mesmo antes da oferta de animais pelo pecado, havia a oferta de sacrifícios a Deus apenas para honrá-lo. Pelo fato de que o sistema de sacrifícios do Antigo Testamento se cumpriu em Cristo, tendemos a pensar que a era de sacrifícios acabou. De fato, a era de sacrifícios acabou porque Cristo cumpriu aquela exigência de uma vez por todas em nosso favor, mas Paulo nos diz que devemos apresentar nosso corpo como sacrifício vivo a Deus, o que é nosso "culto racional" (Rm 12.1). Sacrifício ainda precisa ser oferecido – sacrifício de louvor a Deus (Hb 13.15) – e precisa ser oferecido com a substância de toda a nossa vida.

Intimamente ligada ao conceito de louvor, está *adoração*, uma palavra que temos barateado em nossos dias. Descrevemos pessoas como "adoráveis", significando que são belas ou atraentes; e, em situações românticas, não é incomum ouvirmos que um amante "adora" o outro. Falando apropriadamente, adoração é mais do que isso. Uma coisa é eu amar a minha esposa, outra coisa bem diferente é eu adorá-la, o que certamente não devo fazer. A afeição associada ao conceito de adoração deve ser dada somente a Deus.

À luz de um ponto de vista bíblico, a adoração acontece nos recessos mais íntimos de nossa alma; possui uma natureza espiritual que desafia a definição exata, mas sabemos quando a experimentamos. Ficamos cientes de uma conexão espiritual entre o aspecto não físico de nossa humanidade e o próprio caráter de Deus, na qual o louvamos com os lábios e com nossos pensamentos, de tal modo que nosso espírito transborda de afeição, admiração, reverência e temor a Deus. A adoração inclui colocarmos a nós mesmos numa posição humilde para que o Ser reverenciado seja exaltado por meio disso.

EM ESPÍRITO E EM VERDADE

Jesus teve uma conversa com uma mulher junto a um poço na cidade de Sicar; e, durante a conversa, o assunto de adoração veio à tona. Os samaritanos adoravam a Deus no monte Gerizim, ao passo que os judeus focalizavam sua adoração no santuário central em Jerusalém. Depois de Jesus revelar que ele sabia que a mulher tivera cinco maridos, a mulher lhe disse: "Senhor, disse-lhe a mulher, vejo que tu és profeta. Nossos pais adoravam neste monte; vós, entretanto, dizeis que em Jerusalém é o lugar onde se deve adorar" (Jo 4.19-20). Jesus lhe disse:

> Mulher, podes crer-me que a hora vem, quando nem neste monte, nem em Jerusalém adorareis o Pai. Vós adorais o que não conheceis; nós adoramos o que conhecemos, porque a salvação vem dos judeus. Mas vem a hora e já

chegou, em que os verdadeiros adoradores adorarão o Pai em espírito e em verdade; porque são estes que o Pai procura para seus adoradores. Deus é espírito; e importa que os seus adoradores o adorem em espírito e em verdade (vv. 21-24).

Nesta ocasião, Jesus falou duas coisas sobre a adoração correta, o tipo de adoração que Deus quer de seu povo. Jesus disse que a adoração que agrada a Deus é dada em espírito e em verdade. A segunda destas descrições da adoração correta não é difícil de entender. A adoração verdadeira exclui todas as formas de adoração idólatra, que é substituir a Deus por qualquer outra coisa que não seja o Deus verdadeiro. A adoração falsa é também adoração hipócrita, que é insincera.

As palavras de Jesus sobre adorar "em espírito" são um pouco mais difíceis de interpretar. A Bíblia fala de "espírito" em duas maneiras distintas. A referência mais frequente é ao Espírito Santo, mas a Escritura também fala sobre o espírito do homem. Damos pouca atenção ao espírito humano. De fato, temos quase abandonado nossa crença em que exista tal coisa como um espírito ou uma alma que é um aspecto integral de nossa humanidade. Em sua conversa com a mulher de Sicar, acho que Jesus tinha em mente a adoração procedente da alma, o tipo de adoração que flui do coração. Deus quer que seu povo o adore a partir daquele âmago profundo do ser que ninguém mais pode ver ou medir, porque é singular a cada pessoa. De fato, é a própria essência do que chamamos "personalidade". Ninguém pode negar este aspecto não físico do que significa ser uma pessoa; sem ele, seríamos criaturas sem alma, criaturas bestiais. Mas, porque o possuímos, somos capazes de ter conexão espiritual com Deus.

A paixão dominante de João Calvino pela Reforma no século XVI se focalizava na adoração, porque ele sabia que o maior inimigo da saúde do povo de Deus é sua tendência para a idolatria. A idolatria penetra furtivamente na vida da igreja de inúmeras maneiras; e isso foi a razão por que João Calvino se sentia compelido a oferecer adoração pura a Deus – algo perdido em nossos dias. Tendemos a ser mais interessados em entretenimento do que em expressar adoração em espírito e em verdade.

ADORAÇÃO NO ANTIGO TESTAMENTO

Quando examinamos os padrões de adoração que se acham no Antigo Testamento, descobrimos que Deus mesmo dirigiu e autorizou esses padrões e deles aprendemos os princípios básicos a respeito do que agrada a Deus.

Uma das principais características da adoração no Antigo Testamento é que toda a pessoa era envolvida no ato de adoração. Não era, com certeza, uma adoração sem a mente. De fato, a mente estava bastante envolvida. Mas, na adoração, havia mais do que a mente. Todos os sensos estavam engajados na adoração do Antigo Testamento.

O senso da visão estava tomado pelo desenho do tabernáculo e pela beleza do templo, que era cheio de coisas lindas que Deus mesmo havia planejado "para glória e ornamento" (Êx 28.2, 40). Tudo que havia no santuário, até mesmo as vestes que os sacerdotes usavam, empolgava os olhos com um senso da beleza transcendente de Deus.

Sabemos que o senso de ouvir também era uma parte importante do serviço de adoração, porque a música teve um lugar central no Antigo Testamento. Os salmos são basicamente hinos que eram usados em adoração.

O senso de cheirar era também parte da adoração, razão por que o incenso era usado. Um aroma agradável se tornou associado com a presença de Deus; era um aspecto deleitoso da adoração do povo no Antigo Testamento. Não estou advogando que devemos trazer incenso ao nossos cultos de adoração. O fato é que o senso olfativo era integrante da resposta de adoração no Antigo Testamento.

O senso de paladar ocupava também um lugar, conforme mostrado pela refeição da Páscoa, que foi transferida no Novo Testamento para a Ceia do Senhor. Além disso, em um dos hinos de adoração do Antigo Testamento, ouvimos: "Oh! Provai e vede que o SENHOR é bom" (Sl 34.8).

Por último, havia uma dimensão táctil, o impor as mãos pelo qual o sacerdote tocava o adorador para indicar a bênção de Deus. Na igreja primitiva, um ministro impunha sua mão sobre cada membro e pronunciava a bênção de Deus. Hoje, quando um pastor levanta as mãos e pronuncia a bênção, está repetindo esta prática. À medida que as congregações se tornaram maiores, no decorrer do tempo, a mão levantada do ministro chegou a simbolizar o toque do ministro outorgando a bênção de Deus.

Se examinarmos o Antigo Testamento, acharemos princípios dinâmicos de adoração que podem nos ensinar a oferecer o tipo de honra, adoração e louvor que Deus requer.

CAPÍTULO 50

OS SACRAMENTOS DA IGREJA

Uma área da teologia que tem provocado controvérsia interminável e sobre a qual tem havido pouca concordância entre os cristãos é os sacramentos (as ordenanças). E isto permanece verdadeiro em nossos dias. Tal como a palavra *sacramento* indica, os sacramentos são sagrados, e essa é a principal razão para a intensidade dos debates. As controvérsias envolvem o modo como os sacramentos são ministrados, quem tem permissão de participar e quem pode administrá-los. Um debate significativo é sobre o número de sacramentos. A Igreja Católica Romana acredita que há sete sacramentos, enquanto a vasta maioria de igrejas protestantes identifica apenas dois.

O PONTO DE VISTA CATÓLICO ROMANO

A igreja de Roma vê cada um dos sacramentos como um meio de graça. Tomás de Aquino disse que os sete sacramentos católicos romanos preparam o membro comungante para vários estágios da vida. Assim, o primeiro sacramento é o batismo, que é ministrado aos infantes. Quando uma criança é batizada, a graça da justificação é vista como sendo infundida ou derramada na alma da criança. Subsequentemente, se a criança coopera com essa graça, ela é trazida a um estado de justiça e declarada justa por Deus.

Diz-se que a graça age *ex opere operato*, o que significa "por meio da operação das obras". Esta fórmula se aplica a todos os sacramentos na Igreja Católica Romana. A ideia é que a graça transmitida sacramentalmente provê eficácia automática, contanto que nenhum impedimento seja produzido pelo recipiente.

O batismo é o começo do caminho. No batismo, o beneficiário recebe não somente uma infusão de graça, mas também uma marca indelével na alma, o caráter *indelebilis*. Esta marca espiritual é impressa na criança batizada de tal modo que, se ela perder subsequentemente a graça que ganhou do sacramento, não é rebatizada. O batismo original marca de maneira suficiente a alma da criança.

O segundo sacramento no sistema católico romano é a confirmação, ocasião em que o batismo é confirmado. Este sacramento ocorre na transição da infância para o estado de adulto. Reflete o conceito do *bar mitzvah* no Israel do Antigo Testamento, quando um menino se torna um homem, responsável por sua própria observância da lei.

Há também o sacramento de penitência, que é definido pela igreja como "a segunda tábua" de justificação daqueles que fizeram "naufrágio" de sua alma. A graça salvadora dada no batismo pode ser perdida pela comissão de pecado mortal, mas o pecador pode ser restaurado a um estado de graça por meio de penitência ou confissão. Esta é a segunda fonte sacramental da graça justificadora. Outra vez, a graça de Cristo é supostamente infundida na alma, dando ao indivíduo uma oportunidade para ser restaurado a um estado de justificação.

O matrimônio é também um sacramento na Igreja Católica Romana. É claro que nem todos na igreja recebem o sacramento de matrimônio, porque nem todos se casam. No entanto, quando duas pessoas entram na sagrada união de casamento, essa união é abençoada pela igreja, e nova graça é administrada sacramentalmente ao casal para lhes dar a força necessária para crescerem na união matrimonial.

O sacramento das ordens santas corresponde à ordenação em outras denominações. Quando um homem é elevado ao sacerdócio, ele recebe o sacramento das ordens santas, pelo qual recebe poder para administrar graça aos outros por meio destes mesmos sacramentos. Sem receber o sacramento das ordens sagradas, um homem não tem o poder de oferecer a oração de consagração, pela qual os elementos de pão e vinho são transformados no corpo e no sangue de Cristo, durante a missa católica romana.

Há também na Igreja Católica Romana o sacramento de unção de enfermos, chamado anteriormente de extrema unção ou ritos finais. Tem o propósito de transmitir graça a alguém que esteja à beira da morte, a fim de prepará-lo para chegar diante do tribunal de julgamento de Deus. Originalmente, a unção de enfermos se baseava na instrução de Tiago em sua epístola: "Está alguém entre vós doente? Chame os presbíteros da igreja, e estes façam oração sobre ele, ungindo-o com óleo, em nome do Senhor. E a oração da fé salvará o enfermo, e o Senhor o levantará" (Tg 5.14-15). Isso foi originalmente um rito de cura na igreja, mas, à medida que o tempo passou, se desenvolveu num rito final de cura, para curar a alma quando ela está deixando o mundo.

O sacramento considerado mais importante pela Igreja Católica Romana é a Eucaristia ou a Ceia do Senhor, na qual a graça santificadora e o poder nutridor de Cristo são novamente comunicados àqueles que recebem o sacramento.

O PONTO DE VISTA PROTESTANTE

Um dos escritos mais provocativos da Reforma Protestante foi o livrete *O Cativeiro Babilônico da Igreja*, de Martinho Lutero. Nesta obra, Lutero censurou o sistema romano de sacramentos, chamando-o "sacerdotalismo", que é a crença de que a salvação é comunicada por meio de um sacerdote. Lutero se opôs vigorosamente ao sistema de sacramentos da Igreja Católica Romana, que o desenvolvera num grau que começara a usurpar a importância central da Palavra de Deus.

Por contraste, os reformadores tentaram reconstituir um equilíbrio apropriado entre a Palavra e os sacramentos, crendo que os dois precisam ser distintos, mas nunca separados; ou seja, que os sacramentos nunca deveriam ser distribuídos ou administrados sem a pregação da Palavra. Por exemplo, na igreja em que eu prego, não tenho permissão de celebrar a Ceia do Senhor sem oferecer também a proclamação da Palavra de Deus. Os reformadores também se preocuparam com aqueles que procuravam banir totalmente os sacramentos. Alguns eram tão radicalmente opostos ao sistema de sacramentos da Igreja de Roma que pensavam que a Palavra devia permanecer sozinha, sem os sacramentos. Os reformadores lembraram a esta facção que o próprio Cristo havia instituído e autorizado os sacramentos, e, por isso, eles nunca deviam ser negligenciados.

Em contrário à Igreja de Roma, os reformadores enfatizaram dois sacramentos – o Batismo e a Ceia do Senhor. Estes ritos se qualificavam como sacramentos no ponto de vista dos reformadores porque foram instituídos de modo evidente por Cristo. No cenáculo, Jesus institui claramente a celebração da Ceia do Senhor (Mt 26.26-29), e na Grande Comissão ele ordenou seus discípulos a batizarem os que fossem trazidos à fé cristã (Mt 28.19). Os reformadores viram os restantes dos sacramentos católicos romanos como ordenanças especiais da igreja que ficavam aquém desta marca qualificadora.

Os reformadores também rejeitaram o conceito de *ex opere operato*, adotando, em seu lugar, a ideia de *ex opere operantis* ou "por meio da obra daquele que opera". A diferença no latim tem a ver como a eficácia ou os benefícios que fluem dos sacramentos; eles são eficazes somente para aqueles que os recebem em e pela fé. Assim, por exemplo, embora os infantes recebam o sacramento do batismo, os benefícios prometidos por esse sacramento não ocorrem automaticamente. Apenas porque alguém é batizado, isso não significa que ele é salvo – todos são justificados somente pela fé. Quando uma pessoa tem fé, ela recebe plenamente tudo que é comunicado por meio do sinal e selo do batismo. De modo semelhante, uma pessoa que vem à celebração da Ceia do Senhor sem fé corre o risco do julgamento de Cristo, o que Paulo advertiu em 1 Coríntios 11.27-32. Para os reformadores, a questão não era a validade e sim a eficácia dos sacramentos, que estava ligada inseparavelmente à presença da fé genuína.

SELOS E SINAIS

Os sacramentos são vistos como sinais e selos. Em um sentido, o caráter de sinal do sacramento é a Palavra dramatizada, algo que vemos Deus fazendo com frequência no Antigo Testamento. Os profetas de Deus não somente falavam as mensagens de Deus; às vezes, eles as dramatizavam, de maneira bastante estranha. Além disso, Deus instituiu práticas e cerimônias que continham importância simbólica, como a circuncisão e a Páscoa. Estes eram sinais visíveis e exteriores de operações divinas invisíveis e transcendentes. Esta é a mesma maneira pela qual os seres humanos se comunicam. Não apenas falamos palavras; fazemos gestos e nos movemos de um lado para outro quando falamos. Acentuamos nossas palavras com gestos corporais. Os sacramentos operam da mesma maneira. Deus se comunica com os nossos sentidos por meio da dramatização de sua Palavra, servindo-se destes sinais visíveis, os sacramentos.

Os sacramentos são também selos. No mundo antigo, um selo era usado para garantir a autenticidade da palavra de alguém. Se um rei proclamava um decreto, ele pressionava seu anel de identificação na cera sobre o edito, comprovando que a lei procedia dele. Ao fazer isso, ele comunicava a autoridade que estava por trás do decreto. De modo semelhante, os sacramentos representam Deus selando as suas promessas de redenção. Eles são, para todos os que creem, garantias visíveis de Deus de que receberão os benefícios oferecidos em Cristo.

CAPÍTULO 51

O BATISMO

O batismo é claramente um sacramento que foi estabelecido por Jesus Cristo. Ele ordenou a seus seguidores: "Ide, portanto, fazei discípulos de todas as nações, batizando-os em nome do Pai, e do Filho, e do Espírito Santo; ensinando-os a guardar todas as coisas que vos tenho ordenado. E eis que estou convosco todos os dias até à consumação do século" (Mt 28.19-20).

No entanto, há profundas diferenças entre os cristãos no que diz respeito ao Batismo. Por exemplo, muitas comunidades cristãs não batizam pessoas até que elas fiquem adultas e façam uma profissão de fé, enquanto outras comunidades batizam bebês pouco depois de haverem nascido. Em face desta e de outras diferenças, como devemos entender este importante rito cristão?

O BATISMO DE JOÃO

Muitos acreditam que o batismo foi iniciado por João Batista, mas o batismo de João e o rito do Novo Testamento que era celebrado na comunidade cristã não são idênticos. O batismo iniciado por João era dirigido especificamente à nação judaica e foi iniciado durante o período do Antigo Testamento.

Por séculos, Deus havia prometido a vinda do Messias. Por isso, quando o Salvador estava prestes a entrar no mundo, como o Antigo Testamento havia predito, Deus enviou um profeta, vindo do deserto, para preparar a vinda do Messias. João era esse profeta, e ele apareceu para proclamar o advento do Messias a um povo que estava despreparado.

Durante o período entre o Antigo Testamento e o Novo Testamento, surgiu entre os judeus uma prática chamada de "batismo de prosélito". Era um rito de purificação para gentios, um banho que simbolizava a purificação da pessoa considerada impura. Se um gentio queria se tornar um judeu, exigia-se que ele fizesse três coisas. Tinha de fazer uma profissão de fé no judaísmo. Depois, se fosse um homem, deveria passar pela circuncisão. Finalmente, ele tinha de passar pelo rito de purificação de batismo de prosélito, porque era considerado cerimonialmente impuro.

João Batista escandalizou muitos quando declarou que judeus precisavam ser purificados da mesma maneira. Não eram apenas os gentios que tinham necessidade de arrependimento e preparação para a vinda do Messias. Os judeus também precisavam se preparar. Foi por essa razão que João clamou ao povo judeu: "Arrependei-vos, porque está próximo o reino dos céus" (Mt 3.2). Os fariseus ficaram irados com a mensagem de João porque achavam sua segurança na antiga aliança.

O BATISMO

Quando Jesus veio, ele instituiu uma nova aliança e, com ela, um novo sinal de aliança. O sinal da aliança que Deus fez com Noé era o arco-íris, significando que Deus nunca mais destruiria o mundo com água. Quando Deus entrou em aliança com Abraão e sua descendência, estabeleceu o sinal da circuncisão. Naquele tempo, a circuncisão se tornou o sinal da promessa de Deus.

Muitos, inclusive os fariseus, chegaram a pensar na circuncisão como o meio de salvação. Paulo argumenta contra essa opinião na epístola aos Romanos: "Porque não é judeu quem o é apenas exteriormente, nem é circuncisão a que é somente na carne. Porém judeu é aquele que o é interiormente, e circuncisão, a que é do coração, no espírito, não segundo a letra, e cujo louvor não procede dos homens, mas de Deus" (2.28-29).

Paulo acrescenta que, embora o sinal da circuncisão não salvasse, não era um sinal sem significado. A circuncisão significava a promessa pactual de Deus para todos os que colocassem sua confiança nele. A circuncisão ilustrava a validade da promessa de Deus, mas a promessa de Deus deveria se realizar somente por meio da fé.

A circuncisão não era o sinal da nova aliança. Este foi o assunto da disputa de Paulo com os judaizantes, os quais insistiam em que todos os convertidos ao cristianismo tinham de ser circuncidados. Paulo queria que os judaizantes entendessem que a circuncisão era um sinal não somente da promessa da aliança, mas também de sua maldição. Todos os que falhavam em cumprir os termos da antiga aliança eram separados da presença de Deus. Na cruz, porém, Cristo cumpriu a maldição. Portanto, aqueles que estavam sob a nova aliança e insistiam na circuncisão estavam retornando aos termos da antiga aliança.

O BATISMO DE JESUS

Portanto, o sinal da nova aliança não é o batismo de João; é o batismo de Jesus. Jesus pegou o rito de purificação e o identificou não com Israel mas com sua nova aliança. Como resultado, o batismo substituiu a circuncisão como o sinal exterior de inclusão na comunidade da nova aliança. Aqueles que são batizados não são necessariamente salvos, mas têm a promessa de Deus de que todos os benefícios de Cristo são deles, se e quando crerem.

Martinho Lutero experimentou momentos difíceis de ataques satânicos. Quando estava sob esses ataques, ele dizia em voz alta a Satanás: "Aparta-te de mim, eu sou batizado!" Em outras palavras, Lutero se apegava, pela fé, às promessas de Deus que são comunicadas ao seu povo neste sinal da aliança. Esse é o significado do batismo; é uma palavra dramatizada. É uma palavra de promessa de Deus para todos os que creem. Paulo escreveu:

> Cuidado que ninguém vos venha a enredar com sua filosofia e vãs sutilezas, conforme a tradição dos homens, conforme os rudimentos do mundo e não segundo Cristo; porquanto, nele, habita, corporalmente, toda a plenitude da Divindade. Também, nele, estais aperfeiçoados. Ele é o cabeça de todo principado e potestade. Nele, também fostes circuncidados, não por intermédio de mãos, mas no despojamento do corpo da carne, que é a circuncisão de Cristo, tendo sido sepultados, juntamente com ele, no batismo, no qual igualmente fostes ressuscitados mediante a fé no poder de Deus que o ressuscitou dentre os mortos (Cl 2.8-12).

O BATISMO

Nesta passagem, Paulo fala da circuncisão não feita por mãos; vemos uma ligação direta entre a circuncisão do Antigo Testamento e o batismo no Novo Testamento.

O batismo é um sinal de nossa regeneração, que fomos ressuscitados da morte espiritual e feito novas criaturas. O próprio sinal não realiza isso; apenas aponta para quem o faz – o Espírito Santo. Assim como somos batizados com água, assim também Deus promete batizar com seu Espírito Santo aqueles que estão em Cristo. Além disso, o batismo indica nossa participação na morte e na ressurreição de Cristo. Em um sentido bastante real, morremos com Cristo na cruz porque ali ele levou sobre si os nossos pecados.

Paulo enfatiza que somos chamados a participar dos sofrimentos de Cristo, não para ganharmos mérito, e sim para identificar-nos com nosso Senhor crucificado por participarmos voluntariamente de sua humilhação. Isso também é significado pelo batismo. Paulo escreveu que, se não estivermos dispostos a participar das aflições de Cristo, não participaremos de sua exaltação. Cristo prometeu que seus discípulos fiéis serão perseguidos (Lc 21.16-17). Seu povo será chamado a sofrer dessa maneira, mas essas aflições não são dignas de serem comparadas com a glória que Deus tem guardada para seu povo no céu (Rm 8.18). O batismo significa nossa participação na morte de Cristo, em sua ressurreição, em seu sofrimento, em sua humilhação e em sua exaltação.

UMA PROMESSA SIGNIFICATIVA

Uma significativa parte da tradição cristã argumenta que somente adultos que fazem uma profissão de fé consciente podem ser batizados. Historicamente, porém, muitos têm crido que, assim como a promessa da aliança do Antigo Testamento foi dada a Abraão e à sua descendência, a promessa da aliança do Novo Testamento foi dada aos crentes e à sua descendência; e, assim como o sinal da antiga aliança foi dado aos crentes, o sinal da nova aliança deve ser dado aos crentes e a seus filhos. Assim como o batismo é um sinal de fé, assim também a circuncisão era um sinal de fé, e não podemos argumentar que um sinal de fé não pode ser dado aos filhos de um crente. O ensino primário é que nem a circuncisão nem o batismo conferem fé. O que eles conferem é a promessa de Deus a todos os que creem.

João Calvino argumentou que a eficácia do sacramento nunca está ligada ao tempo em que ele é dado; a salvação pode vir antes, durante ou depois da administração do sinal, como ocorria com a circuncisão. E a validade do batismo não está naquele que o recebe, nem naquele que o administra. Em vez disso, está no caráter daquele que promete o que o batismo significa.

CAPÍTULO 52

A CEIA DO SENHOR

Quando estudamos o livro de Atos dos Apóstolos e a vida da primeira comunidade cristã, descobrimos que as pessoas colocavam grande valor em se reunirem para celebrar a Ceia do Senhor. Através da história da igreja, este tem sido o sacramento central. Tem suas raízes no Novo Testamento, mas vemos um precursor dele na ordenança da Páscoa, no Antigo Testamento.

A PÁSCOA MUDADA

Antes de Jesus morrer, ele pediu aos discípulos que fizessem os preparativos para celebrarem a Páscoa uma última vez num lugar emprestado, um cenáculo. Quando se reuniram, Jesus lhes disse que havia desejado intensamente celebrar a Páscoa com eles uma última vez (Lc 22.7-15). Ali, enquanto celebravam a Páscoa, Jesus mudou as palavras da liturgia e disse aos seus discípulos que o pão era o seu corpo, que estava para ser partido em favor deles (v. 19). Ao fazer isso, Jesus mudou o significado da Páscoa do Antigo Testamento. Depois, ele tomou o vinho da refeição pascal e declarou que era o seu sangue (v. 20). Assim, ele instituiu uma nova dimensão da história redentora. Ali, no cenáculo, nasceu o Novo Testamento.

Tendemos a pensar que a era do Novo Testamento começou onde começam os escritos do Novo Testamento – na anunciação da vinda de João Batista. Mas o período histórico do Novo Testamento começou realmente quando a nova aliança foi estabelecida. Começou no cenáculo, quando Jesus instituiu a Ceia do Senhor. Assim como Deus havia usado a Páscoa do Antigo Testamento como lembrança da libertação do povo da praga de morte do primogênito, no Egito, assim também Cristo instituiu a Ceia do Senhor, para a igreja, como lembrança de sua morte em favor da redenção.

PRINCIPAIS PONTOS DE VISTA

Por causa da centralidade da morte de Cristo para a fé cristã, a celebração da Ceia do Senhor é de extrema importância, e por essa razão tem sido outra fonte de controvérsia no decorrer da história da igreja. Uma tragédia do século XVI foi que os reformadores não puderam chegar a um acordo quanto ao significado da Ceia do Senhor. Embora João Calvino e Martinho Lutero fossem próximos em termos de sua teologia, mantinham pontos de vista diferentes sobre aspectos cruciais da Ceia do Senhor.

MODO DA PRESENÇA

O debate central naquele tempo e agora tem a ver com o modo da presença de Cristo no sacramento. Os principais pontos de vista sobre a natureza da Ceia do Senhor incluem o dos católicos romanos, o dos luteranos e o dos calvinistas.

O ponto de vista católico romano é chamado "transubstanciação". Em palavras simples, a Igreja de Roma acredita que um milagre acontece quando o sacerdote abençoa o pão e o vinho durante a missa. Os elementos comuns do pão e do vinho são transformados no corpo e no sangue reais de Jesus Cristo. Esta doutrina foi elaborada usando a filosofia de Aristóteles. Em suas tentativas para definir a realidade, Aristóteles fez uma distinção entre as propriedades *essenciais* e *acidentais* de um objeto. Posso identificar um pedaço de giz por sua cor e forma cilíndrica, mas não posso penetrar na essência mais interior de seu ser. De acordo com Aristóteles, a essência mais interior de um pedaço de giz é sua substância; suas qualidades exteriores são meramente suas *accidentia*, as propriedades físicas do giz.

Aplicando esta estrutura à Ceia do Senhor na articulação da transubstanciação, Roma disse que a essência interior do pão e do vinho muda para o corpo e o sangue de Cristo, embora as *accidentia* do pão e do vinho, sua aparência e qualidades exteriores, permaneçam as mesmas. Seguindo, então, a linguagem de Aristóteles, há um milagre duplo, porque as *accidentia* de qualquer objeto estão relacionadas à sua substância. O giz se parece com giz porque tem os *accidentia* de giz. Há sempre uma relação perfeita entre a substância de uma coisa e suas qualidades externas. Entretanto, no milagre da missa, achamos as *accidentia* do pão sem sua substância e a substância do corpo de Jesus sem suas *accidentia* – um milagre duplo.

Lutero se opôs a esta teoria, dizendo que a presença de Cristo não toma o lugar dos elementos, mas, em vez disso, é acrescentada ao pão e ao vinho, embora de maneira invisível. Em outras palavras, Cristo está fisicamente presente em, com e sob os elementos. Este ponto de vista é chamado "união sacramental" e, às vezes, é chamado "consubstanciação". O prefixo *con* significa "com" e indica como o corpo e o sangue de Jesus acompanham os elementos físicos do pão e do vinho. Portanto, Lutero insistiu em que o corpo de Cristo está fisicamente presente na Ceia, uma convicção que ele fundamentou nas palavras de Jesus ao instituir a ordenança: "Isto é o meu corpo". Lutero argumentou que Jesus nunca teria dito que o pão era o seu corpo se, de fato, não o fosse.

Calvino enfatizou que um corpo físico, como o que Jesus tinha, só pode estar em um único lugar por vez, e, visto que o corpo de Jesus está no céu, ele não pode estar fisicamente presente nos sacramentos. Entretanto, a natureza divina de Jesus pode estar em todos os lugares ao mesmo tempo; portanto, ele está realmente presente na Ceia do Senhor, embora de maneira espiritual.

Em suma, católicos romanos, luteranos e calvinistas, todos concordam em que Cristo está realmente presente na Ceia do Senhor; o debate diz respeito a *como* ele está presente: física ou espiritualmente.

O FATOR TEMPO

O fator tempo envolvido na Ceia do Senhor é tríplice. Com respeito ao passado, a Ceia do Senhor é uma lembrança da morte do Senhor em favor de pecadores. O apóstolo repete as palavras de Jesus quando a Ceia do Senhor foi instituída:

> Porque eu recebi do Senhor o que também vos entreguei: que o Senhor Jesus, na noite em que foi traído, tomou o

pão; e, tendo dado graças, o partiu e disse: Isto é o meu corpo, que é dado por vós; fazei isto em memória de mim. Por semelhante modo, depois de haver ceado, tomou também o cálice, dizendo: Este cálice é a nova aliança no meu sangue; fazei isto, todas as vezes que o beberdes, em memória de mim (1 Co 11.23-25).

Quando Jesus instituiu a Ceia, ele também disse: "De agora em diante, não mais beberei do fruto da videira, até que venha o reino de Deus" (Lc 22.18). Disso, vemos que a Ceia do Senhor também nos faz pensar no futuro quando nos sentaremos à mesa do Senhor, no céu, na festa de casamento do Cordeiro. Há uma orientação futura na Ceia do Senhor.

Ao mesmo tempo, há o benefício presente de encontrar-nos com o próprio Cristo à sua mesa toda vez que participamos da Ceia. Portanto, há uma realidade presente, um lembrança de coisas passadas e uma antecipação da bênção futura que Deus prometeu ao seu povo.

PARTE OITO

ESCATOLOGIA

CAPÍTULO 53

A MORTE E O ESTADO INTERMEDIÁRIO

Com este capítulo, começamos nosso estudo da subdivisão da teologia sistemática designada "escatologia". Esta palavra vem da palavra grega *eschaton*, que se refere ao que chamamos "últimas coisas". Um dos aspectos iniciais da escatologia é a vida após a morte e aquele evento temido que nos leva para lá – a morte.

A morte é o maior problema com que a raça humana se depara. Podemos tentar esconder os pensamentos sobre a morte em algum lugar bem remoto de nossa mente, mas não podemos apagar totalmente nossa consciência de nossa mortalidade. Sabemos que o espectro da morte nos espera.

A ORIGEM DA MORTE

O apóstolo Paulo escreveu: "Portanto, assim como por um só homem entrou o pecado no mundo, e pelo pecado, a morte, assim também a morte passou a todos os homens, porque todos pecaram. Porque até ao regime da lei havia pecado no mundo, mas o pecado não é levado em conta quando não há lei. Entretanto, reinou a morte desde Adão até Moisés, mesmo sobre aqueles que não pecaram à semelhança da transgressão de Adão, o qual prefigurava aquele que havia de vir" (Rm 5.12-14). Vemos que havia pecado mesmo antes de a lei ser dada por meio de Moisés, e isto é mostrado pelo fato de que a morte acontecia antes de a lei ser dada. O fato da morte prova a presença do pecado, e o fato do pecado prova a presença da lei, que tem sido revelada aos seres humanos desde o princípio. Portanto, a morte entrou no mundo como resultado direto do pecado.

O mundo secular vê a morte como parte da ordem natural, enquanto o cristão vê a morte como parte da ordem caída; não era o estado original do homem. A morte veio como julgamento de Deus por causa do pecado. Desde o começo, todo pecado era uma ofensa capital. Deus falou a Adão e Eva: "De toda árvore do jardim comerás livremente, mas da árvore do conhecimento do bem e do mal não comerás; porque, no dia em que dela comeres, certamente morrerás" (Gn 2.16-17). A morte sobre a qual Deus advertiu não era somente espiritual, mas também física. Adão e Eva não morreram fisicamente no dia em que pecaram; Deus lhes deu graça para viverem por algum tempo antes de cobrar a penalidade. Entretanto, no devido tempo eles sofreram a morte.

ESPERANÇA NA MORTE

Todo ser humano é um pecador e, por isso, está sentenciado à morte. Estamos todos esperando a sentença ser realizada.

A MORTE E ESTADO INTERMEDIÁRIO

Todavia, para os cristãos, a penalidade foi paga por Cristo. Os cristãos veem a morte como o momento de transição deste mundo para o outro. Paulo estava na prisão quando escreveu:

> Porque estou certo de que isto mesmo, pela vossa súplica e pela provisão do Espírito de Jesus Cristo, me redundará em libertação, segundo a minha ardente expectativa e esperança de que em nada serei envergonhado; antes, com toda a ousadia, como sempre, também agora, será Cristo engrandecido no meu corpo, quer pela vida, quer pela morte. Porquanto, para mim, o viver é Cristo, e o morrer é lucro. Entretanto, se o viver na carne traz fruto para o meu trabalho, já não sei o que hei de escolher. Ora, de um e outro lado, estou constrangido, tendo o desejo de partir e estar com Cristo, o que é incomparavelmente melhor. Mas, por vossa causa, é mais necessário permanecer na carne (Fp 1.19-24).

Muitos de nós ficamos surpresos com as palavras de Paulo nesta passagem. Embora nos regozijemos na vitória de Cristo sobre a sepultura, tememos a morte. Pelo que sei a respeito de mim mesmo, não tenho medo da morte, mas sou tendente a temer o processo de morte. Os cristãos não têm garantia de que serão isentos de uma morte dolorosa. Nossa garantia é a presença de Deus conosco em meio à morte e o lugar para onde iremos quando morrermos. Em face disso, Paulo escreveu: "Para mim, o viver é Cristo, e o morrer é lucro". Ele teve uma vida extraordinária e foi capaz de suportar grande sofrimento porque estava profundamente convencido da verdade da vida eterna. Paulo arriscou alegremente a vida, porque cada minuto de sua vida era para Cristo. A vida nesta terra era um meio de servir a Cristo, e a morte era o meio de estar com Cristo. Para o cristão, a morte se enquadra no lado positivo da contabilidade.

Paulo reiterou sua convicção sobre a vida e a morte: "De um e outro lado, estou constrangido, tendo o desejo de partir e estar com Cristo, o que é incomparavelmente melhor. Mas, por vossa causa, é mais necessário permanecer na carne". Paulo desejou continuar seu ministério terreno, mas seu coração estava no céu. Ele amava aqueles a quem ministrava, mas ansiava ir para o lar, "partir e estar com Cristo, o que é incomparavelmente melhor".

Temos uma tendência para ver a diferença entre a vida e a morte como a diferença entre o bom e o mau, mas não era assim que o apóstolo a via. Ele via a diferença como entre o bom e o melhor. Sim, há muito sofrimento na vida, e algumas pessoas são levadas a um nível tal de sofrimento que anseiam morrer. A maioria de nós, porém, apesar dos sofrimentos, angústias e desapontamentos, queremos viver. Há uma alegria em viver, por isso nos apegamos à vida com paixão. Mas, para os cristãos, a morte é ainda melhor, porque vamos imediatamente estar com Cristo, uma esperança confirmada pela ressurreição de Cristo.

A Bíblia ensina que há tanto a morte quanto uma ressurreição final. Quando recitamos o Credo Apostólico e dizemos: "Creio na ressurreição do corpo", estamos expressando nossa confiança de que nosso corpo será ressuscitado. Algum dia, nossos ossos ressurgirão, assim como Cristo saiu do túmulo no mesmo corpo em que fora colocado lá, embora seu corpo tenha sido alterado dramaticamente. O corpo de Jesus foi glorificado, mudado de mortal para imortal. Paulo escreveu:

> Mas, de fato, Cristo ressuscitou dentre os mortos, sendo ele as primícias dos que dormem. Visto que a morte veio por um homem, também por um homem veio a ressurreição dos mortos. Porque, assim como em Adão todos morrem, assim também todos serão vivificados em Cristo. Cada um, porém, por sua própria ordem: Cristo, as primícias; depois, os que são de Cristo, na sua vinda (1 Co 15.20-23).

Não sabemos como pareceremos exatamente no céu, mas haverá reconhecimento. Teremos corpos reconhecíveis. O corpo glorificado é o melhor estado no futuro. Viver no corpo aqui na terra é bom, mas o melhor ainda está por vir.

ENTRE O AGORA E O DEPOIS

Os teólogos falam sobre "o estado intermediário", o que significa o tempo entre a nossa morte e a ressurreição final. Quando morremos, nosso corpo vai para a sepultura, mas nossa alma vai diretamente para o céu e fica imediatamente na presença de Jesus Cristo. No estado intermediário, cada um de nós terá uma alma sem um corpo, mas a melhor de todas as situações possíveis acontecerá depois, na consumação do reino de Cristo, quando nossa alma assumirá um corpo imperecível e glorificado.

Por ocasião da morte, não entramos, como alguns hereges têm ensinado, num tipo de sono da alma, existindo num estado de inconsciência pessoal e separados da presença de Cristo. O ponto de vista bíblico é que experimentamos uma continuidade ininterrupta de existência pessoal e consciente, de tal modo que, por ocasião da morte, estamos imediata e

ESCATOLOGIA

ativamente na presença de Cristo e de Deus. Frequentemente, estamos inconscientes do envelhecimento físico que acontece em nosso corpo, porque vivemos dentro de nós mesmos – em nossa mente, nosso espírito e nossa alma. É essa continuidade de consciência que acontecerá, mas num estado muito maior porque viveremos na presença de Cristo.

O dilema de Paulo foi resolvido com a vitória de sua morte, quando ele foi para o lar, para experimentar o lucro de estar com Cristo.

CAPÍTULO 54

A RESSURREIÇÃO

A palavra grega que traduzimos por "ressurreição", *anastasia*, significa literalmente "ficar de pé novamente" ou "levantar-se de novo". Tendemos a pensar em nossa ressurreição futura apenas como a continuidade de existência pessoal, na alma, continuando num estado consciente na presença de Deus, no céu, enquanto o corpo desintegra na sepultura. Entretanto, a ressurreição diz respeito ao corpo físico, que experimenta deterioração na sepultura, antes de levantar-se de novo para a vida.

AS PRIMÍCIAS

Desde o século I, a igreja tem afirmado a ressurreição do corpo, a *resurrectionis carnis*, que inclui a ressurreição corporal não somente de Cristo, mas também de seu povo. Esta verdade é considerada em várias passagens da Escritura. Paulo escreveu:

ESCATOLOGIA

> Vós, porém, não estais na carne, mas no Espírito, se, de fato, o Espírito de Deus habita em vós. E, se alguém não tem o Espírito de Cristo, esse tal não é dele. Se, porém, Cristo está em vós, o corpo, na verdade, está morto por causa do pecado, mas o espírito é vida, por causa da justiça. Se habita em vós o Espírito daquele que ressuscitou a Jesus dentre os mortos, esse mesmo que ressuscitou a Cristo Jesus dentre os mortos vivificará também o vosso corpo mortal, por meio do seu Espírito, que em vós habita (Rm 8.9-11).

Alguns dizem que esta passagem se refere apenas à renovação ou regeneração de nosso homem interior, sermos ressuscitados da morte espiritual para a vida espiritual. Esse conceito está, certamente, incluído no pensamento de Paulo, mas ele acrescenta que o mesmo Espírito que ressuscitou dentre os mortos o corpo mortal de Jesus também ressuscitará o nosso corpo mortal. Paulo ensinou este princípio repetidas vezes, especialmente quando fazia contraste entre Adão e Cristo, o último Adão. Assim como a morte entrou no mundo por meio do primeiro Adão, assim também o triunfo sobre a morte vem como resultado do ministério do último Adão. Paulo via a ressurreição física de Cristo não como um evento único, mas como o primeiro de muitos por vir. Cristo se tornou as primícias daqueles que serão ressuscitados dos mortos (1 Co 15.20).

As Escrituras relatam a ressurreição de várias pessoas antes da ressurreição de Cristo, incluindo o filho da viúva de Sarepta (1 Rs 17.17-24), no Antigo Testamento, o filho da viúva de Naim (Lc 7.11-15), a filha de Jairo (Lc 8.41-42, 49-56) e Lázaro (Jo 11.1-44), no Novo Testamento. Mas cada uma dessas pessoas morreu de novo. A ressurreição de Jesus foi diferente. A ressurreição de Cristo foi mais do que simplesmente um retorno à vida; envolveu também uma transformação significativa de seu corpo. Houve continuidade entre o corpo colocado para descansar no sepulcro e o corpo que saiu do sepulcro; o mesmo corpo que fora sepultado foi também ressuscitado. Isso também foi verdadeiro quanto às ressurreições anteriores. Entretanto, na ressurreição de Jesus houve também um elemento de descontinuidade. Seu corpo experimentou uma mudança dramática. Ele era a mesma pessoa com o mesmo corpo, mas seu corpo tinha sido glorificado.

UMA DOUTRINA ESSENCIAL

Em sua primeira epístola para os cristãos de Corinto, Paulo apresenta uma explicação e uma defesa extensas da ressurreição de Cristo. Ele se dirige aos que são céticos quanto à ressureição em geral por meio de um argumento *reductio ad absurdum*, que, como notamos antes, é a técnica de levar as premissas do argumento de um oponente à sua conclusão lógica, a fim de provar sua absurdez. Nesta epístola, Paulo raciocina a partir da premissa de que não há ressurreição e conclui que, se não há ressurreição, Cristo não ressuscitou (1 Co 15.13). Onde há uma negativa universal, não pode haver nenhuma afirmação específica.

Paulo continua e diz que, se Cristo não ressuscitou, ainda estamos em nosso pecado (v. 17). Portanto, sem ressurreição não há nem mesmo fé cristã. O conceito de ressurreição é absolutamente essencial a toda a fé apostólica.

ESCATOLOGIA

Muitos teólogos contemporâneos têm chegado à conclusão de que podemos ter um cristianismo vibrante sem os aspectos sobrenaturais que o acompanham, como a morte e a ressurreição de Cristo. Rudolf Bultmann, por exemplo, que apresentou uma exegese precisa e discernente de 1 Coríntios 15, expressou com clareza o que o apóstolo disse, mas, em seguida, afirmou que o apóstolo estava errado. Bultmann concluiu, assim como muitos na igreja contemporânea, que o testemunho apostólico sobre a importância central da ressurreição era falso.

Pessoas podem ter uma religião sem crerem na ressurreição e podem até chamá-la de cristianismo, mas essa religião não tem nada a ver com a mensagem bíblica de Cristo e com a fé cristã original. Paulo disse que não existe fé cristã sem a ressurreição, e, se não há ressurreição, os cristãos são, dentre todas as pessoas, as mais dignas de compaixão, por colocarem sua esperança no que é falso (v. 19).

Havendo dito isso, Paulo não fundamenta seu argumento em favor da veracidade da ressurreição de Cristo nas implicações negativas. Ele cita os testemunhos da ressurreição – o testemunho dos apóstolos, incluindo ele mesmo, e o testemunho de 500 pessoas que viram a Cristo depois que ele ressuscitou (vv. 3-8).

Paulo prossegue e diz que Cristo foi ressuscitado e recebeu um corpo glorificado. E o que Deus fez por Cristo ele prometeu fazer por todos os cristãos: "Porque, assim como em Adão todos morrem, assim também todos serão vivificados em Cristo. Cada um, porém, por sua própria ordem: Cristo, as primícias; depois, os que são de Cristo, na sua vinda. E, então, virá o fim, quando ele entregar o reino ao Deus e Pai, quando houver destruído todo principado, bem como toda potestade e poder" (vv. 22-24).

A RESSURREIÇÃO

CORPOS RESSUSCITADOS

Em seguida, Paulo aborda a natureza de nosso corpo ressuscitado: "Mas alguém dirá: Como ressuscitam os mortos? E em que corpo vêm?" (v. 35). Em outras palavras, como serão nossos corpos ressuscitados? Serão como no tempo de nossa morte? Eis como Paulo responde: "Insensato! O que semeias não nasce, se primeiro não morrer; e, quando semeias, não semeias o corpo que há de ser, mas o simples grão, como de trigo ou de qualquer outra semente. Mas Deus lhe dá corpo como lhe aprouve dar e a cada uma das sementes, o seu corpo apropriado" (vv. 36-38). Paulo apela à natureza como analogia, usando um argumento de Platão. Para que haja um fruto, uma semente tem de ser plantada, e, antes que a semente brote para a vida, ela tem de sofrer certa decadência. Quando o fruto aparece finalmente, ele não parece em nada com a semente. Em termos de ressurreição, o corpo que vai para o sepulcro é como a semente; temos de morrer. Mas, na morte, o corpo é transformado. Haverá continuidade, como há continuidade entre a semente e o fruto, mas há também descontinuidade significativa entre a semente de nosso corpo terreno e o nosso corpo glorificado.

Nosso corpo ressuscitado será humano e reconhecível. Coisas misteriosas aconteceram nos aparecimentos de Jesus em seu corpo ressuscitado. Ele não foi sempre reconhecido; vemos isso no exemplo daqueles dois discípulos que se encontraram com ele na estrada de Emaús (Lc 24.13-31). Não sabemos se a falha deles em reconhecer a Jesus se deveu às mudanças ocorridas em Jesus ou a ação de Deus em ocultar deles a identidade de Jesus. Maria Madalena não reconheceu a Jesus até que ele se dirigiu a ela (Jo 20.11-16). Entretanto, quando Jesus apareceu aos discípulos no cenáculo, eles o reconheceram instantaneamente. Portanto, haverá mudanças, mas não sabemos qual será a extensão dessas mudanças. De fato, não sabemos se o corpo em que Jesus apareceu no cenáculo estava em seu estágio final de glorificação ou se mudanças ainda aconteceriam. Ele disse a Maria: "Não me detenhas; porque ainda não subi para meu Pai" (Jo 20.17), o que alguns veem como uma indicação de que Jesus ainda estava no processo de ser reconstituído em seu corpo glorificado. Mas isso é apenas especulação.

Em termos de corpo ressuscitado, podemos supor que nossas faculdades humanas básicas estarão presentes; ainda teremos mente, vontade e afeições. A diferença básica será que o novo corpo não poderá morrer; somos sepultados mortais e ressuscitamos imortais (1 Co 15.53), mas não porque seremos inerentemente imortais. Os gregos acreditavam que as almas são eternas e, por isso, incapazes de destruição, enquanto os cristãos creem que as almas são criadas, não eternas. Viveremos para sempre no céu, não porque teremos uma existência inerentemente indestrutível, mas porque seremos tornados imortais pelo decreto de Deus. Deus não nos permitirá morrer nunca mais. O que garante nossa imortalidade é a graça preservadora e o amor de Deus.

Em seu tratado sobre a ressurreição, Paulo faz analogias da natureza:

> Nem toda carne é a mesma; porém uma é a carne dos homens, outra, a dos animais, outra, a das aves, e outra, a dos peixes. Também há corpos celestiais e corpos terrestres; e, sem dúvida, uma é a glória dos celestiais, e outra, a dos

terrestres. Uma é a glória do sol, outra, a glória da lua, e outra, a das estrelas; porque até entre estrela e estrela há diferenças de esplendor (vv. 39-41).

Paulo está nos dizendo que olhemos ao nosso redor e observemos a vida em sua variedade de formas, para percebermos que há muito mais por vir:

> Pois assim também é a ressurreição dos mortos. Semeia-se o corpo na corrupção, ressuscita na incorrupção. Semeia-se em desonra, ressuscita em glória. Semeia-se em fraqueza, ressuscita em poder. Semeia-se corpo natural, ressuscita corpo espiritual. Se há corpo natural, há também corpo espiritual. Pois assim está escrito: O primeiro homem, Adão, foi feito alma vivente. O último Adão, porém, é espírito vivificante. Mas não é primeiro o espiritual, e sim o natural; depois, o espiritual. O primeiro homem, formado da terra, é terreno; o segundo homem é do céu. Como foi o primeiro homem, o terreno, tais são também os demais homens terrenos; e, como é o homem celestial, tais também os celestiais (vv. 42-48).

Em seguida, Paulo afirma seu ponto principal: "E, assim como trouxemos a imagem do que é terreno, devemos trazer também a imagem do celestial" (v. 49). Esta é a esperança da ressurreição final: seremos semelhantes a Cristo, porque ele nos dará a mesma glória de ressurreição que recebeu.

CAPÍTULO 55

O REINO DE DEUS

Quando os discípulos de Jesus lhe pediram que os ensinasse a orar, ele lhes deu uma oração modelo, a Oração do Pai Nosso (Mt 6.9-13). Como parte dessa oração, Jesus os instruiu a pedir: "Venha o teu reino; faça-se a tua vontade, assim na terra como no céu" (v. 10). Nestas palavras, Jesus estabeleceu uma prioridade para o povo de Deus orar pela vinda do reino.

A questão é se o reino pelo qual oramos já está sendo manifesto ou ainda está para ser revelado. Isto é uma questão de debate na comunidade cristã e é importante por causa da importância central, na Escritura, do conceito do reino. Em seu livro *O Reino de Deus*, John Bright, erudito em Antigo Testamento, disse que o reino é o tema que une o Antigo Testamento ao Novo Testamento. No Antigo Testamento, Deus começou a prometer um reino futuro em que sua soberania seria universal e eterna. Todavia, esta promessa não era uma negação do reino soberano de Deus sobre o universo agora. Deus tem reinado desde o momento em que criou todas as coisas. Ao contrário, a promessa tem a ver com a submissão voluntária de todas as criaturas. No presente, o reino deste mundo, sobre o qual Deus tem reinado desde o momento de criação, está fundamentalmente em rebelião contra o seu Rei.

A promessa no Antigo Testamento era a de um reino universal e eterno. É universal não no sentido de que todos serão redimidos, mas de que todos obedecerão. Alguns obedecerão voluntariamente; eles dobrarão os joelhos em devoção sincera. Outros serão forçados à submissão. Virá um dia em que pessoas de todas as nações se submeterão ao Rei ungido de Deus, o Messias.

JÁ E AINDA NÃO

Muitos evangélicos professos de nossos dias creem que o reino de Deus está estritamente no futuro, embora não haja nenhum fundamento bíblico para isso. Esta opinião rouba da igreja ensinos importantes sobre o reino que são apresentados com clareza no Novo Testamento. De fato, o Novo Testamento começa com o anúncio de João Batista sobre o reino: "Arrependei-vos, porque está próximo o reino dos céus" (Mt 3.2). Os profetas do Antigo Testamento falaram do reino por vir em algum momento no futuro, mas, no tempo de João Batista, o reino estava prestes a entrar em cena. Estava "próximo". Quando examinamos cuidadosamente a mensagem de João Batista, vemos que seu anúncio do reino continha advertências urgentes: "Já está posto o machado à raiz das árvores" (Mt 3.10) e: "A sua pá, ele a tem na mão" (Lc 3.17). O tempo estava acabando, e as pessoas não estavam prontas.

Cristo entrou em cena pouco tempo depois com a mesma mensagem: "O tempo está cumprido, e o reino de Deus está próximo; arrependei-vos e crede no evangelho" (Mc 1.15). Entretanto, havia diferenças entre o comportamento de João Batista e o de Jesus. João era um asceta; levava uma vida de autorrenúncia radical. Comia gafanhotos e mel silvestre e se vestia como os profetas do Antigo Testamento. Por outro lado, Jesus foi acusado de ser "um glutão e bebedor de vinho" (Mt 11.19). Ele foi a uma festa de casamento em Caná e comeu num banquete com coletores de impostos; e isso levou alguns dos discípulos de João a perguntar-lhe: "Por que jejuamos nós, e os fariseus... e teus discípulos não jejuam?" (Mt 9.14). Jesus respondeu: "Podem, acaso, estar tristes os convidados para o casamento, enquanto o noivo está com eles? Dias virão, contudo, em que lhes será tirado o noivo, e nesses dias hão de jejuar" (v. 15).

Noutra ocasião, os fariseus perguntaram a Jesus quando viria o reino de Deus, e ele lhes respondeu: "Eis que o reino de Deus está entre vós" (Lc 17.21 – ARC). O reino de Deus estava no meio deles porque o Rei estava ali. Noutra ocasião, Jesus disse: "Se, porém, eu expulso os demônios pelo dedo de Deus, certamente, é chegado o reino de Deus sobre vós" (Lc 11.20).

Portanto, João veio primeiramente com sua advertência da proximidade radical do reino. Depois, Jesus veio anunciando a presença do reino. Isto foi seguido pelo ápice de sua obra redentora na ascensão, quando ele deixou a terra para ir à sua coroação, na qual Deus o declarou Rei. Quando Jesus estava no Monte das Oliveiras, pronto para partir, seus discípulos lhe perguntaram: "Senhor, será este o tempo em que restaures o reino a Israel?" (At 1.6). Eles haviam esperado que Jesus agisse, expulsasse os romanos e estabelecesse o reino, mas Jesus respondeu: "Não vos compete conhecer tempos ou épocas que o Pai reservou pela sua exclusiva autoridade; mas recebereis poder, ao descer sobre vós o Espírito Santo, e sereis minhas testemunhas tanto em Jerusalém como em toda a Judéia e Samaria e até aos confins da terra" (vv. 7-8).

Na resposta à pergunta deles sobre o reino, Jesus deu a missão fundamental da igreja. Os homens estariam cegos para a mensagem do reinado de Jesus; por isso, os discípulos receberam a tarefa de torná-lo visível. A tarefa fundamental da igreja é dar testemunho do reino de Deus. Nosso Rei reina agora. Portanto, colocar o reino de Deus totalmente no futuro é ignorar um dos ensinos mais importantes do Novo Testamento. Nosso Rei veio e inaugurou o reino de Deus. O aspecto futuro do reino é sua consumação final.

PARÁBOLAS DO REINO

Jesus ensinou frequentemente por meio de parábolas, e o tema primário das parábolas era o reino de Deus. Muitas das parábolas começaram com "o reino de Deus é semelhante..." As parábolas deixam claro que o reino tem um caráter progressivo. O reino começou pequeno, mas com o passar do tempo começou a se expandir e continuará a crescer até que envolva todas as coisas. Jesus disse que o reino é semelhante a uma semente de mostarda, a menor das sementes (Mt 13.31-32; Mc 4.30-32; Lc 13.18-19). Ele também ligou o reino ao fermento, que se espalha pela massa para que esta cresça (Mt 13.33; Lc 13.20-

21). O Antigo Testamento profetizava que o reino seria uma pedra cortada sem o uso de mãos, que se tornaria uma grande montanha (Dn 2.35).

Jesus também deixou claro que nós, como seus discípulos, devemos buscar o reino. Ele disse: "Buscai... em primeiro lugar, o seu reino e a sua justiça, e todas estas coisas vos serão acrescentadas" (Mt 6.33). A prioridade da vida cristã, de acordo com Jesus, é buscar o reino. A palavra grega traduzida por "em primeiro lugar" é *prōtos*. A palavra significa mais do que o primeiro numa série; significa primeiro em ordem de importância. De acordo com Jesus, buscar o reino é a tarefa mais importante da vida cristã.

CRISTO REINA

Cristo reina agora como o Cordeiro que é digno de receber o reino de Deus. Esse reino começou e está crescendo, mas não será consumado até que Cristo venha no fim da história humana, para subjugar todos os reinos. Naquele tempo, o reino, que agora é invisível, se tornará visível. Mas, embora o reino seja invisível agora, não é irreal. Na consumação, haverá uma renovação completa da ordem criada como a conhecemos, e Cristo estabelecerá seu reino em toda a sua glória para sempre.

CAPÍTULO 56

O MILÊNIO

O conceito de milênio é um aspecto altamente debatido da escatologia por causa da natureza da literatura escatológica. A primeira referência ao milênio, um período que se estende por mil anos, ocorre em Apocalipse 20, sendo mencionada com respeito ao aprisionamento de Satanás:

> Então, vi descer do céu um anjo; tinha na mão a chave do abismo e uma grande corrente. Ele segurou o dragão, a antiga serpente, que é o diabo, Satanás, e o prendeu por mil anos; lançou-o no abismo, fechou-o e pôs selo sobre ele, para que não mais enganasse as nações até se completarem os mil anos. Depois disto, é necessário que ele seja solto pouco tempo.
> Vi também tronos, e nestes sentaram-se aqueles aos quais foi dada autoridade de julgar. Vi ainda as almas dos deca-

pitados por causa do testemunho de Jesus, bem como por causa da palavra de Deus, tantos quantos não adoraram a besta, nem tampouco a sua imagem, e não receberam a marca na fronte e na mão; e viveram e reinaram com Cristo durante mil anos. Os restantes dos mortos não reviveram até que se completassem os mil anos. Esta é a primeira ressurreição. Bem-aventurado e santo é aquele que tem parte na primeira ressurreição; sobre esses a segunda morte não tem autoridade; pelo contrário, serão sacerdotes de Deus e de Cristo e reinarão com ele os mil anos.

Quando, porém, se completarem os mil anos, Satanás será solto da sua prisão e sairá a seduzir as nações que há nos quatro cantos da terra, Gogue e Magogue, a fim de reuni-las para a peleja. O número dessas é como a areia do mar (Ap 20.1-8).

INTERPRETANDO A LITERATURA ESCATOLÓGICA

Quando consideram o milênio, os teólogos se interessam por sua natureza e seu relacionamento cronológico com a consumação do reino de Deus. A maneira como esses interesses são respondidos determina se um teólogo sustenta o pré-milenismo, o amilenismo, o pós-milenismo ou outro ponto de vista sobre os fins dos tempos. Os prefixos nas designações desses pontos de vista refletem o que seus adeptos creem em termos de quando ocorrerá o milênio.

Apocalipse 20 é o único lugar na Escritura em que o milênio é mencionado. O fato de que é uma menção solitária não diminui a sua importância, mas o que a torna problemática é que ela ocorre num livro da Bíblia que é altamente simbólico. Literatura deste gênero precisa de regras de interpretação que diferem das regras que usamos para interpretar outros tipos de literatura.

O princípio básico de interpretação bíblica estabelecido pelos reformadores foi a interpretação literal, *sensus literaris*, o qual significa que intérpretes responsáveis da Escritura sempre interpretam a Bíblia no sentido em que ela foi escrita. A literatura poética deve ser interpretada como poesia, literatura didática deve ser interpretada como didática, e assim por diante. Um verbo permanece um verbo, um substantivo permanece um substantivo, uma comparação é uma comparação, e uma metáfora é uma metáfora.

Por outro lado, o estilo de interpretação chamado "literalismo" envolve aplicar uma interpretação fixa, que não funciona bem com a literatura poética. Por exemplo, quando o salmista diz que os rios batem palmas (98.8), não entendemos isso no sentido de que, de algum modo, os rios estendem as mãos e começam a bater palmas. Não interpretamos figuras poéticas de maneira amplamente literalista.

No que diz respeito à interpretação de literatura profética, a questão é se a linguagem é figurada ou prosa comum, e há ampla discordância sobre isso. Alguns creem que, para sermos fiéis à Bíblia, devemos interpretar de maneira literal as profecias para o futuro. Mas isso pode nos fazer andar em círculos.

POSIÇÕES SOBRE O MILÊNIO

Vejamos brevemente as principais características das várias posições sobre o milênio.[1]

---

[1] Quanto a uma abordagem mais completa, ver R. C. Sproul, *The Last Days according to Jesus: When Did Jesus Say He Would Return?* (Grand Rapids, Mich.: Baker, 2000).

ESCATOLOGIA

PRÉ-MILENISMO

O pré-milenismo ensina que, antes do retorno de Cristo, haverá um reino literal terreno de mil anos. Aqui, o prefixo *pre* indica a convicção de que Cristo retornará antes de o milênio ser estabelecido. Há duas formas populares de pré-milenismo hoje: pré-milenismo dispensacionalista e pré-milenismo histórico.

A teologia dispensacionalista é um sistema completo de doutrina. É mais notada por seu esquema específico de entender profecias da Bíblia. Os pré-milenistas dispensacionalistas acreditam que as profecias do reino dadas a Israel no Antigo Testamento serão cumpridas literalmente no estado judaico contemporâneo. Eles esperam por uma reconstrução literal do templo e uma reinstituição do sistema de sacrifícios.

Fundamental à posição escatológica dos dispensacionalistas é a crença de que Deus tem dois planos de redenção separados, um para Israel e outro para a igreja. O dispensacionalismo pré-milenista tradicional ensina que Cristo ofereceu aos judeus o reino de Davi, mas os judeus o rejeitaram. Por isso, a vinda do reino de Davi, um reino judaico, foi postergada até algum tempo futuro. Eles também acreditam que a igreja, como a conhecemos, existe na "época da igreja", um dos sete grandes períodos ou dispensações da história bíblica. A época da igreja é um parêntese entre o advento de Cristo e a vinda futura do reino. Os pré-milenistas dispensacionalistas acreditam que a igreja perderá sua influência no mundo e se tornará apóstata, à medida que se aproxima do final da época da igreja e só será restaurada depois do retorno de Cristo. Por fim, Cristo retornará para arrebatar seus santos antes da grande tribulação.

O MILÊNIO

Este retorno de Cristo para arrebatar seus santos é visto como a primeira de suas duas vindas. Na sua primeira vinda, ele transportará seu povo para as nuvens, pelo que os livrará do sofrimento e da perseguição da tribulação. Depois, Cristo virá novamente para estabelecer seu reino. Ele administrará um reino judaico político, e esse reino durará por exatamente mil anos. Durante esse tempo, Satanás será preso, o templo será reconstruído, e o sistema de sacrifícios do Antigo Testamento será reinstituído. Perto do final do milênio, Satanás será solto, e Cristo e seus seguidores serão atacados em Jerusalém. Nesta altura, Cristo exercerá julgamento do céu, e seus inimigos serão destruídos; acontecerá o julgamento dos ímpios, e a ordem eterna final será iniciada.

Esta versão de pré-milenismo dispensacionalista, na qual a igreja é arrebatada antes da tribulação, é muito popular entre os evangélicos. Há outras versões que colocam o arrebatamento em outros tempos relacionados à tribulação, enquanto mantêm o restante do sistema como essencialmente o mesmo. No entanto, embora o arrebatamento antes da tribulação seja popular porque oferece aos cristãos esperança de evitarem a grande tribulação no fim da era, não acho na Escritura a menor evidência que o apoie.

O pré-milenismo histórico é um pouco diferente. Ensina que a igreja é a fase inicial do reino de Cristo, conforme profetizado pelos profetas do Antigo Testamento. A igreja tem vitórias ocasionais na história, mas, no final, falhará em sua missão. Perderá sua influência e se tornará corrupta, enquanto a impiedade mundial cresce à medida que se aproxima do final da era da igreja. A igreja passará por um tempo mundial de aflição conhecido como "a grande tribulação", e isso marcará o fim da história como a conhecemos. No final da tribulação, Cristo retornará para arrebatar sua igreja, ressuscitar os santos e realizar o julgamento dos justos, tudo num piscar de olhos. Depois, Cristo descerá à terra com seus santos glorificados, travará a batalha de Armagedom, prenderá Satanás e estabelecerá um reino político de alcance mundial, em que Cristo reinará de Jerusalém por mil anos. No fim do milênio, Satanás será solto, e uma rebelião massiva contra o reino de Cristo acontecerá. Por fim, Deus intervirá com julgamento severo para livrar Jesus e os santos, e isso será seguido pela ressurreição e julgamento dos ímpios.

O AMILENISMO

A posição amilenista, que sustenta alguns pontos em comum com ambas as posições pré-milenistas, acredita que a era da igreja é a era do reino profetizado no Antigo Testamento. A igreja do Novo Testamento se tornou o Israel de Deus. Os amilenistas creem que o aprisionamento de Satanás aconteceu durante o ministério terreno de Jesus; Satanás foi restringido, enquanto o evangelho era pregado ao mundo; e esta restrição continua até hoje. Visto que Cristo reina presentemente no coração dos crentes, a igreja tem certa influência na cultura em que vive, mas não transformará a cultura. À medida que nos aproximamos do fim, o mal crescerá rapidamente, resultando na grande tribulação e num anticristo pessoal. Cristo retornará para findar a história, ressuscitará e julgará todos os homens e estabelecerá a ordem eterna. Na eternidade, os redimidos podem estar no céu ou numa terra completamente renovada.

O MILÊNIO

O PÓS-MILENISMO

O pós-milenismo tem características distintivas. Primeira, sustenta que o reino messiânico de Cristo foi fundado na terra durante seu ministério terreno – a igreja é Israel. Segunda, o reino é essencialmente redentor e espiritual, em vez de político e físico. Terceira, o reino exercerá uma influência transformadora na história, uma crença que alguns têm qualificado como a característica mais distintiva da escatologia pós-milenista. É otimista quanto ao fato de que, com o passar do tempo, a igreja exercerá uma influência positiva e redentora na cultura e no mundo. Apesar de tempo de fraqueza e corrupção, a igreja triunfará finalmente sobre a impiedade deste mundo, e o reino se expandirá gradualmente na terra. Isto será realizado com o poder real de Cristo, mas sem a sua presença física na terra. Por fim, os pós-milenistas acreditam que a Grande Comissão será realizada com sucesso. O que distingue os pós-milenistas dos amilenistas e dos pré-milenistas é a crença de que a Escritura ensina o sucesso da Grande Comissão na era da igreja.

Há diferenças entre os pós-milenistas, assim como há diferenças entre os defensores das outras posições. Há também um debate sobre um ponto de vista conhecido como preterismo, que ocorre nas formas de preterismo pleno e preterismo parcial.

PRETERISMO

O preterismo parcial afirma que muitas das profecias do futuro se cumpriram no século I – principalmente os eventos relacionados à destruição de Jerusalém em 70 AD. A maioria dos preteristas parciais dizem que os primeiros vinte capítulos de Apocalipse já aconteceram, enquanto os dois últimos capítulos ainda têm de ser cumpridos. Preteristas parciais tendem a ser pós-milenistas em sua maneira de pensar, sustentando que o milênio (não mil anos literais) começou com o primeiro advento de Cristo.

Por outro lado, o preterismo pleno ensina que todas as profecias referentes à vinda de Cristo – incluindo o milênio e o julgamento final – se cumpriram no século I. O preterismo pleno é considerado herege, visto que nega uma verdade essencial da Escritura: o retorno do Rei.

Independentemente da posição escatológica que sustentemos, devemos sustentá-la com humildade, porque não sabemos o futuro. Podemos todos olhar para trás, mas não sabemos a agenda de Deus para o que está por vir. Devemos ser humildes e reconhecer que nosso ponto de vista escatológico pode não ser exato. Ao mesmo tempo, muito do ensino doutrinário do Novo Testamento está relacionado a coisas futuras. Por isso, o modo como entendemos as promessas de Deus sobre o futuro tem um impacto dramático em nossa confiança pessoal e nosso envolvimento na missão que Cristo deu à igreja.

CAPÍTULO 57

O RETORNO DE CRISTO

Depois da criação do estado de Israel em 1948, muitos cristãos começaram a seguir o conselho do teólogo suíço Karl Barth para terem uma Bíblia numa das mãos e um jornal na outra. A restauração do estado de Israel e a recuperação do controle de Jerusalém em 1967 aumentaram o interesse no fim dos tempos e, especialmente, no retorno de Jesus. A razão para isto está na predição de Jesus no discurso do monte das Oliveiras sobre a destruição do templo e da cidade de Jerusalém, o qual ele concluiu com estas palavras: "Até que os tempos dos gentios se completem, Jerusalém será pisada por eles" (Lc 21.24).

O ENSINO DA ESCRITURA

Esse texto é a única passagem dos evangelhos em que encontramos a expressão "os tempos dos gentios". Entretanto, uma expressão semelhante na epístola de Paulo aos romanos desperta grande interesse sobre as coisas futuras: "Veio endurecimento em parte a Israel, até que haja entrado a plenitude dos gentios" (Rm 11.25). Nesta passagem, Paulo está escrevendo sobre o povo judeu que rejeitara o Messias e sobre os gentios que foram enxertados na raiz santa que é Israel. Ele prossegue e diz que Deus não rejeitou os judeus para sempre, mas fará uma obra futura entre eles, quando os tempos dos gentios se cumprirem.

À luz destas passagens bíblicas, os eventos no Oriente Médio em 1948 e 1967 levaram muitos a concluir que estamos no limiar dos dias finais da história de redenção e que a volta de Cristo está perto. Fortalecendo a especulação, houve a aproximação do novo milênio. Expectativas da volta de Jesus atingiram um estado de grande excitação naquele tempo, e sua vinda continua a ser um assunto de grande interesse até hoje.

Observamos antes que muito do material doutrinário no Novo Testamento se relaciona a aspectos futuros do reino de Deus, e para o povo de Deus não há elemento da profecia mais importante do que a volta de Jesus. A promessa de retorno do Senhor é a bendita esperança do cristão, mas o tempo da volta de Jesus e a maneira como ele virá são assuntos altamente debatidos.

No começo do livro de Atos dos Apóstolos, lemos sobre a partida de Jesus deste mundo:

> Ditas estas palavras, foi Jesus elevado às alturas, à vista deles, e uma nuvem o encobriu dos seus olhos. E, estando eles com os olhos fitos no céu, enquanto Jesus subia, eis que dois varões vestidos de branco se puseram ao lado de-

les e lhes disseram: Varões galileus, por que estais olhando para as alturas? Esse Jesus que dentre vós foi assunto ao céu virá do modo como o vistes subir (At 1.9-11).

No Novo Testamento, há muitas predições da volta de Jesus, e há elementos específicos que acompanham essas predições. Primeiro, somos assegurados de que a volta de Cristo será pessoal; em outras palavras, ele retornará em pessoa. Segundo, a sua volta será visível. Terceiro, a sua volta será em glória; será acompanhada de glória majestosa. Vemos todos esses elementos nesta passagem de Atos 1. O versículo 11 afirma que "esse Jesus" – a própria pessoa cuja partida os apóstolos haviam testemunhado – virá outra vez do "modo como". Em outras palavras, o modo da volta de Jesus será correspondente ao modo de sua partida. Sua partida foi visível, ele ascendeu em nuvens de glória; portanto, sua volta no fim dos tempos será tanto visível quanto gloriosa.

TEORIAS SOBRE A VOLTA DE CRISTO

Entretanto, apesar destas profecias claras, o assunto da volta pessoal, gloriosa e visível de Cristo é um assunto de controvérsia, que se deve mais especialmente à influência da alta crítica. Em meu livro *The Last Days according to Jesus* (Os Últimos Dias segundo Jesus), ofereço um resumo das teorias críticas que surgiram juntamente com o ataque ímpar contra a confiabilidade dos documentos do Novo Testamento e o ensino de Jesus.[1] Por exemplo, Albert Schweitzer, em sua busca do Jesus histórico, afirmou que Jesus esperava que a consumação do reino

---

[1] R. C. Sproul, *The Last Days according to Jesus: When Did Jesus Say He Would Return?* (Grand Rapids, Mich.: Baker, 2000).

ocorresse em seu tempo de vida, razão por que enviou os 70 discípulos em sua missão (Lc 10) e ficou desapontado quando a consumação não aconteceu. De acordo com Schweitzer, na mente de Jesus, o momento crucial para a vinda do reino seria provavelmente a sua entrada em Jerusalém, e quando o reino não chegou, Jesus se permitiu ser levado à cruz. Seu clamor subsequente: "Deus meu, Deus meu, por que me desamparaste?" (Mt 27.46), indica a desilusão de Jesus.

Outros eruditos têm argumentado que os escritores do Novo Testamento e o próprio Jesus esperavam e ensinavam a volta pessoal de Jesus dentro do tempo de vida da primeira geração de cristãos. Porque isso não aconteceu, eles dizem, podemos descartar seguramente os documentos do Novo Testamento como confiáveis e entender Jesus apenas como um modelo de amor. Em resposta a esta teoria crítica, C. H. Dodd falou de "escatologia realizada", significando que todas as profecias do Novo Testamento sobre o futuro e sobre a volta de Cristo se cumpriram de fato no século I. No que diz respeito a certas declarações feitas por Jesus, como "alguns há, dos que aqui se encontram, que de maneira nenhuma passarão pela morte até que vejam vir o Filho do Homem no seu reino" (Mt 16.28), Dodd afirmou que Jesus estava se referindo não à sua volta futura, e sim a manifestações visíveis de sua glória que aconteceram na transfiguração, na ressurreição e na ascensão.

O texto mais contestado está no discurso do monte das Oliveiras, especialmente a versão escrita no evangelho de Mateus, em que Jesus descreveu eventos futuros, incluindo a destruição do templo e de Jerusalém, bem como a sua volta. Os discípulos de Jesus lhe pediram: "Dize-nos quando sucederão estas coisas e que sinal haverá da tua vinda e da consumação do século" (Mt 24.3). Em resposta direta à indagação dos discípulos, Jesus disse: "Em verdade vos digo que não passará esta geração sem que tudo isto aconteça" (v. 34). Parece que Jesus estava dizendo claramente que estas coisas aconteceriam no período de tempo de uma única geração humana, que, em termos judaicos, era aproximadamente 40 anos. Se a crucificação de Cristo aconteceu por volta de 30 AD, poder-se-ia esperar o cumprimento da profecia por volta de 70 AD, que é a data da destruição do templo e a queda de Jerusalém para os romanos.

Os críticos argumentam que, embora o templo tenha sido destruído e a cidade, capturada, Jesus não voltou, o que o torna um falso profeta. Entretanto, nada prova mais claramente a identidade e a integridade de Jesus Cristo do que estas profecias específicas. Os eventos que ele predisse eram totalmente inconcebíveis para os judeus, os quais imaginavam que o templo e a cidade santa eram indestrutíveis. Mas Jesus predisse especificamente estes eventos antes de acontecerem. É irônico que o próprio texto que parece funcionar como prova irrefutável da confiabilidade de Cristo e dos documentos bíblicos tenha se tornado o texto que os críticos usaram para rejeitar a confiabilidade do Novo Testamento e da integridade de Jesus.

No que diz respeito a este texto, os evangélicos dizem que *geração* no discurso do monte das Oliveiras não se refere a um período de vida ou a um tempo específico, mas a um tipo de pessoa. Em outras palavras, *geração* neste contexto significa que o mesmo tipo de pessoa que vivia em Jerusalém no tempo de Jesus viverá lá no tempo de todos estes eventos futuros. Essa é uma interpretação possível do texto, mas uma interpretação improvável, porque a palavra *geração* é usada consistentemente nos evangelhos com referência especial a um grupo específico de pessoas.

Outros argumentam que "tudo isto" incluía apenas os primeiros dois elementos, a destruição do templo e de Jerusalém. O preterismo pleno ensina que Jesus retornou realmente em 70 AD, e todas as profecias futuras sobre a vinda de Cristo aconteceram invisivelmente quando ele executou seu julgamento em Jerusalém. Preteristas plenos argumentam que a linguagem bíblica de profecia faz uso frequente da figura de catástrofe. No Antigo Testamento, por exemplo, os profetas descreveram o derramamento da justiça de Deus sobre cidades ímpias usando a figura da lua se tornando em sangue (Jl 2.31). E o mesmo tipo de linguagem é usado a respeito da volta de Jesus (Mt 24.2). Preteristas plenos creem que Jesus veio em julgamento sobre a nação judaica em 70 AD e que isso foi o fim do judaísmo. Isso foi o último julgamento. Foi o fim não da história e sim da era judaica, mas foi o começo da era dos gentios.

O problema do preterismo pleno é que há no Novo Testamento outros textos que indicam que temos toda razão para esperarmos um retorno visível, pessoal e futuro de Jesus. Contudo, acho que o preterismo parcial tem de ser encarado com seriedade – que um evento significativo aconteceu realmente em 70 AD. Estou convencido de que no discurso do monte das Oliveiras, Jesus estava realmente falando de seu julgamento vindouro sobre Israel, mas não acho que ele se referia à consumação final de seu reino.

Em última análise, não se sabe com certeza quando Jesus voltará. No entanto, nós, como o povo de Deus, temos uma bendita esperança e toda a razão para crermos na integridade das palavras de Jesus. Suas promessas são infalíveis, e aguardamos seu retorno pessoal, visível e glorioso.

CAPÍTULO 58

O JULGAMENTO FINAL

No século XIX, o filósofo alemão Friedrich Nietzsche anunciou a morte de Deus. Quando ele fez isso, um espírito inigualável de otimismo emergiu no mundo intelectual, que teve um impacto tremendo na cultura da Europa e da América. Muitas pessoas receberam alegremente o anúncio de Nietzsche. Os jornais divulgaram uma vitória importante para o humanismo, libertando a humanidade – assim se pensava – da dependência de uma deidade sobrenatural e, em lugar disso, dando lugar a uma dependência da tecnologia e da educação. Pessoas previram o livramento do mundo de doenças, guerras, ignorância e todas as coisas que prejudicam a civilização humana.

Auguste Comte, o filósofo francês do século XIX, disse que a história é dividida em três estágios: infância, adolescência e estado adulto. Ao descrever o desenvolvimento da civilização ocidental, ele disse que, em sua infância, as pessoas definiam sua vida em termos de religião, mas quando a civilização se tornou adolescente, as pessoas substituíram a religião por filosofia metafísica. O estado adulto só começa, disse ele, na era da ciência – e isso foi a antecipação otimista do que a ciência produziria que causou muita alegria nas pessoas. A Primeira Guerra Mundial foi vista como uma enorme pedra de tropeço a este otimismo evolucionário, mas até os desapontados pela eclosão da guerra se apegaram às suas esperanças centradas no homem, declarando que o conflito seria "a guerra que acabaria todas as guerras". É claro que eles não previram o Holocausto e a Segunda Guerra Mundial, nem as filosofias pessimistas do existencialismo ateísta nos escritos de Jean-Paul Sartre, Albert Camus e outros. No âmago do otimismo do século XIX, estava as boas notícias de que, uma vez que Deus não existia, não há necessidade de temer um julgamento final, e, visto que não há um julgamento, não há responsabilidade moral.

UMA ERA ESCARNECEDORA

Quando consideramos o pessimismo de nossos dias, reconhecemos que tem havido um afastamento radical do otimismo do século XIX. O homem agora é visto como um acidente cósmico que se move inexoravelmente em direção ao abismo infindo do nada. O pensamento existencialista niilista de hoje é que, se o homem não é responsável por sua vida, isso só pode significar que, em última análise, sua vida não é importante. O otimismo se tornou melancolia amarga, e a cultura se voltou para as drogas e outros meios de escape para evitar a horrível ideia de que nossa vida é um exercício em futilidade.

O JULGAMENTO FINAL

Em contrário a tudo isto, há o ensino claro do Novo Testamento e de Jesus no sentido de que nossa vida é realmente importante e de que somos responsáveis – verdades que todo ser humano sabe sem investigação e reflexão filosóficas. As pessoas têm um senso de Deus em seu coração. Seu criador lhes deu consciência, e, por isso, elas sabem que terão de prestar contas pelo modo como levam sua vida. Haverá um dia em que Deus julgará todo homem e toda mulher pelos padrões de sua lei sagrada.

Quando esteve em Atenas, o apóstolo Paulo observou que um templo havia sido erigido a um deus desconhecido; e, na presença dos filósofos de seus dias, Paulo disse: "Esse que adorais sem conhecer é precisamente aquele que eu vos anuncio... Ora, não levou Deus em conta os tempos da ignorância; agora, porém, notifica aos homens que todos, em toda parte, se arrependam" (At 17.23, 30). A ordem de Paulo tinha escopo universal. Deus havia sido paciente com as muitas formas de desobediência do homem, mas um momento crítico na história de redenção havia chegado, e a necessidade de arrependimento era urgente. Paulo continuou: "Porquanto estabeleceu um dia em que há de julgar o mundo com justiça, por meio de um varão que destinou e acreditou diante de todos, ressuscitando-o dentre os mortos" (v. 31).

Esta foi a resposta às palavras de Paulo: "Quando ouviram falar de ressurreição de mortos, uns escarneceram, e outros disseram: A respeito disso te ouviremos noutra ocasião. A essa altura, Paulo se retirou do meio deles. Houve, porém, alguns homens que se agregaram a ele e creram; entre eles estava Dionísio, o areopagita, uma mulher chamada Dâmaris e, com eles, outros mais" (vv. 32-34).

ESCATOLOGIA

As coisas não mudaram. Quando falamos às pessoas que Deus estabeleceu um dia em que julgará o mundo com justiça, elas riem. Lá em Atenas, apenas alguns poucos levaram Paulo a sério; e hoje poucos creem.

Integrando este testemunho do apóstolo, havia a declaração de que Deus estabeleceu um dia de julgamento. Esse dia não foi iniciado pelos apóstolos; de fato, não foi iniciado nem mesmo por Jesus, embora ele tenha falado com frequência sobre o assunto. Esse dia de julgamento tem raízes profundas no Antigo Testamento, que advertia as pessoas sobre a época em que o Juiz do céu e da terra chamará todos a prestarem contas.

Anos atrás, enquanto eu ensinava filosofia numa universidade, dei uma palestra sobre a crítica de Emmanuel Kant aos argumentos tradicionais em favor da existência de Deus, acompanhada de um argumento alternativo, que se baseava no entendimento de Kant sobre "o imperativo categórico". Kant dizia que todo ser humano tem um senso de "dever" embutido em sua consciência, que o impele à ética. Kant levantou a questão a respeito da importância deste senso de dever. Se não existe nenhum fundamento para o senso moral de dever, então, qualquer tentativa de construir uma ética significativa desaparece, e, sem uma ética significativa, a civilização não pode ser preservada. Para que este senso de certo e errado tenha significado, disse Kant, precisa haver justiça; em outras palavras, a justiça tem de ser recompensada, e a impiedade, punida. No entanto, é claro que a justiça nem sempre prevalece, e isso levou Kant a perguntar por que o ímpio prospera e o justo sofre. Ele concluiu que, porque a justiça não ocorre nesta vida, tem de haver algum tipo de sobrevivência além do sepulcro, para que a justiça seja ministrada. Para minha surpresa, depois fiquei sabendo que um dos alunos na classe se converteu ao cristianismo apenas por ouvir a especulação de Kant sobre um julgamento final.

No entanto, para Jesus, o julgamento final não era um assunto de especulação e sim uma declaração divina, e ele advertiu regularmente as pessoas sobre esta realidade certa, afirmando, por exemplo: "Digo-vos que de toda palavra frívola que proferirem os homens, dela darão conta no Dia do Juízo" (Mt 12.36). Isso nos traz à mente o profeta Isaías, que, confrontado com a santidade de Deus, foi tomado imediatamente pela consciência de sua indignidade e disse: "Ai de mim! Estou perdido! Porque sou homem de lábios impuros, habito no meio de um povo de impuros lábios" (Is 6.5). Se nossas palavras frívolas serão levadas a julgamento, quanto mais nossas palavras intencionais?

Anos depois, encontrei-me com um aluno que estivera naquela aula e prosseguira para estudar neurociência. Durante nosso encontro, ele recordou a palestra que eu havia dado sobre Kant e o julgamento final. Ele continuou falando baseado em um ponto de vista científico. Explicou que toda experiência que temos é registrada no cérebro. De fato, ele disse, seria necessário um computador do tamanho de um prédio para guardar toda a informação que pode ser registrada em um único cérebro humano. Depois, ele ligou seu entendimento científico ao último julgamento, dizendo que imaginava Deus, no dia do julgamento, repassando todas as experiências registradas em cada cérebro humano – cada pensamento, cada palavra, cada ato – de modo que a clareza de evidência tornarão o homem incapaz de argumentar. O ponto da metáfora de meu ex-aluno é que, se temos um registro do cérebro consciente ou não, Deus é ciente de tudo que tivermos pensado, dito e feito.

ESCATOLOGIA

O ENSINO DE JESUS

A maioria dos sermões são feitos com um clímax, e isso é verdadeiro no Sermão do Monte, de Jesus. No final desse sermão, Jesus disse:

> Acautelai-vos dos falsos profetas, que se vos apresentam disfarçados em ovelhas, mas por dentro são lobos roubadores. Pelos seus frutos os conhecereis. Colhem-se, porventura, uvas dos espinheiros ou figos dos abrolhos? Assim, toda árvore boa produz bons frutos, porém a árvore má produz frutos maus. Não pode a árvore boa produzir frutos maus, nem a árvore má produzir frutos bons. Toda árvore que não produz bom fruto é cortada e lançada ao fogo. Assim, pois, pelos seus frutos os conhecereis (Mt 7.15-20).

Muitos evangélicos não sabem que Jesus falou sobre o julgamento final, mas ele falou com muita clareza e disse que cada pessoa será julgada de acordo com suas obras. Insistimos na doutrina da justificação somente pela fé, mas às vezes nosso entusiasmo com a redenção pela fé e não pelas obras nos leva a pensar que as obras não são importantes para Deus. Entretanto, nesta passagem lemos que o julgamento será de acordo com as obras. As recompensas que Deus concederá ao seu povo no julgamento final será de acordo com as obras. Somos encorajados, como cristãos, com o fato de que recompensas serão dadas de acordo com nosso grau de obediência. Portanto, as obras são extremamente importantes, tanto boas quanto más, porque serão todas levadas ao julgamento.

O JULGAMENTO FINAL

Jesus continuou, dizendo:

> Nem todo o que me diz: Senhor, Senhor! entrará no reino dos céus, mas aquele que faz a vontade de meu Pai, que está nos céus. Muitos, naquele dia, hão de dizer-me: Senhor, Senhor! Porventura, não temos nós profetizado em teu nome, e em teu nome não expelimos demônios, e em teu nome não fizemos muitos milagres? Então, lhes direi explicitamente: nunca vos conheci. Apartai-vos de mim, os que praticais a iniquidade (vv. 21-23).

No dia do julgamento, pessoas reivindicarão conhecer a Jesus, dirigindo-se enfaticamente a ele como "Senhor". Reivindicarão haver feito boas obras e se engajado em atividades da igreja, mas Jesus dirá categoricamente que nunca as conheceu.

Posteriormente, no evangelho de Mateus, Jesus conta as parábolas sobre o reino do céus:

> Então, o reino dos céus será semelhante a dez virgens que, tomando as suas lâmpadas, saíram a encontrar-se com o noivo. Cinco dentre elas eram néscias, e cinco, prudentes. As néscias, ao tomarem as suas lâmpadas, não levaram azeite consigo; no entanto, as prudentes, além das lâmpadas, levaram azeite nas vasilhas. E, tardando o noivo, foram todas tomadas de sono e adormeceram. Mas, à meia-noite, ouviu-se um grito: Eis o noivo! Saí ao seu encontro! Então, se levantaram todas aquelas virgens e prepararam as suas lâmpadas. E as néscias disseram às prudentes: Dai-nos do vosso azeite, porque as nossas

lâmpadas estão-se apagando. Mas as prudentes responderam: Não, para que não nos falte a nós e a vós outras! Ide, antes, aos que o vendem e comprai-o. E, saindo elas para comprar, chegou o noivo, e as que estavam apercebidas entraram com ele para as bodas; e fechou-se a porta. Mais tarde, chegaram as virgens néscias, clamando: Senhor, senhor, abre-nos a porta! Mas ele respondeu: Em verdade vos digo que não vos conheço. Vigiai, pois, porque não sabeis o dia nem a hora (Mt 25.1-13).

Nosso Senhor dá tanto a nós quanto ao mundo estes avisos solenes. Deus estabeleceu um dia e já designou um Juiz – o Juiz é o próprio Jesus. Quando comparecermos diante do julgamento, convém que estejamos preparados.

CAPÍTULO 59

PUNIÇÃO ETERNA

No capítulo anterior, examinamos o julgamento final conforme apresentado no Novo Testamento, especialmente pelos lábios do próprio Jesus. O julgamento final não será uma avaliação casual de pessoas; em vez disso, ele será no contexto de um tribunal celestial, em que o Juiz de todos exigirá contas de tudo que tivermos feito. No final do julgamento, haverá um veredito de "inocente" ou de "culpado" que dependerá de a pessoa estar ou não estar coberta com a justiça de Cristo. Para aqueles que pertencem a Cristo, haverá recompensa, mas para aqueles que não pertencem, haverá punição.

O julgamento final será administrado por um Juiz perfeitamente justo e reto; por isso, não haverá nada arbitrário ou injusto no julgamento. Enfrentaremos o julgamento de Deus ou com base em nossas obras ou com base nas obras de Cristo. Se tivermos cometido mesmo um único pecado, uma única ofensa, contra a santidade de Deus – o que certamente temos cometido – então, precisamos desesperadamente de Cristo. Como o salmista orou, muitos séculos atrás: "Se observares, Senhor, iniquidades, quem, Senhor, subsistirá?" (Sl 130.3). A resposta é óbvia: ninguém. A má notícia é que o Senhor *observa* realmente as iniquidades. Feliz é aquela pessoa a quem o Senhor não imputa culpa. Isto é a essência do evangelho.

DE ACORDO COM A REVELAÇÃO

Visto que o julgamento será perfeitamente justo, as Escrituras deixam claro que o julgamento será realizado de acordo com a luz que temos. O que acontece, então, à pessoa inocente que nunca ouviu o evangelho de Jesus Cristo? A resposta é que Deus nunca pune inocentes. Aqueles que são inocentes não precisam se preocupar com o julgamento de Deus. Mas, de acordo com o Novo Testamento, não há nenhuma pessoa inocente. Ninguém pode chegar diante do tribunal de Deus e dizer: "Não tive nenhuma luz de revelação"; essa é a importância de Romanos 1. Ali, Paulo fala da ira de Deus sendo derramada sobre todos os que fazem o mal porque suprimiram o conhecimento de Deus que é claro por meio da natureza. Eles viraram as costas e se recusaram a honrar a Deus como Deus. Por isso, ninguém poderá estar diante do tribunal de Deus e dizer que não sabia que Deus existia.

No julgamento final, pessoas que nunca ouviram falar de Jesus não serão punidas por rejeitarem a Jesus. Deus julga de acordo com a luz que cada pessoa tem, e seria injusto Deus considerar pessoas como responsáveis por rejeitarem a Jesus se nunca ouviram falar dele. Sendo assim, Jesus veio para pessoas que já estavam sob a acusação de Deus – não por rejeitarem a Jesus, de quem nada sabiam, mas por rejeitarem o Pai, a quem conheciam por revelação que ele lhes dera na natureza. Mesmo que não tenhamos a Bíblia, os céus declaram a glória de Deus (Sl 19.1; Rm 1.20). De fato, nossa própria consciência testemunha que sabemos quem Deus é e que temos violado sua lei (Rm 2.15).

O destino ao qual estaremos sujeitos no julgamento final é inalterável. Muitos esperam por uma segunda chance depois da morte, como se houvesse um purgatório mítico onde podem pagar seus pecados e, depois, entrar no céu, mas a Escritura não nos dá a menor esperança disso. A Bíblia nos diz que "aos homens está ordenado morrerem uma só vez, vindo, depois disto, o juízo" (Hb 9.27).

O INFERNO

Aquilo que nos deixa mais perturbados quanto ao julgamento final é a doutrina do inferno. Quando eu estava no seminário, um aluno perguntou certa vez ao nosso professor, John Gerstner, como seremos capazes de nos alegrar no céu se, ao chegarmos lá, descobriremos que alguns de nossos queridos estão no inferno. O Dr. Gertsner respondeu que não ficaremos tristes por causa disso, mas nos regozijaremos, porque isso trará glória para Deus e vindicará o seu nome. Houve um suspiro coletivo por parte dos alunos, mas, quando meditei nas palavras do professor, entendi o que ele estava dizendo. Enquanto estamos em nossa carne mortal, embora tenhamos afeições por Cristo, nossas afeições básicas estão arraigadas neste mundo. Somos mais preocupados com o bem-estar dos membros de nossa família e amigos do que com a vindicação da justiça de Deus, mas essa não será a nossa condição quando chegarmos ao céu em nosso estado glorificado.

Se tivéssemos de retratar a Jesus em pé num lado de uma sala, representando a justiça completa, e Adolf Hitler em pé no outro extremo da sala, representando o mal completo, em que ponto dessa escala colocaríamos um amigo que consideramos justo? Teríamos um lugar para nosso amigo tão perto de Hitler quanto possível e tão distante de Cristo quanto possível; de fato, nesta ilustração, a sala teria de ser infinitamente larga. Jesus é impecável, por isso o abismo entre ele e pecadores é imensurável. Devido à nossa estrutura de referência corrompida, podemos entender Hitler, mas Jesus confunde a nossa imaginação por sua justiça perfeita. Essa é a razão por que temos dificuldade em considerar o fato de que Deus, na execução de sua justiça, pode enviar nossos queridos para o inferno.

O Novo Testamento fala sobre o inferno como trevas, como um lago de fogo e como uma prisão. Por exemplo:

> Marcharam, então, pela superfície da terra e sitiaram o acampamento dos santos e a cidade querida; desceu, porém, fogo do céu e os consumiu. O diabo, o sedutor deles, foi lançado para dentro do lago de fogo e enxofre, onde já se encontram não só a besta como também o falso profeta; e serão atormentados de dia e de noite, pelos séculos dos séculos.
> Vi um grande trono branco e aquele que nele se assenta, de cuja presença fugiram a terra e o céu, e não se achou lugar para eles. Vi também os mortos, os grandes e os pe-

quenos, postos em pé diante do trono. Então, se abriram livros. Ainda outro livro, o Livro da Vida, foi aberto. E os mortos foram julgados, segundo as suas obras, conforme o que se achava escrito nos livros. Deu o mar os mortos que nele estavam. A morte e o além entregaram os mortos que neles havia. E foram julgados, um por um, segundo as suas obras. Então, a morte e o inferno foram lançados para dentro do lago de fogo. Esta é a segunda morte, o lago de fogo. E, se alguém não foi achado inscrito no Livro da Vida, esse foi lançado para dentro do lago de fogo (Ap 20.9-15).

Eu duvido que o inferno seja um lago de fogo literal, mas, o que quer que seja, aqueles que estão lá dariam tudo que tinham e fariam o que pudessem para não estar lá. Um símbolo é sempre excedido em intensidade pela coisa que indica; e, por causa disso, não obtemos nenhum consolo da ideia de que a linguagem do Novo Testamento sobre o inferno é simbólica. Se é simbólica, então a realidade tem de ser muito pior do que o símbolo.

Ouvimos pessoas dizerem: "Minha vida é um inferno na terra", mas isso é mera hipérbole, porque, por mais terrível que seja a vida de alguém, não chega nem perto de ser tão má quanto o inferno. Alguém que se acha num estado muito horrível de sofrimento ainda desfruta de alguns benefícios da graça comum do todo-poderoso Deus, os quais são removidos totalmente dos que estão no inferno. É separação da graça, do cuidado e do amor de Deus, mas não de Deus mesmo. O maior problema dos que estão no inferno não é o Diabo; é Deus. Deus está no inferno punindo ativamente os ímpios. Quando somos salvos, somos salvos de Deus. Somos salvos da exposição à sua ira e punição severas.

O Novo Testamento também ensina que há graus de punição no inferno, assim como graus de recompensa são distribuídos a pessoas no céu. Alguém disse certa vez que no céu todos terão um cálice cheio, mas nem todos terão um cálice do mesmo tamanho. Jesus fez uma distinção frequente entre aqueles cuja recompensa será grande e aqueles cuja recompensa será pequena.

Quando um assassino é sentenciado a várias prisões perpétuas, achamos isso redundante. Afinal de contas, as pessoas têm apenas uma vida. No que diz respeito à lei, cada crime é uma ofensa separada e, por isso, digno de punição separada; e esse princípio se aplica à eternidade. Talvez não possamos punir criminosos sete vezes por sete assassinatos, mas Deus pode, e a pessoa que mata somente uma pessoa receberá uma punição sete vezes menor do que aquela que mata sete outras pessoas. A justiça punitiva e retribuidora de Deus será perfeita, de tal modo que a punição será sempre apropriada ao crime, o que levou Paulo a nos advertir sobre acumularmos ira para o dia da ira de Deus (Rm 2.5). Jesus nos chama a acumular tesouros no céu; em contraste, Paulo diz que pessoas que não estão acumulando tesouros no céu estão acumulando punições no inferno, formando o grau de julgamento que receberão.

Em anos recentes, tem havido nos círculos evangélicos um ressurgimento da doutrina herética chamada aniquilacionismo, a qual afirma que no julgamento final os crentes são ressuscitados dos mortos e recompensados, enquanto os ímpios são meramente aniquilados. Em outras palavras, eles cessam de existir; e esta é a punição deles – a perda da vida. Historicamente, os cristãos têm crido que, de acordo com as Escrituras, a punição do inferno é consciente e infinda. Pecadores que estão no inferno anseiam por serem aniquilados, deixarem de existir, porque qualquer coisa é melhor do que permanecer diariamente sob a punição de Deus.

Em última análise, não sabemos os detalhes sobre o inferno, e, se somos honestos, devemos admitir que não *queremos* saber. Entretanto, se aceitamos com seriedade as palavras de Jesus e dos apóstolos, precisamos levar o inferno a sério. Se crêssemos realmente no testemunho bíblico sobre o inferno, isso mudaria não somente a maneira como vivemos, mas também a maneira como trabalhamos em termos de missão da igreja.

CAPÍTULO 60

NOVOS CÉUS E NOVA TERRA

Muitos hoje duvidam que haja vida após a morte. Zombam daqueles que creem na vida eterna, dizendo que nossa esperança quanto ao céu é meramente a projeção de nossos desejos. Questionam o fundamento de nossa confiança de que o mundo vindouro será melhor do que este.

Nossa resposta como cristãos é o testemunho de Cristo, tanto de sua ressurreição quanto de seu ensino. Jesus disse: "Eu sou a ressurreição e a vida. Quem crê em mim, ainda que morra, viverá" (Jo 11.25). No discurso do cenáculo, na noite de sua traição, Jesus disse: "Não se turbe o vosso coração; credes em Deus, crede também em mim" (Jo 14.1). Ele começou seu discurso com um imperativo: "Não..." Um imperativo significa uma obrigação. Somos ordenados a não ficarmos turbados de coração no que diz respeito ao nosso futuro no céu. Jesus também disse:

ESCATOLOGIA

> Na casa de meu Pai há muitas moradas. Se assim não fora, eu vo-lo teria dito. Pois vou preparar-vos lugar. E, quando eu for e vos preparar lugar, voltarei e vos receberei para mim mesmo, para que, onde eu estou, estejais vós também. E vós sabeis o caminho para onde eu vou (vv. 2-4).

Jesus estava com seus discípulos, mas logo seria removido do meio deles, e eles ficaram ansiosos. Jesus lhes ofereceu consolo, reafirmando sua certeza com estas palavras: "Se assim não fora, eu vo-lo teria dito. Pois vou preparar-vos lugar". Em outras palavras, se o céu fosse uma esperança falsa à qual os discípulos estavam apegados, Jesus teria corrigido o erro deles. No entanto, tudo é verdadeiro, e Jesus estava indo adiante dos discípulos para lhes preparar lugar. Esta é a promessa de Cristo para seu povo: para todo aquele que crê em Cristo, há um lugar preparado na casa de seu Pai. Portanto, temos motivo para sermos confiantes quanto à realidade do céu.

ALEGRIA PROMETIDA

Na primeira epístola de João, obtemos alguns discernimentos sobre o nosso estado futuro:

> Vede que grande amor nos tem concedido o Pai, a ponto de sermos chamados filhos de Deus; e, de fato, somos filhos de Deus. Por essa razão, o mundo não nos conhece, porquanto não o conheceu a ele mesmo. Amados, agora, somos filhos de Deus, e ainda não se manifestou o que haveremos de ser. Sabemos que, quando ele se manifestar, seremos semelhantes a ele, porque haveremos de vê-lo

como ele é. E a si mesmo se purifica todo o que nele tem esta esperança, assim como ele é puro (1 Jo 3.1-3).

Este é um dos mais importantes, senão o mais importante, textos escatológicos do Novo Testamento. Promete aos crentes que desfrutaremos o ápice da felicidade no céu, "a visão beatífica" ou a *visio Dei*. A palavra *beatífica* vem da mesma palavra-raiz da qual temos a nossa palavra *beatitude*. As beatitudes são as afirmações de Jesus em seu Sermão do Monte, nas quais Jesus pronunciou oráculos de bênção (Mt 5.3-12). São promessas de bênção, um grau de felicidade que transcende qualquer prazer ou felicidade terrena. Quando Deus dá bem-aventurança a uma alma, isso é gozo e satisfação supremos. Essa bem-aventurança é vista aqui, em 1 João, na visão beatífica. É tão maravilhosa que a própria visão traz consigo mesma a plenitude da bênção.

A visão beatífica é a visão de Deus. João afirmou que não sabemos ainda o que seremos no céu, mas uma coisa nós sabemos: seremos semelhantes a ele, porque o veremos *como ele é*. Nós o veremos como ele é em si mesmo. Seremos capazes de ver não meramente uma visão indireta de Deus – uma sarça ardente ou uma coluna de nuvem ou de fogo – veremos o seu Ser desvelado. Moisés teve um vislumbre da glória de Deus, mas não pôde ver a face de Deus (Êx 34.4-5). Uma olhada íntima e face a face com Deus é totalmente proibida a todo mortal neste mundo. Somos chamados a dedicar-nos a nós mesmos em santidade a um Deus que nunca vemos. Servimos a um Senhor que é invisível para nós. Mas ele promete que um dia nós o veremos. Nas bem-aventuranças, não é aos misericordiosos, nem aos pobres de espírito, nem aos pacificadores que é feita a promessa de ver a

Deus. Em vez disso, Jesus afirmou: "Bem-aventurados os limpos de coração, porque verão a Deus" (Mt 5.8). A razão por que não podemos ver a Deus não está relacionada aos nossos olhos. Está relacionada ao nosso coração. Mas, quando entrarmos na glória e recebermos a plenitude de nossa santificação, o obstáculo para uma percepção direta e imediata de Deus será removido.

Quando eu assisto a um jogo de basquete na televisão, estou assistindo realmente a um jogo de basquete? Não estou presente no evento; o jogo está acontecendo a muitos quilômetros de distância. Estou assistindo a uma transmissão eletrônica, uma reprodução. Há um meio entre o jogo e eu mesmo; assim, eu me torno ciente do jogo por intermédio do meio. Um meio é um intermediário; neste caso, ele transmite a imagem de algo de um lugar para outro. Quando eu assisto ao jogo na televisão, vejo apenas imagens do jogo. Se eu estivesse realmente no jogo, a luz do estádio transmitiria essas imagens aos meus olhos. Mesmo se eu tivesse visão perfeita, se fosse trancado num cômodo sem qualquer luz, não veria nada. Precisamos tanto de luz quanto das imagens para sermos capazes de ver.

Até a nossa visão presente é mediada. Jonathan Edwards disse que, na glória, nossa alma terá uma apreensão direta do Deus invisível. Não sabemos como isso acontecerá, mas sabemos realmente, por meio da Palavra de Deus, que o deleite de nossa alma, no céu, será ver a Deus como ele é.

A NATUREZA DO CÉU

No livro de Apocalipse, o apóstolo João registrou a visão que recebera na ilha de Patmos. Nessa visão, Cristo mostrou a João muitas coisas, incluindo o novo céu e a nova terra.

NOVOS CÉUS E NOVA TERRA

> Vi novo céu e nova terra, pois o primeiro céu e a primeira terra passaram, e o mar já não existe. Vi também a cidade santa, a nova Jerusalém, que descia do céu, da parte de Deus, ataviada como noiva adornada para o seu esposo. Então, ouvi grande voz vinda do trono, dizendo: Eis o tabernáculo de Deus com os homens. Deus habitará com eles. Eles serão povos de Deus, e Deus mesmo estará com eles. E lhes enxugará dos olhos toda lágrima, e a morte já não existirá, já não haverá luto, nem pranto, nem dor, porque as primeiras coisas passaram (Ap 21.1-4).

Lemos que no céu não haverá nenhum mar, o que, se for entendido literalmente, pode desapontar os que amam praia. Entretanto, para os hebreus, o mar era um símbolo de violência. O litoral em Israel era rochoso e áspero. Além disso, era uma porta de entrada para investidas de saqueadores, e clima violento vinha do mar Mediterrâneo. Em toda a poesia hebraica, o mar é um símbolo negativo; o rio, a fonte e o poço servem como figuras positivas. Portanto, entendemos que a visão de João indica que não haverá mais catástrofes naturais violentas.

No céu também não haverá lágrimas. Associamos lágrimas com tristeza e pesar. Muitos de nós lembramos como, em nossa infância, nossa mãe nos consolava quando estávamos tristes, enxugando nossas lágrimas com o seu avental. Em geral, éramos levados às lágrimas de novo no dia seguinte, e precisávamos de consolo novamente. No entanto, quando Deus enxugar nossas lágrimas, elas nunca mais retornarão, porque as coisas que agora nos fazem chorar serão removidas. Não haverá mais morte, nem choro, nem dor. Estas coisas velhas terão desaparecido.

ESCATOLOGIA

Quando João continua sua descrição, encontramos algumas dimensões surpreendentes de como será o céu e de como ele não será (vv. 18-21). O texto nos diz o que haverá no céu e o que não haverá. Achamos ruas de ouro tão excelente e puro que é translúcido. Fala das portas construídas de pérola magnificente e de um fundamento adornado de pedras preciosas. A literatura apocalíptica é imaginativa, por isso acredito que estas coisas são representações simbólicas do céu, mas eu não diria que é impossível Deus construir uma cidade como a que é descrita nesta passagem.

João nos diz mais: "Nela, não vi santuário, porque o seu santuário é o Senhor, o Deus Todo-Poderoso, e o Cordeiro. A cidade não precisa nem do sol, nem da lua, para lhe darem claridade, pois a glória de Deus a iluminou, e o Cordeiro é a sua lâmpada" (vv. 22-23). Não haverá nenhum templo, nem sol, nem lua. Nesta terra, um templo, ou igreja, é o símbolo visível da presença de Deus, mas no céu não haverá necessidade de qualquer templo, porque estaremos na presença real de Deus. Também não haverá necessidade de fonte de luz criadas – sol, luz, estrelas. O brilho da glória de Deus e do Cordeiro iluminará toda a cidade, e não haverá mais noite, porque a irradiante, reluzente e brilhante glória de Deus nunca cessa. O céu será iluminado com o puro e manifesto esplendor de Deus.

Para o que vivemos? Como forma de ilustração, Jonathan Edwards descreveu alguém que economiza dinheiro por vários anos a fim de sair em férias. Para chegar ao seu destino, ele precisa viajar, e, assim, a primeira noite ele passa numa hospedaria da estrada. Entretanto, no dia seguinte, em vez de continuar na viagem ao seu destino pretendido, ele resolve esquecer tudo e permanecer na hospedaria. Vivemos nossa vida desta maneira. Nós nos prendemos tenazmente à vida neste mundo, porque não estamos realmente convencidos da glória que o Pai estabeleceu no céu para seu povo. Toda esperança e todo gozo por que anelamos – e muito mais do que isso – abundarão neste lugar maravilhoso. Nosso maior momento será quando passarmos pela porta, deixarmos este mundo de lágrimas e tristeza, este vale de morte, e entrarmos na presença do Cordeiro.

APÊNDICE

OS CREDOS

O CREDO DOS APÓSTOLOS
Creio em Deus, o Pai todo-poderoso, criador dos céus e da terra.

E em Jesus Cristo, seu único Filho, nosso Senhor, que foi concebido pelo poder do Espírito Santo, nasceu da virgem Maria, padeceu sob Pôncio Pilatos, foi crucificado, morto e sepultado. Desceu ao Hades, ressuscitou ao terceiro dia, subiu aos céus, está sentado à direita de Deus Pai, todo-poderoso, de onde virá para julgar vivos e mortos.

Creio no Espírito Santo, na santa igreja católica, na comunhão dos santos, no perdão dos pecados, na ressurreição do corpo e na vida eterna. Amém.

O CREDO NICENO

Cremos em um único Deus, o Pai, o Todo-Poderoso, criador do céu e da terra, de tudo que é visível e invisível.

Cremos em um único Senhor, Jesus Cristo, o único Filho de Deus, gerado eternamente do Pai, Deus de Deus, luz de luz, verdadeiro Deus de verdadeiro Deus, gerado não criado, de um único Ser com o Pai; por meio dele todas as coisas foram feitas. Por nós e para a nossa salvação, ele desceu do céu, foi encarnado do Espírito Santo e da virgem Maria e se tornou verdadeiramente humano. Em nosso favor, ele foi crucificado sob a autoridade de Pôncio Pilatos, sofreu a morte e foi sepultado. No terceiro dia, ele ressuscitou de acordo com as Escrituras; ascendeu ao céu e está sentado à mão direita do Pai. Ele virá novamente em glória para julgar os vivos e os mortos, e seu reino não terá fim.

Cremos no Espírito Santo, o Senhor, o doador da vida, que procede do Pai e do Filho, com quem o Pai e o Filho são adorados e glorificados, que falou por meio dos profetas. Cremos na única santa igreja católica e apostólica. Reconhecemos um único batismo para o perdão dos pecados. Aguardamos a ressurreição dos mortos e a vida no mundo vindouro. Amém.

O CREDO DE CALCEDÔNIA

Todos nós, seguindo os santos pais, ensinamos, em plena concordância, os homens a confessarem o único e mesmo Filho, nosso Senhor Jesus Cristo, perfeito em Divindade e também perfeito em humanidade, verdadeiramente Deus e verdadeiramente homem, de alma e corpo racionais; coessencial com o Pai, segundo a Divindade, e consubstancial conosco, segundo a humanidade; semelhante a nós em todas as coisas, mas sem pecado; gerado do Pai antes de todas as eras, segundo a Divindade, e, nestes últimos dias, por nós e para nossa salvação, nascido da virgem Maria, mãe de Deus segundo a humanidade; o único e o mesmo Cristo, Filho, Senhor, Unigênito, a ser reconhecido em duas naturezas, sem confusão, sem mudança, sem divisão, sem separação, não sendo a distinção das naturezas removida, de modo algum, pela união, mas, antes, sendo preservada a propriedade de cada natureza e concorrendo em uma única pessoa e uma única subsistência, não partida nem dividida em duas pessoas, mas o único e mesmo Filho, o unigênito, Deus a Palavra, o Senhor Jesus Cristo; como os profetas declararam, desde o princípio, a respeito dele, e o próprio Senhor Jesus nos ensinou, e o credo de nossos santos pais nos transmitiu.

FIEL MINISTÉRIO

O Ministério Fiel visa apoiar a igreja de Deus de fala portuguesa, fornecendo conteúdo bíblico, como literatura, conferências, cursos teológicos e recursos digitais.

Por meio do ministério Apoie um Pastor (MAP), a Fiel auxilia na capacitação de pastores e líderes com recursos, treinamento e acompanhamento que possibilitam o aprofundamento teológico e o desenvolvimento ministerial prático.

Acesse e encontre em nosso site nossas ações ministeriais, centenas de recursos gratuitos como vídeos de pregações e conferências, e-books, audiolivros e artigos.

Visite nosso site

www.ministeriofiel.com.br

BIBLIOTECA LIGONIER

O Ministério Ligonier é uma organização internacional de discipulado cristão, fundada pelo Dr. R.C. Sproul, em 1971, com o intuito de proclamar, ensinar e defender a santidade de Deus em sua totalidade para o maior número de pessoas possível.

Motivado pela Grande Comissão, o Ministério Ligonier compartilha globalmente recursos em formatos impressos e digitais. Livros, artigos e cursos têm sido traduzidos ou dublados para mais de quarenta línguas. Nosso alvo é apoiar a igreja de Jesus Cristo, ajudando cristãos a compreenderem, viverem e compartilharem o que creem.

pt.Ligonier.org

Facebook.com/LigonierPor

LEIA TAMBÉM:

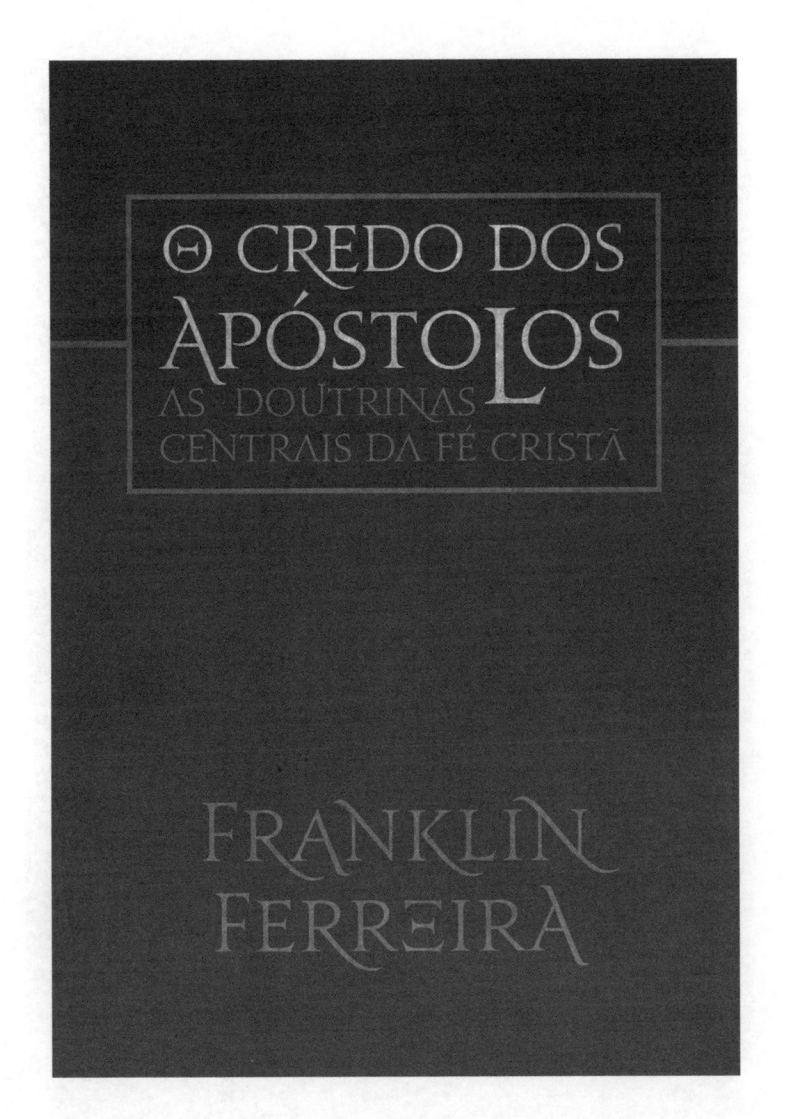

O CREDO DOS APÓSTOLOS
AS DOUTRINAS CENTRAIS DA FÉ CRISTÃ

FRANKLIN FERREIRA

LEIA TAMBÉM:

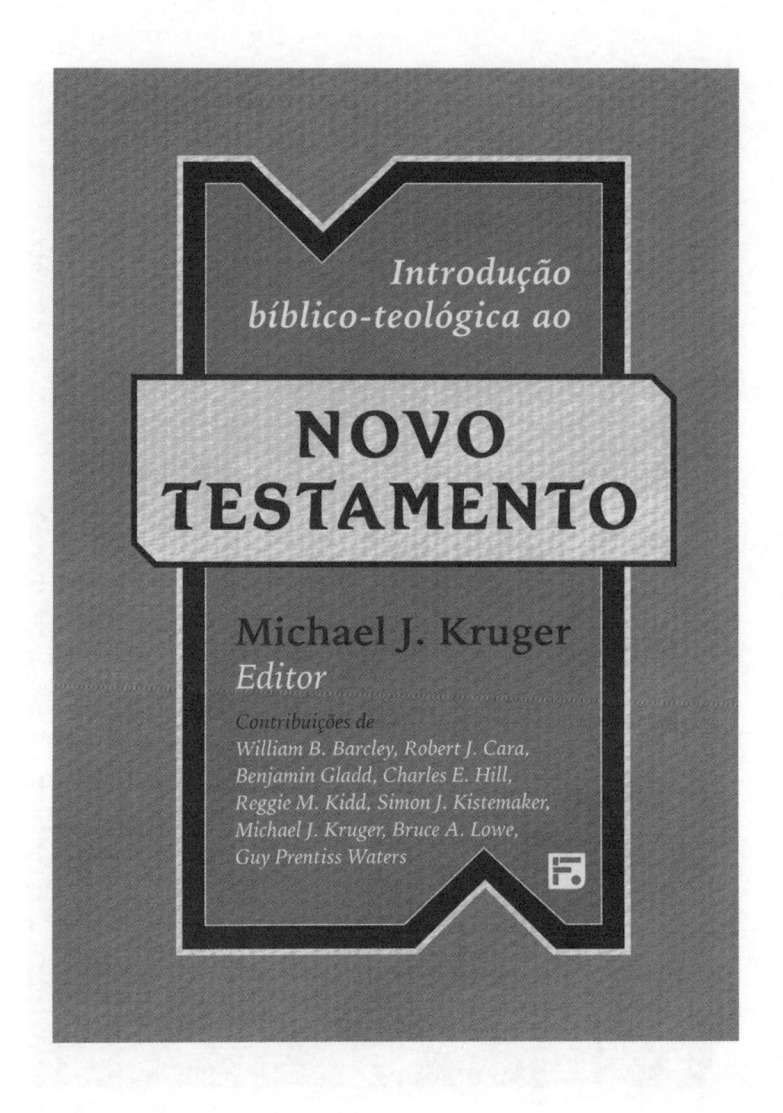

Introdução bíblico-teológica ao

NOVO TESTAMENTO

Michael J. Kruger
Editor

Contribuições de
William B. Barcley, Robert J. Cara,
Benjamin Gladd, Charles E. Hill,
Reggie M. Kidd, Simon J. Kistemaker,
Michael J. Kruger, Bruce A. Lowe,
Guy Prentiss Waters

LEIA TAMBÉM:

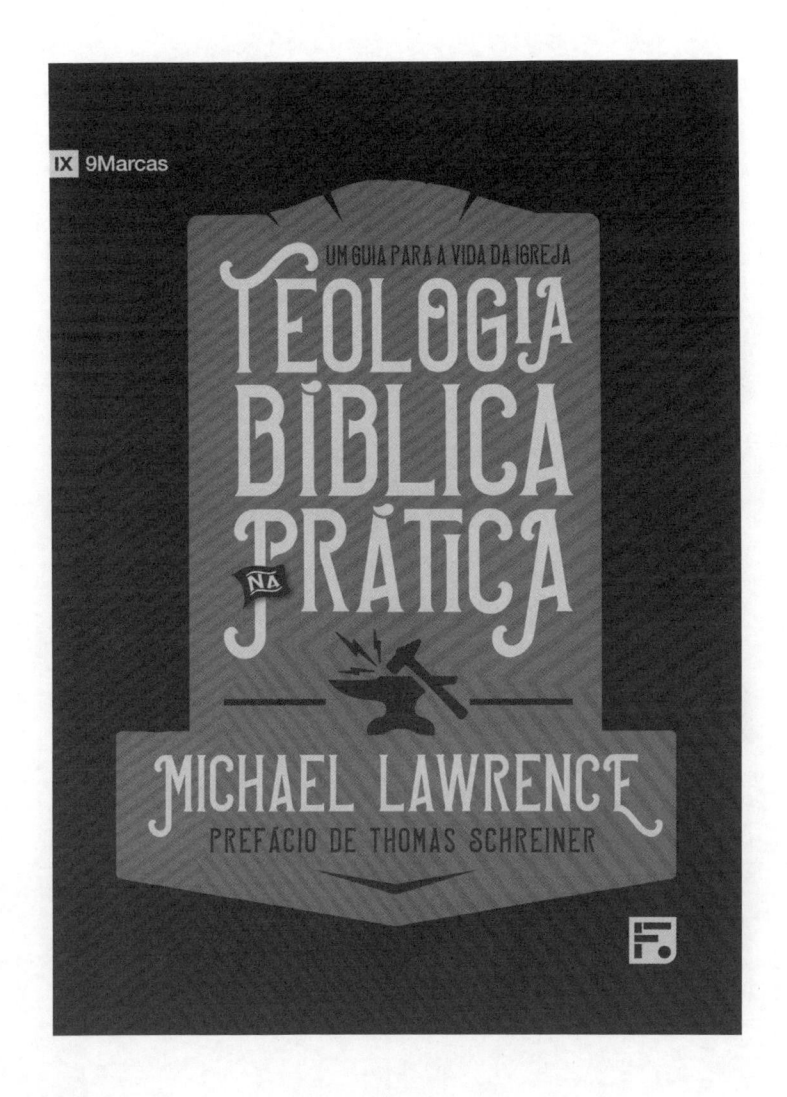

Impresso em papel Offset 75
na Gráfica Santa Marta em Janeiro de 2025